다양한 정보를 공정하게 다루면서도 세심한 안목과 신학적 통찰력을 놓치지 않았다.

-존 파이퍼,
베들레헴 신학교 총장

"그리스도인이 테크놀로지를 이용해 세상을 변혁시키는가, 아니면 테크놀로지가 건전치 못한 방식으로 그리스도인을 변질시키는가? 특히 도구를 발명하고 과학기술적으로 도구를 체계화했던 벤저민 프랭클린과 토머스 제퍼슨• 시대 이후, 그리스도인은 이 질문 앞에 늘 정신을 바짝 차릴 필요가 있다. 스마트폰에 대한 토니 라인키의 고찰은 최신 테크놀로지의 영향을 우리가 얼마나 부단히 경계해야 하는지에 대해 유익한 조언을 준다."

-조지 M. 마스던,
노트르담 대학교 프랜시스 A. 매커내니 역사학 명예교수

"이 책은 믿을 수 없을 만큼 깊은 통찰을 안겨 준다. 스마트폰은 우리 삶의 일부가 되었다. 토니는 인간이 테크놀로지에 몰두한 탓에 정신과 영혼이 얼마나 황폐해졌는지를 탐구한다. 또한 토니는 우리가 스마트폰을 어떻게 사용하고 있는지를 검토해 보라고 할 뿐만 아니라 우리가 어떤 동기로 스마트폰을 사용하고 있는지를 따져보라고 말한다. 이 책은 우리 세대에게 꼭 필요하다. 우리의 스마트폰 사용 습관

• 제퍼슨은 정치가일 뿐만 아니라 신건축 양식을 미국에 처음으로 소개한 뛰어난 건축가이기도 했다. 직접 건축한 자택은 자동문, 최초의 회전 의자, 자신이 직접 발명한 발명품 등 그 당시의 최신 시설을 갖추고 있었다고 한다.-옮긴이

이 우리에게 가장 중요한 갈망을 증폭시켜 줄 수도 있고 그 갈망을 훼방할 수도 있음을 일깨워 주기 때문이다. 그 갈망은 바로 우리 영혼을 충족시키는 우리 구주의 영광을 바라는 마음이다."

-재키 힐 페리,
시인·힙합 아티스트

"현대인들의 거실을 장악한 텔레비전에 비해 스마트폰은 그 존재가 훨씬 눈에 덜 띄는 게 특징이다. 무소부재無所不在하게 된 이 테크놀로지가 우리 삶에 어떤 영향을 끼치는지 지속성 있게 고찰하는 이들이 놀라우리만치 드문 것은, 아마 눈에 두드러지지 않는다는 이 교묘한 성질 때문일 것이다. 이 책에서 토니 라인키는 스마트폰을 우리의 비판적 의식의 경계부에서 뽑아내 그리스도인의 지혜라는 탐조등 아래 가져다 놓는다. 그 결과 우리는 스마트폰이 우리 삶에 끼치는 영향을 진지하게 평가하게 될 뿐만 아니라, 이 기기를 지배하는 데 필요한 세심하고도 실제적인 조언을 얻게 된다. 심히 중요한 문제를 시기적절하고도 사려 깊게 다루었으며, 스마트폰을 사용하는 그리스도인들의 영적 건강을 위해 이들 모두에게 처방되어야 할 책이다."

-알레스테어 로버츠,
신학자·블로거

"토니 라인키의 이 책은 21세기 그리스도인들에게 주어진 가장 중요한 책으로 손꼽힐 만하다. 높이 추천한다."

-브루스 라일리 애쉬포드,
사우스이스턴 침례신학교 교무처장 겸 신학과 문화 교수

"스마트폰은 많은 이들의 불안과 피로, 의존성을 강화시킨다. 하지만 스마트폰에서 자유로워지기 위해 몬태나주 한가운데쯤 있는 수도원에 웅크려 있을 필요는 없다. 지혜로운 토니 라인키는 그런 요구를 하지 않고 실제적인 길로 우리를 안내한다. 그리스도와 그분의 나라를 위해 내 손 안의 기술 문명 제품과 내 삶을 관리하는 법을 알고 싶다면, 이 책을 읽으라."

-러셀 무어,
남침례교 총회 윤리와 종교 자유위원회 위원장

"스마트폰을 손에서 놓지 못하는 것에 대해 불안함을 느낀다면(불안함을 느끼지는 않더라도 당연히 그래야 하는 것 아닌가 생각한다면) 토니 라인키가 믿음직한 안내자가 되어 스마트폰이 우리 자신과 우리의 여러 가지 관계에 미치는 영향을 평가하는 법을 알려 줄 것이다. 명쾌하고도 설득력 있는 언어로 무거운 주제와 씨름하는 경이로운 책이다!"

-트레빈 왁스,
The Gospel Project 편집 주간 Counterfeit Gospels, Holy Subversion 저자

"이 책과 관련해 두 가지 사실에 감명을 받았다. 첫째, 라인키는 매우 겸손하게 글을 쓴다. 자기 자신의 경우까지 포함시켜서 이야기함으로써 우리가 그를 교사뿐만 아니라 우리와 똑같은 문제를 가지고 씨름하는 사람으로 볼 수 있게 한다. 둘째, 이 책은 죄책감에 짓눌린 채로 하지 말아야 될 일들 사이를 힘들게 헤쳐 나가는 이야기가 아니다. 토니는 그리스도의 영광으로 계속 우리를 끌어당기며, 더 나아가 이 시대의 디지털 테크놀로지를 통해 하나님께 영광을 돌리는 새로운 방

법을 꿈꿀 수 있게 한다. 유용하고, 꿈을 품게 하며, 겸손하게 하고, 영감을 주는 이 책은 이 세대를 위한 책이요, 다음 세대를 위한 지혜다."

-트릴리아 뉴벨,
Enjoy, Fear and Faith, United 저자

"이 시대는 이미지가 전부인 시대다. 그러나 온라인에서 보이는 모습이라는 모래 위에 자기 정체성을 구축한 여성은 결국 모든 것이 와르르 무너지는 실망스러운 경험을 할 것이다. 여기 그보다 바람직한 길, 스마트폰을 이용해 타인을 섬기며, 스마트폰을 통한 상호 연결로 하나님을 영화롭게 하며, 스마트폰에서의 행실로 그리스도를 본받는 길이 있다. 이를 위해서는 우리의 스마트폰에 어떤 화면이 떠 있는지 평가해 보고, 늘 볼거리에 이끌려 다니는 우리 세대의 습관과 성경이 밝히 보여 주는 믿음의 길이 어떻게 다른지 그 차이를 분별하는 법을 훈련해야 한다. 이 책은 각 장 하나하나가 다 우리 삶을 위한 일종의 푸시 알림push notification과 같다. 멈춰서, 읽고, 처리하고, 세심히 적용하라."

-글로리아 퍼먼,
Missional Motherhood 저자

"십대 청소년이자 스마트폰 사용자로서 이 책은 나에게 꼭 필요한 책이다. 토니 라인키의 글은 설득력 있고 깨우침을 주는 한편, 줄곧 은혜로 우리를 맞이한다. 우리 세대에게는 이 책이 필요하다. 우리는 이 시대의 테크놀로지와 관련해 올바른 자세를 가질 필요가 있기 때문이다. 그렇게 하지 않으면 우리는 큰 대가를 치르게 될 것이다. 이

책은 모든 스마트폰 사용자들의 필독서다. 특히 우리처럼 젊은 사람들에게는 더욱 그렇다."

-재클 크로,
This Changes Everything 저자

"'말 없는 마차'라는 기이한 물건이 그 매력이나 공포와 더불어 '자동차'라고 하는 일상적인 물건이 되기까지 한 세대가 넘게 걸렸다. 그러나 우리가 한때 '스마트폰'이라 부른 이 장치는 이것이 우리 삶에 진정 어떤 위력을 갖는지 고찰해 볼 시간도 별로 주지 않은 채 깜짝 놀랄 만한 속도로 '폰', 즉 흔하디흔한 일상의 필수용품 지위를 획득했다. 토니는 우리의 주머니 속에 들어 있는 이 작은 경이를 대하는 명백히 그리스도인다운 태도를 제시한다. 이 경이로운 물건의 선함, 아름다움, 능력은 인정하되 경건한 지혜와 올바른 연구를 통한 주의사항을 적용해 우리가 폰에게 이용당하는 일 없이 폰을 이용할 수 있게 도와준다."

-존 다이어,
From the Garden to the City:
The Redeeming and Corrupting Power of Technology 저자

"성경에 대한 철저한 이해를 문화에 대한 철저한 이해에 적용하는 토니에게서 가장 세련된 형태의 실천 신학을 경험하라. 토니는 우리 손바닥 위에 있는, 위험하기도 하고 기회이기도 한 이 도구에 대한 아름답고도 균형 잡힌 안내서를 탄생시켰다. 그렇다. 폰은 우리를 더 나쁜 쪽으로 변화시켰다. 하지만 이 책은 더 바람직한 쪽으로 우리를,

그리고 우리의 폰 사용 행태를 변화시킬 것이다."

-데이비드 머리,
목사·작가·퓨리턴 리폼드 신학교 구약학/실천신학 교수

"어떤 것이 널리 확산되고 영향력 있을수록 그리스도인은 그것에 대해 더 주의 깊게 생각해야 한다. 토니 라인키는 지혜로 가득한 이 책을 통해 우리가 그렇게 할 수 있도록 도와준다. 토니는 테크놀로지 공포증이나 과대망상에 빠지는 일없이, 폰의 문제점과 그 해결책을 강조함으로써 폰이 우리 삶을 변화시킨다는 사실을 보여 준다. 시기적절하고 사려 깊은 책이다."

-앤드류 윌슨,
작가·강연가·런던 킹스 처치 교육 목사

"실천적인 면에서 강렬한 인상을 주면서 신학적으로도 훌륭한 책은 흔하지 않다. 하루가 멀다 하고 디지털 변혁의 소용돌이에 휘말려드는 이 시대에 토니 라인키는 우리를 경계시키며, 폰이 그리스도 안에서 우리의 영적 우선순위를 바꿔 놓지 않는지 검토해 보라고 권고한다. 라인키는 이 과학기술 기기를 상대로 자신이 어떤 싸움을 벌였는지 솔직하게 털어놓고 있으며, 그렇게 함으로써 우리가 반성과 기도, 심지어 회개의 자세를 취할 수 있게 해준다. 더할 나위 없이 매력적이며 즉시 적용 가능한 이 책은 이 시대를 살아가기 위해 반드시 읽어야 할 책이다."

-킴 캐쉬 테이트,
Cling: Choosing a Lifestyle of Intimacy with God 저자

스마트폰,
일상이
예배가 되다

'모든 것이 가하나'
모든 것이 유익한 것은 아니요
'모든 것이 가하나'
나는 그 무엇에도 지배당하지 않을 것이며
'모든 것이 가하나'
모든 것이 덕을 세우는 것은 아니니

사도 바울

12 Ways Your Phone Is Changing You
Copyright © 2017 by Tony Reinke
Published by Crossway a publishing ministry of Good News Publishers
Wheaton, Illinois 60187, U.S.A
This Korean translation edition © 2020 by CH Books, a divison of
Hyundae Jisung, Inc., Paju, Republic of Korea
This edition published by arrangement with Crossway through rMaeng2, Seoul,
Republic of Korea. All rights reserved.

이 한국어판의 저작권은 알맹2 에이전시를 통하여 Crossway와 독점 계약한 CH북스에 있습니다.
신저작권법에 의하여 한국 내에서 보호받는 저작물이프로 무단전재와 무단 복제를 금합니다.

목차

서문 · 존 파이퍼 · 10
책머리에 · 14

서론: 짤막한 테크놀로지 신학 · 32
1 집중력을 흐트러뜨리는 것에서 벗어나라 · 47
2 피와 살을 지닌 사람들을 소중히 여겨라 · 65
3 우리는 인정받기를 갈망한다 · 78
4 읽기 능력을 회복하라 · 97
5 보이지 않는 것을 기뻐하라 · 112
6 우리는 '좋아요'한 것을 닮는다 · 137
7 참된 고독은 영혼을 채운다 · 151
8 은밀한 유혹에서 시선을 돌리리 · 167
9 잃어버린 의미를 되찾다 · 186
10 그리스도 안에서 발견되다 · 197
11 사랑으로 침묵하라 · 210
12 시간을 헛되이 흘려보내지 말라 · 228
결론: 스마트폰, 일상이 예배가 되다 · 245

맺는 말 · 267
감사의 말 · 279
미주 · 282

서문

존 파이퍼

스마트폰은 위험하다. 결혼이나 음악이나 멋진 요리 등 자칫 우상이 될 수 있는 것들과 마찬가지로. 스마트폰은 아주 유익하기도 하다. 총이나 면도칼이나 약용藥用 마리화나 등 자칫 우리 삶을 파멸시킬 수 있는 것들과 마찬가지로. 개인적으로 나는 결혼 제도를 아주 많이 좋아하고, 날마다 면도칼을 사용한다. 그래서 나도 하루가 다르게 변화하는 현대 테크놀로지 세계에 절제하면서도 열광하는 토니 라인키의 입장에 동의한다.

하지만 나는 이런 책을 쓰지 못했다. 나는 인내심이 없고, 책을 빨리 혹은 폭넓게 읽지 못한다. 토니는 지금까지 여러 권의 책을 썼지만 다른 어떤 책을 쓸 때보다도 광범위한 연구를 거쳐 이 책을 썼다. 토니의 다른 저서들과 달리 이 책은 종합적이다. 토니는 쉼 없이 정보를 얻으려 했고, 얻은 정보를 공정히 처리하려 했으며, 그러기 위해 세밀한 안목이 필요한 내용에 남달리 집중해야 했고 점점 더 명쾌하게 손보는 일에 꾸준히 몰두해야 했다. 토니는 이런 성실한 자세에 신학적 통찰력까지 갖추었다. 그래서 이 책은 다른 이들은 여간해서는 쓸 수 없는 그런 책이 되었다. 나도 쓸 수 없었을 것이 확실하다.

그런데 스마트폰에 대해 깊이 생각해 보는 과정에서 나는 한 가지 작은 유익을 얻었다. 나는 나이가 칠십이다. 나이가 칠십이라는 것은 두 가지 이유에서 이점이 있다. 하나는, 컴퓨터 혁명이 시작되어 진행된 시기에 내가 성인이었다는 점이다. 또 하나는 지평선 바로 너머에서 나의 내생來生이 진격해 오는 게 느껴진다는 점이다.

나는 스물여덟이 되던 1974년에 교사로 첫 직장 생활을 했다. 최초의 퍼스널 컴퓨터는 1975년에 도입되었는데, 조립을 해야 하는 제품이었다. 나는 조립을 할 줄 몰라 기다렸다. 1980년, 학교를 그만두고 목사가 되었다. 1980년에는 사실상 컴퓨터를 사용하는 교회가 하나도 없었다. 컴퓨터는 값비싼 장난감이나 복잡한 계산기에 가까웠다.

그러나 상황은 곧 심각해지기 시작했다. IBM이 1981년에 자사의 첫 퍼스널 컴퓨터를 생산했고, 『타임』지는 1982년을 '컴퓨터의 해The Year of the Computer'라고 일컬었다. 가격은 엄청나게 비쌌지만 내가 컴퓨터를 갖고 싶었던 데에는 한 가지 주된 이유가 있었다. 워드 프로세서 기능 때문이었다. 글쓰기 1984년에는 가격이 많이 내려갔고 그해 6월 16일 일기를 보니 이렇게 적혀 있다. "어제 컴퓨터를 한 대 샀다. IBM PC, 램 용량 256K에 더블 디스크. 가격은 1,995.00달러." 모니터는 별도였고 디스크 운영시스템(DOS 2.1)은 60달러였다.

그로부터 23년 후 아이폰이 발명되었다. 이제 컴퓨터와 폰이 하나가 되었다. 나는 일 년이 지나지 않아 그 물결을 탔다. 전화도 하고, 문자도 보내고, 최신 뉴스도 봤다. 아내와 함께 스크래블 게임도 했다. 폰으로 성경도 읽고, 읽은 구절을 저장도 하고, 암기도 하는 등 손에서 폰을 놓지 않았다. 그 모든 남용 행태에도 불구하고, 정신이 산

서문 11

만해지고 시간을 낭비하게 되고 자아도취적으로 자기를 선전하게 되고 음란물에 노출되는 데 따른 그 모든 폐해에도 불구하고 나는 컴퓨터와 스마트폰을 파피루스나 고문서 사본, 종이 그리고 인쇄기나 대량으로 배포되는 기관지 같은 하나님의 선물로 본다.

　나이가 들어가면서 부지런히 기도하며 썩지 않는 하나님 말씀에 집중하면, 새로운 것에 종노릇하는 일을 면할 수 있다. 세월이 흐르면서 뭔가 멋진 일이 일어나는 것을 지켜볼 수 있게 된다. 처음엔 새로운 것에 지나치게 매혹 당하곤 하다가 점차 건전하고 차분하게 그것을 사용하게 된다. 처음엔 장난감이던 것이 도구가 되고, 열풍을 불러일으키던 것이 어느새 동료가 되고, 주권자가 종이 되는 것을 볼 수 있다. 토니의 말, 그리고 토니의 목표를 인용하자면, 유용한 기능이 무의미한 습관을 이기는 광경을 볼 수 있다.

　80대에 들어서면 더 강렬해지는 내생의 맛을 모든 청년들에게 맛보여 줄 수 있었으면 좋겠다. 죽음과 내세의 현실을 기쁘게 의식하면, 일시적 유행을 좇는 변덕스러움과 텅 빈 머리로 스마트폰 화면을 터치하는 습관에서 놀라우리만치 자유로워진다. 내가 "기쁘게 의식한다"라는 표현을 쓴 것은, 두려움만이 우리가 가진 전부라면 스마트폰은 죽음 생각에서 벗어날 수 있는 도구에 지나지 않기 때문이다.

　그러나 예수를 통해 내 죄가 사함 받았다는 사실로 하나님의 영광의 소망 가운데 기뻐하는 경우, 스마트폰은 짐을 나르는 일종의 노새처럼 천국 가는 길에 유용하게 사용될 수 있다. 우리가 노새를 키우는 건 예쁘게 생겨서가 아니다. 노새는 일을 시키려고 키운다.

　여기서 일이란 누군가에게 좋은 인상을 주는 걸 말하지 않는다. 이 일은 그리스도를 높이고 사람들을 사랑하는 것이다. 그것이 바로 우리가 창조된 이유다. 그러므로 노새를 치장하고 다듬는 일에 인생을 허비하지 말라. 노새에게 사랑이라는 수많은 일의 짐을 지우라. 노새가 예배라는 높은 산을 나와 함께 오르게 만들라.

나의 이 말이 낯설게 들린다면, 그런데도 혹시 관심이 간다면, 토니가 앞으로 이 책에서 여러분을 잘 도와줄 것이다. 아이폰을 새 예루살렘과 연관지어 설명하는 글을 다른 어디서 찾아보겠는가? "디지털 시대에 우리의 가장 큰 필요는 폰 성경의 희미한 푸른 빛 가운데서 보이지 않는 그리스도의 영광을 보는 것"이라고 말할 수 있을 만큼 지혜로운 사람을 다른 어디에서 만나겠는가? 성경 앱을 적당히 칭송하는 한편 "어떤 앱도 나와 하나님과의 교제에 생기를 불어넣을 수 없다"라고 솔직하게 고백하는 말을 다른 어디서 들을 수 있겠는가? "그리스도인의 상상력은 건실한 신학적 자양분이 없어 굶어 죽을 지경"이라는 확신을 가지고 스마트폰에 대한 글을 쓰는 사람이 토니 말고 어디 있겠는가? 은밀히 지은 죄는 아무도 모를 것이라고들 하지만, "세상에 익명성 같은 것은 없다. 이름이 드러나는 것은 시간문제일 뿐"이라는 진실로써 그 죄의 은밀함에 정면으로 맞서는 이가 어디 또 있겠는가?

그렇다. 인생은 짧다. 노새를 자랑해 보이느라 시간을 허비하지 말라. 노새에게는 일을 시키라. 노새를 만드신 분이 기뻐하실 것이다.

책머리에

이 지긋지긋한 스마트폰! 성가신 생산품. 삑삑거리고 웅웅거리는 열 가지 재앙. 전기를 먹고 또 먹어도 여전히 배고픈 활기 없는 장치. 디지털 속임수를 쓰는 마술사. 24시간 감독하는 전자 팔찌. 돈 먹는 하마. 빠져나갈 길 없이 묶어 두고 일을 시키는 밧줄. 독재자, 방해꾼, 원수!

하지만 스마트폰은 지칠 줄 모르는 내 개인 조수, 대체 불가능한 여행의 동반자, 그리고 빛의 속도로 친구와 가족을 연결시켜 주는 도구. VR 스크린. 게임기. 일상 생활에 안정감을 주는 무게 중심, 내 똑똑한 친구. 내 옆에서 늘 깨어 있는 동료 조종사. 언제나 준비 완료 상태인 협력자. 스마트폰은 얼마나 복된지!

폰은 무가치한 것과 가치 있는 것, 일부러 꾸민 것과 진실한 것을 들여다 볼 수 있는 창문이다. 어떤 때는 폰이 마치 내 시간과 내 삶을 빨아먹는 디지털 뱀파이어처럼 느껴지기도 한다. 또 폰과 내가 이음매 하나 없는 복합 2인승 마차가 되어 리듬감 있게 일상을 살아낼 때는 내가 마치 반은 인간이고 반은 디지털 기기인 사이버 켄타우로스 centaur*가 된 듯한 기분이다.

● 그리스 신화에 등장하는 반인반마.-옮긴이

아이폰 1.0

하이테크 천재 스티브 잡스는 2007년 1월 9일 맥월드 엑스포 Macworld Expo에서 아이폰을 소개하면서 키보드나 전자펜이 필요 없는 3.5인치 고해상도 화면을 갖춘 '거인'이라고 했다. 잡스는 이때까지의 무겁고 투박한 스마트폰과 달리 "우리는 이제 세상에서 제일 좋은 입력 장치를 사용하게 될 것입니다. 우리가 태어날 때부터 가지고 있는 열 개의 입력 장치 말입니다. 바로 손가락이지요"라고 말했다. 그 순간부터 멀티터치 기술은 호주머니 속 이 장치에 아주 정밀한 손가락 끝 동작을 도입함으로써 인간이 역사상 어느 때보다 친숙하게 컴퓨팅 기술에 접근할 수 있게 했다. 잡스는 나중에 여담으로 "이제 여러분은 음악을 터치할 수 있습니다"라고 말했는데, 이 말은 너무 신비롭게 들려서 그 엄청난 의미를 당장은 파악할 수 없었다.[1]

애플은 2007년 6월 29일 최초의 아이폰을 공식적으로 판매하기 시작했고, 나는 그해 가을 아이폰을 장만했다. 한 손에 쏙 들어오는 이 반짝거리는 폰에 내장된 기술에 나는 경악했다. 합법적으로 장착된 컴퓨터 운영 체제, 음악 감상을 위해 새로 설계된 아이팟, 친구들에게 빠른 속도로 문자를 보낼 수 있는 새 메커니즘, 웹 화면 전체를 다 담을 수 있는 새로운 모바일 브라우저와 초선명 비디오, 폰을 어떻게 기울이고 회전시키고 돌리는지 감지할 수 있는 가속도 센서 등 모든 것이 손가락 끝으로 가볍게 두드리거나 판독기에 갖다 대거나 두 손가락으로 축소 혹은 확대하는 동작에 의해 하나의 화면에 구현되었다.

그 성스러운 개봉 행사를 마친 후 며칠이 지나 운전 중이던 나는 눈 내리는 아이오와주 어느 휴게소에 차를 세우고 새 아이폰의 잠금을 해제한 뒤 도심이 아닌 곳에서 받은 첫 이메일에 답장을 보냈다. 무선이었고, 별 어려움 없이 메일을 발신할 수 있었다. 나는 완전히 매혹당했고, 다른 수많은 사람도 마찬가지였다. 십 년 만에 거의 10억 개에 가까운 아이폰이 팔려 나갔다.

애플의 모바일폰에 이어 안드로이드폰이 출시되었고, 스마트폰은 세계 전역으로, 그리고 우리 삶 구석구석으로 퍼져 나갔다. 이제 우리는 잠자는 시간을 제외하고 4.3분에 한 번씩 스마트폰을 확인한다.[2] 첫 스마트폰을 갖게 된 이후 줄곧 스마트폰은 하루 24시간, 일주일 내내 내 손을 떠나지 않았다. 아침에는 나를 깨워 주고, 내 뮤직 라이브러리에서 DJ 노릇을 해주고, 각종 영상과 영화와 텔레비전 프로그램으로 나를 즐겁게 해주고, 내 일상을 사진과 영상으로 남겨 주며, 최신 비디오 게임을 할 수 있게 해주고, 낯선 거리에서 길을 안내해 주고, 내 소셜 미디어를 널리 알려 주고, 밤이면 내일 아침 나를 다시 깨워 주겠다고 안심시켜 준다(충전을 해주는 한). 나는 폰을 이용해 그때그때 달라지는 가족들의 일정을 실시간으로 따라잡는다. 이 책을 집필할 때도 나는 폰을 이용해 자료를 찾고, 편집하고, 심지어 몇 단락을 쓰기도 했다. 나는 거의 모든 일에 폰을 이용한다(통화를 할 때는 예외인 것 같다). 폰은 내가 어디를 가든 동행한다. 침실에도, 사무실에도, 휴가지에도, 물론 화장실에도.

스마트폰은 이제 싹 트기 시작한 몇 가지 기술을[3], 지금까지 발명된 것 중 가장 강력한 한 손 크기의 사회적 관계 도구에 결합시켰다. 폰이 있으면 삶의 모든 것을 즉시 포착해서 타인과 나눌 수 있다. 그래서 『타임』지 편집자들이 아이폰을 가리켜 단일한 도구로서는 시대를 불문하고 가장 영향력 있는 도구라고 했을 때도 나는 놀라지 않았다. 이들은 아이폰이 "우리와 컴퓨터 및 정보의 관계를 근본적으로 변화시켰으며, 이 변화는 앞으로 수십 년 동안 반향을 일으킬 것"이라고 했다.[4]

아, 그렇다. 반향. 이 모든 디지털 마법은 어떤 대가를 치르게 될까? 아이폰을 사용하면서 줄곧 내가 깨닫게 되는 사실은, 무소부재하는 내 아이폰은 집중력을 흐트러뜨리는 것들로 내 삶을 좀먹기도 한다는 것이다. 이는 애플 워치 출시 직전 애플 임원들이 부지중 인정한 사실이기도 하다. 애플 워치를 소개하면서 아이폰이 우리 삶에 끌어들인 모든 테크노 노이즈techno-noise에 대한 더욱 새롭고 비교적 덜 공격적인 테크노 해법techno-fix이라고 마케팅을 했으니 말이다.[5]

내 첫 번째 아이폰 포장을 풀 때는 몰랐으나, 잡스는 자기 자녀들이 디지털 기기에 접근하는 것을 적극적으로 차단했다고 한다.[6]

나도 나 자신에게서 디지털 기기를 차단해야 하는 것일까?

중대한 문제

스마트폰 생산자와 판매자는 우리에게 대단한 힘을 행사한다. 그래서 나는 이 기술이 우리의 영적 삶에 어떤 영향을 끼치는지 알고 싶다. 그리스도인의 삶의 다른 모든 영역에서와 마찬가지로 나는 교회 역사에서, 그리고 연륜 있는 그리스도인들에게서 교훈을 얻고자 했다. 이 책을 집필하는 과정에서 많은 분들과 인터뷰를 했는데, 첫 번째 인터뷰는 75세의 신학자 데이비드 웰스David Wells(1939-)와의 전화 인터뷰였다. 하나님의 거룩하심을 주제로 웰스가 최근 펴낸 저서는

놀랍게도 기술 이야기로 가득했다(기술은 이제 어느 대화에서든 의미 있는 하위 논제다).[7]

"우리 사회에서 웹이 널리 사용된 것은 겨우 1990년대부터입니다. 따라서 우리는 지금 약 20년 어간에 벌어진 일들을 이야기하고 있는 거지요." 웰스는 그렇게 말했다. "그리고 우리는, 우리 모두는 우리에게 유익한 것은 무엇이고 해로운 것은 무엇인지 파악하려 애쓰고 있습니다. 피할 수는 없어요, 그리고 피하고 싶은 사람도 아마 없을 겁니다. 우리가 디지털 수도사가 될 수는 없으니까요." 놀랍게도 웰스는 디지털 기기의 유혹에 대해 경험적으로 잘 알고 있는 것 같았다. "과거에 비해 우리 삶이 훨씬 산만해진 게 틀림없습니다. 쉴 새 없이 카톡이 울리고, 벨소리가 들리고, 문자가 오니까요. 우리는 사실 진짜 우주와 평행하는 가상의 우주와 더불어 살고 있습니다. 우리에게 있는 시간을 다 앗아갈 수 있는 우주 말입니다. 우리가 쉼 없이 움직이고 있을 때- 쉼 없는 가상의 자극에 거의 중독되어 있을 때 우리에게 어떤 일이 일어납니까? 이런 자극이 우리에게 무슨 짓을 하고 있습니까? 이건 중대한 질문입니다."[8]

웰스의 말이 딱 맞다. 폰은 끊임없는 변수이고, 늘 변화하며, 우리 안에 늘 새로운 행동을 빚어낸다. 오래전, 자크 엘륄 Jacques Ellul(1912-1994)은 "예측불가능성이 테크놀로지 진보의 일반적 특징 중 하나"라고 하면서 테크놀로지 시대에 예측불가능성이 가진 위험에 대해 예언적으로 경고했다.[9] 하이테크 시대의 예측불가능성은 진정되지 않는 일정 수준의 불안감을 동반하며, 이 불안감 때문에 우리는 웰스의 질문에 대한 답변에서 훨씬 멀어진다. 스마트폰이 우리에게 무슨 짓을 하고 있는지 우리는 알지 못한다. 하지만 우리는 변화하고 있으며, 그것만큼은 분명한 사실이다.

얼마 후 나는 71세의 탁월한 기독교 윤리학자인 스코틀랜드의 올리버 오도노번Oliver O'Donovan(1945-)에게 이메일을 보내, 그리스도인이 디지털 커뮤니케이션 테크놀로지의 발흥 앞에 불편한 마음을 느껴야 하느냐고 물었다. 오도노번은 이렇게 대답했다. "전자 통신electronic communications은 우리 세대보다는 젊은 세대에게 더 중요한 문제입니다. 전자 통신이 상징하는 권력과 위협을 정말 깨우쳐야 하는 건 바로 젊은 세대입니다. 물론 시행착오를 겪어야 하겠지만, 더 중요한 것은 커뮤니케이션 혁명이 시작되기 전에 우리에게 무엇이 가장 중요했는가를 기억해야 합니다."

"과거 사람들은 이런 것을 깨우칠 필요가 없었어요." 그는 우리가 지금 직면하고 있는 문제에 대해 그렇게 말했다. "그래서 이것을 깨우치는 방법을 젊은 세대에게 가르칠 수 있는 사람이 없습니다. 이는 양심 있는 지식인들에게 독특하게 주어진 거대한 도전입니다. 물론 이들이 직면한 위험은, 도구가 안건agenda을 설정한다는 것입니다. 커뮤니케이션communication 도구는 무언가를 전하기communicating 위한 도구입니다." 이렇게 말하고 나서 그는 웰스와 똑같은 문제를 제기했다. "미디어는 그냥 수동적으로 그곳에 놓인 채 우리가 다가가 발견해 주기를, 그렇게 해서 우리가 염두에 두고 있는 어떤 프로젝트에 유익하게 쓰이기를 기다리고 있지만은 않습니다. 미디어는 우리가 뭘 해야 할지를, 더 중요하게는 우리가 뭘 하고 싶어 해야 하는지를 지시합니다. 물에는 흐름이란 게 있습니다. 수영을 할 줄 모르면 물결의 흐름에 휩쓸려 갑니다. 누군가가 무엇을 하고 있는 걸 보면 나도 그걸 하고 싶어지지요. 바로 전에 내가 뭘 하고 싶다고 생각했든 그 순간에는 그걸 잊고 맙니다."

오도노번은 인상적인 경고의 말로 인터뷰를 끝맺었다. "이 세대에게는 뉴 미디어가 실제로 어떤 면에서 유익한지 분별해야 한다는 독특한 과제가 주어져 있습니다. 거꾸로 말해 뉴 미디어가 어떤 면에서 유익하지 않은지 분별해야 한다는 뜻이기도 하지요. 이 부분에서 실패하면 다음 세대가 대가를 치르게 될 겁니다."[10]

나의 곤경

나는 교회의 원로들과 대화하면서 이 책을 쓰고 싶었다. 그런데 웰스와 오도노번에게 던졌던 질문이 부메랑처럼 돌아와 나에게 또 하나의 질문을 던졌다. 그 질문은, 우리가 스마트폰에 너무도 친숙해져 있는데 어떻게 최선을 다해 그 친숙함이 낳는 결과를 구체적으로 말할 수 있겠느냐는 것이다.

또한 나 자신이 매우 난처한 입장에 있음을 깨닫기도 한다. 폰이 나를 어떻게 바꾸는지에 대해 비판적 질문을 던지면서 다른 한편으로는 근무 시간 내내 온라인으로 일하면서 내 기술과 경험을 지렛대 삼아 가상의 청중의 이목을 사로잡으려 애쓰고 있으니 말이다. 온라인 세계가 지구촌 전역으로 확산됨에 따라, 그리고 점점 더 모바일화 되어 감에 따라, 새로운 복음 전도의 기회 또한 열리고 있다.

대체적으로 말해, 인간의 지능과 사실 기반 데이터를 하나로 모을 수 있는 디지털 시대의 권능은 전례가 없는 일이다(위키피디아는 앞으로 다가올 일들의 한 예일 뿐이다). 모든 그리스도인에게는 이제 온라인 사역을 위한 유례없는 기회가 주어져 있다. 이제 우리 시대의 탁월한 설교자들은 소셜 미디어를 통해 수천 수백만 사람들에게 설교를 할 수 있다. 지극히 평범한 그리스도인도 페이스북에서 수백 명 친구들을 청중 삼아 즉석에서 복음을 전할 수 있다. 단번에 이렇게 많은 사람에게 다가갈 수 있다는 것은 인간 역사에서 유례를 찾아볼 수 없는 일이다.

그래서 나는 이 진퇴양난의 상황이 나를 압박해 오는 것을 느낀다. (그리스도를 위해) 능란한 솜씨로 온라인에서 주목도 받고 싶고, 다른 한편으로 폰과 관련한 나 자신의 충동과 습관과 주제넘은 태도에 관해 비판적 질문을 던지고 싶기도 하다.

나의 의도

폰에 관해 말하는 이 책은 전화번호부보다 더 두꺼워질 수도 있었다. 책이 두꺼워지지 않도록 하기 위해 나는 반드시 다뤄야 할 부분만 다루면서 세심하고 간결하게 이야기를 진행해 나가야 했다. 어떤 책은 폰이 우리의 인식 능력을 더 빈틈 없게 해주고 인간관계를 더 깊이 있게 해준다고 주장하고,[11] 또 어떤 책은 폰이 우리를 깊이 없고 말할 줄 모르고 실생활에서 유능하지 못한 사람으로 만든다고 경고한다.[12] 두 가지 주장 모두 경우에 따라서는 맞는 말로 들린다. 하지만 "소셜미디어야말로 스마트폰의 주 용도인데, 우리가 폰에게 무엇을 기대하며 폰을 어떻게 활용하느냐에 따라 우리는 현실도피주의자가 될 수도 있고 현실을 변화시킬 수도 있다."[13] 이 책이 제기하는 질문은 간단하다. 내 삶을 건강하게 영위해 나가고자 할 때 내 스마트폰의 가장 바람직한 용도는 무엇이냐는 것이다.

그 목표를 위해 내가 계획한 것은, 두 가지 극단을 피하자는 것이었다. 그 하나는 병적인 테크놀로지 애호가의 유토피아적 낙관주의이고 다른 하나는 병적으로 테크놀로지를 싫어하는 사람의 디스토피아적 비관론이다. 오도노번은 우리가 다른 누군가가 하는 일을 지켜보고 그저 그 행동을 따라하면서 자기 고유의 소명과 삶의 목표는 잊어버리고픈 유혹을 받는다고 했는데, 정말 맞는 말이다. 달리 말해, 우리는 이렇게 자문해야 한다. 어떤 기술이 내 계획에 도움이 되는가? 일단 내 목표는 무엇인가? 이 질문에 명쾌히 답변하지 않으면 그리스도인으로서 스마트폰에 대한 찬반양론을 고찰해 보는 일에 아무런 진전을 이룰 수 없다.

그럼에도, 여러분이 스마트폰 소유자라면, 아마 그것을 남용해 왔을 가능성이 있다. 몇몇 특집 기사, 한탄조의 책들, 설득력 있는 비디오 영상은 그런 남용 행태가 우리 삶에 얼마나 어리석은 영향을 끼치는지를 보여 준다. 한순간 죄의식을 느끼는 것이 행동을 바꿔야겠다는 강력한 동기가 될 수 있지만, 이는 오래가지 않는다. 시간이 갈수록 죄의식은 가라앉고, 우리는 옛 행동 습관으로 돌아간다. 이는 우리의 기본 자각이 새로운 행동 패턴을 유지하기에는 너무 취약하기 때문이며, 지금 당장은 '옳아' 보이는 것(폰 전원을 끄는 행동)이 사실은 한순간 수치심의 산물에 지나지 않는다. 우리에게 필요한 것은 새로운 삶을 엮어 나가는 훈련으로, 이 훈련은 삶의 우선순위를 새로 정비하는 데서 시작되어 예수 그리스도 안에 있는 새 생명의 자유를 통해 힘을 얻게 된다. 그러므로 폰을 멀리 치워 버리라거나 폰을 없애라거나 한동안 폰을 끊었다가 다시 집어들라는 말은 할 수가 없다. 내 계획은, 우리가 애초에 왜 그런 행동을 고려하는지 그 이유를 탐구해 보는 것이다.

놓치기 쉬운 부분

이 탐구 작업을 시작할 때 우리가 유념해야 할 사항이 몇 가지 있다.

첫째, 이 책은 내가 쓴 책인 동시에 나를 향해 쓴 책이다. 나에게는 이 메시지가 필요하다. 그런 한편 이 메시지가 지우는 최대의 짐 또한 내가 진다. 이 책 제목을 보면 내가 여러분에게 설교를 하고 있다는 느낌이 들 수도 있겠으나 그렇지 않다. 나는 나를 향해 설교하고 있다. 여러분들 중에는 부디 책 쓰는 사람이 많지 않기를 바란다. 우리처럼 윤리학 책을 쓰는 이들은 자기가 한 말을 누구보다도 더 엄격히 지켜야 하니 말이다.

둘째, 나는 이 책에 담긴 모든 내용이 개별 독자들 모두에게 의미가 있음을 책 제목에서 암시했다. 사실 나는 스마트폰과 관련된 우리 행동이 이토록 다양한 줄 전에는 미처 몰랐었다. 우리는 콘텐츠 제작자나 콘텐츠 소비자로서 폰을 손에서 놓지 않으며, 우리는 시간에 구애받지 않는 콘텐츠 혹은 시기적절한 콘텐츠에 초점을 맞춘다. 마찬가지로, 우리와 스마트폰과의 관계는 일정한 방향으로 향한다. 즉, 가상 사회의 한 부분, 혹은 실제로 대면하는 관계의 보완재를 지향한다. 그리고 폰을 통해 나누는 그런 대화는 교양 함양이나 단순한 수다를 향해 부단히 떠돈다(도표 1을 보라). 우리는 어느 새 이 좌표 주변으로 끊임없이 미끄러져 들어가며, 각각의 추세에는 나름의 강점과 함정이 있는데, 이에 대해서는 앞으로 이야기하게 될 것이다. 하지만 자기가 이 좌표상의 어느 지점에 있고 싶다고 해서 정확히 그 자리에 있을 수 있는 사람은 아무도 없다. 이 책 서두에서 이 말을 하는 것은, 자신에게 직접 적용되지 않을 수도 있는 어떤 행동들을 논할 때 좀 참고 기다려 줄 것을 요청하기 위해서다.

셋째, 이 책은 반反스마트폰을 부르짖는 책이 아니다. 이 책은 나처

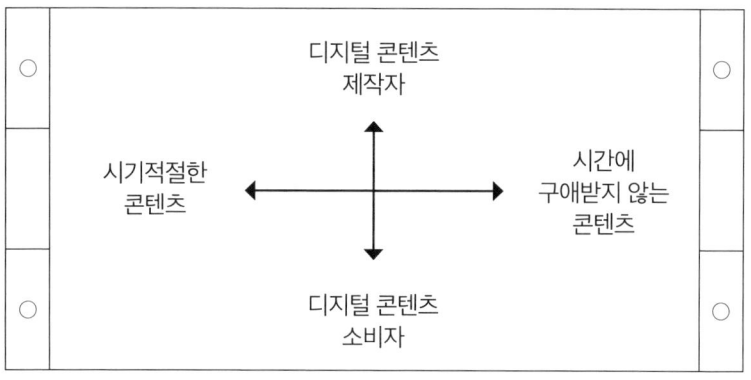

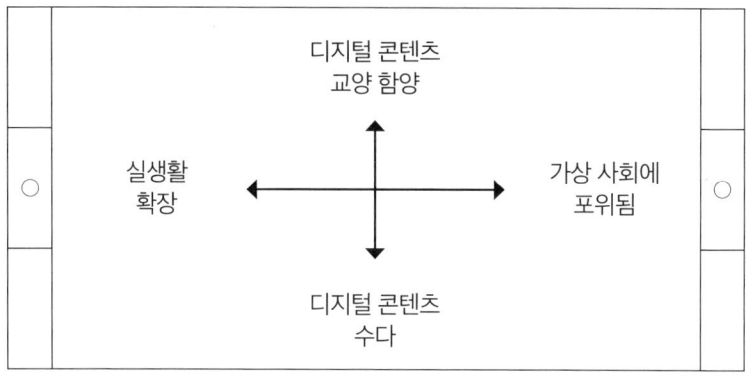

도표 1. 스마트폰상의 행동과 스마트폰과의 관계

럼 스마트폰에서 유익을 얻으며 날마다 스마트폰을 사용하는 사람들을 위해 쓰였다. 여러분은 아마 소셜 미디어를 통해 이 책에 관한 이야기를 듣게 될 것이고, 폰으로 이 책을 읽게 될 분들도 있을 것이며, 어쩌면 페이스북에 이 책의 어떤 문장을 인용하기도 할 것이다. 그건 모순어법도 아니고, 아이러니도 아니고, 역설도 아니다. 오히려 내가 이 책을 쓰는 이유, 그리고 내가 의도한 메시지 전달 방식이 성취되는 것이다.

넷째, 이 책은 친親스마스폰을 외치는 책도 아니다. 나는 이 책이 균형 잡힌 책이기를 바란다. 하지만 균형을 잡는 게 나를 움직이는 관심사는 아니다. 처음부터 끝까지 (심지어 한 단락 한 단락마다) 친親폰과 반反폰의 균형이 잡히든, 안 잡히든 그건 별로 내 관심사가 아니다. 결국엔 독자들이 둘로 나뉘리라는 것을 잘 알기 때문이다. 시작부터 이 점을 이렇게 인정하는 것은, 폰과 관련해 생활 패턴을 재고하려는 독자들에게 좀 더 직접적으로 이야기하기 위해서다(그리고 오만 가지 조건과 단서와 제한사항들로 책의 부피가 늘어나는 것을 막기 위해서이기도 하다). 나는 우리 모두가 잠시 걸음을 멈추고 자신의 충동적 스마트폰 사용 습관을 깊이 고민해볼 필요가 있다는 전제 아래 이야기를 진행하겠다. 반짝거리는 최신 IT 기기가 우리 시선과 마음을 사로잡는 시대에는 자기 비판을 줄일 게 아니라 오히려 늘릴 필요가 있기 때문이다.

다섯째, 『스마트폰이 나를 바꾸는 12가지 방식12 Ways Your Phone Is Changing You(이 책의 원제)』라는 제목의 책을 읽고 있으므로 짐작건대 여러분은 그런 자기 비판을 담대히 환영하는 그런 유형의 독자일 가능성이 크다. 그런 용기에 박수를 보낸다. 옛 철학자 세네카Seneca는 "때로는 자기 자신에게 가혹하라"라는 아주 옳은 말을 했다.[14] 때로는 그렇게 해야 한다. 늘 그런 것이 아니라. 인생의 어떤 중요한 순간에는, 욕실 거울을 들여다보며 눈을 가늘게 뜨고 거울에 비치는 사람을 향해 비판적 시선을 던지라. 우리 모두에게는 건전한 비판이 필요하다. 하지만 자기 자신에게만 가혹한 사람에게는 한 가지 주의시키고 싶다. 이 책을 다 읽고 나서 자기 자신을 더 싫어하게 될 뿐이라면 이 책은 실패다. 이 책은, 다 읽고 나서 그리스도를 더욱 즐거워하게 될 경우에만 성공이다. 그러므로 여러분이 혹 자기 잘못에 대한 자각과 자기 회의懷疑로 쉽게 마음이 무거워지곤 한다면, 이 책이 여러분을 교육하고 구비시켜 그리스도 안에서 우리가 소유하는 무한한 기쁨을 더 깊이 맛볼 자유를 누리게 해주고, 우리 앞에 있는 더 깊고 더 만족스러운 즐거움을 위해 하찮은 방종은 뒤로하게 해줄 수 있기를 기도한다.

여섯째, 이 책에서 나는, 신학자, 철학자, 대학교수, 목사, 교황, 그리스도인은 아니지만 명민한 통찰을 지닌 사람들, 잘 알려진 무신론자들의 말을 인용할 텐데, 이는 이 책에 담긴 내용이 누군가의 신학을 전적으로 찬동하거나 혹은 여기서 언급하는 각종 링크, 앱, 책, 폭력 영화 등을 전폭적으로 보증하는 게 아님을 뜻한다.

마지막으로, 원제가 암시하듯 이 책은 적용보다는 진단과 세계관을 중심으로 한다. 중요한 실천 사항을 소홀히 하지는 않겠지만, 적용 사항은 책 전반을 통해 포괄적으로 암시될 것이며 마지막에 가서 구체적으로 이야기될 것이다.

겸손할 것을 요구함

자기 회의self-doubt는 지혜로운 피조물의 인증마크다.[15] 그리고 개인적 행실에 대한 자기 비판적 대화는 크나큰 겸손을 요구한다. 스마트폰에 관한 대화는 새로운 의문을 제기하지 않는다. 이 대화는 새로운 세대가 등장할 때마다 꼭 하게 되는, 우리가 오랫동안 계속해 온 질문으로 다시 돌아가게 만든다.

'순간 표현instant expression'의 최신 현상인 스냅챗Snapchat•을 생각해 보자. 어떤 신학자와의 인터뷰에서 그 신학자는 내가 한 말이 몇 초 뒤에 사라져 버리면 나의 "예스"는 예스이기 힘들다고 말했다.[16] 하지만 방어하기 좋아하는 컴퓨터 전문가들은 단순한 사실 하나로 위의 주장을 곧 무효로 만들어 버린다. 즉, 스냅챗에서 공유한 덧없는 말들은 몇 초가 지나 사라져 버리지만, 우리가 목소리로 발화한 말들은 1/100초가 지나면 사라져 버린다고 말이다. 테크놀로지가 우리의 말을 더 덧없게 만들지 않는다. 굳이 말하자면 오히려 더 지속성 있게 만든다. 우리가 하는 모든 시답잖은 말들을 하나하나 다 보고한다면 우리는 아마 인간이 시답잖은 말들을 얼마나 많이 하는지 정확히 헤아릴 수 있는 첫 세대가 될 것이다. 왜냐하면 인간 역사상 그 어느 집단보다도 그 말들을 문자로 많이 표현했으니 말이다.

그러므로 우리가 의도적인 자기 파괴 메시지(스냅챗 같은)를 통해 말을 할 때 그 말의 진정성을 시험해 볼 수 있다고 해도, 폰 자체는 우리가 하는 말을 더 덧없게 하거나 더 공허하게 만들지 않는다. 폰은 단

• 사용자가 10초 내에서 원하는 시간을 설정해 자신이 보낸 문자나 그림 파일이 사라지게 할 수 있는 모바일 메신저.-옮긴이

지 어느 세대나 다 하는 질문을 던질 뿐이다. 먼저 이 질문들을 알고 인정해야 비로소 스냅챗을 시험하는 일로 다시 돌아갈 수 있다.

디지털 미디어상의 대화는 대개 그런 식으로 이뤄진다. 그러므로 한 가지 협정을 요청하는 것으로 이 책을 시작하고자 한다. 스마트폰과 관련해 가장 중요한 질문 몇 가지가 현실에서의 대화에도 적용된다는 점에 동의할 수 있는가? 디지털 생활에서 우리가 직면하는 한 가지 싸움이 현실 상황과도 연관된다는 이유만으로 디지털 통신 수단들과의 대화가 회피된다는 뜻은 아니다. 다만 이는 성경이 디지털 시대에도 여전히 타당성을 입증한다는 뜻이다.

나는 누구인가?

알다시피, 폰과의 엉킨 관계를 푸는 이 여정은 아주 개인적인(즉, 내가 나 자신을 비판하는) 여정이다. 그러므로 먼저 자기 자신이 누구인지를 알 필요가 있다.

나는 '얼리 어답터early adopter'다. 듣기엔 그럴 듯하지만 사실 이는 '아이폰 중독자요 최신 IT 기기 광狂임을 스스로 고백하는' 말이다. 또한 나는 거의 20여 년 동안 그리스도인으로 살아왔고, 성경이 내 삶의 궁극적이고 최종적인 권위라고 주장한다. 비즈니스, 저널리즘, 인문학을 공부한 나는 현재, 문화적 순응에 대한 부담감으로 긴장 상태에 있는 그리스도인의 삶의 복합적 역학을 조사 연구하는 기자로 일하고 있다. 나는 생존 인물이든 이미 죽은 사람이든 교회 안의 다른 많은 목소리들과 협력하여 연구하고 글을 쓴다.

아내와 나는 결혼한 지 거의 20년이 됐고, 세 아이를 두고 있으며,

과학기술적으로 유능하고 디지털 기기로부터 자기를 통제할 수 있는 사람으로 아이들을 키우려 노력하고 있다.[17] 우리 식구들은 현재 데스크탑 컴퓨터 한 대, 랩탑 세 개, 스마트폰 세 개, 아이팟 한 개를 쓰고 있다.

이 책이 출간된 시점에 나는 네 개의 플랫폼에서 총 32년 6개월의 시간을 보냈다. 그 네 가지는 블로그, 트위터, 페이스북, 인스타그램이다.[18] 또한 나는 십여 년 동안 온라인으로 비영리 사역을 해 왔는데, 아이폰이 없었다면 절대 불가능했을 일이다. 그리고 그렇게 일해 왔다고 해서 디지털 시대의 긴박한 질문들에서 단절되어 있지는 않았다. 그렇게 일해 왔기 때문에 오히려 그 질문의 절박함이 더 증폭되었다. 그와 동시에, 내가 하는 일 덕분에 나는 지극히 생각이 깊은 기독교 철학가, 신학자, 목회자, 예술가 등과 긴밀히 접촉해 왔는데, 이들은 어떻게 하면 교회가 디지털 시대에 지혜롭게 부응할 수 있도록 도울 수 있을지를 세심히 고민해 온 사람들이다. 이들과 나눈 많은 대화에서 가장 탁월한 통찰들을 이 책에서 일부 소개할 예정이다.

동시에, 나는 이 책을 학생, 비혼자, 부부, 주부, 각계의 전문가, 각종 사역 지도자 등 다양한 그리스도인들과 대화를 나누며 집필했다. 디지털 시대에 건강하고 균형 잡힌 삶을 사는 법에 관해 우리는 저마다 비슷한 질문에 직면해 있다.

거꾸로 읽는 욕망

미디어 생태학자 마셜 맥루한(1911-1980)은 테크놀로지가 언제나 자아의 확장임을 당대 사람들에게 일깨웠다. 포크는 간단히 말해 내 손의 확장이다. 자동차는 내 팔과 발의 확장이며 석기 시대를 배경으로 한 만화영화의 수레도 마찬가지다.

마찬가지로, 내 스마트폰은 내 인지 기능을 확장시킨다.[19] 내 뇌에서 활동하는 뉴런은 두개골에서 치는 번개가 딱딱 소리를 내며 엉키는 것이며, 그래서 내 사고 활동은 캔자스Kansas 하늘의 뇌우를 닮았다.[20] 현미경으로 들여다봐야 보이는 내 신경계 공간에 몰아치는 이 자그마한 전기 폭풍우가 양손의 엄지손가락으로까지 아주 자연스레 뻗어 나가, 전자파에 의해 세상에 발신되는 작은 디지털 전기 불꽃을 내 폰 내부에 일으킨다.

이 모든 사실은 내 폰이 나의 외부에 내 인간 관계와 내 갈망과 내 의식적 실존의 반경 안에 있는 모든 것을 투사할 수 있는, 시간과 공간상의 한 지점을 표시한다는 의미다. '욕망desire'이라는 단어를 거울에 비추면 '망욕erised'이 된다.• 『해리 포터와 마법사의 돌Harry Potter and the Sorcerer's Stone』에 등장하는 마법의 거울 이름이 바로 '망욕erised'이다.[21] 오래된 망욕의 거울을 들여다보면 내 마음의 가장 깊은 갈망이 생생한 빛깔로 드러나는 것을 볼 수 있다. 반짝거리는 우리의 스마트폰 화면도 그 거울과 비슷하다.

폰이 내 안에서 노출하는 것은 내가 당연히 원해야 한다고 알고 있는 욕구, 원한다고 생각하는, 특히 내가 원한다고 남들이 알아주었으면 하는 욕구 등 거룩한 욕구가 아닐 때가 많다. 내 폰 화면은 내 마음이 진짜로 원하는 것을 면도날처럼 예리한 화소畵素로 폭로한다.[22] 내

• 단어의 좌우가 뒤집힐 때 우리말 '욕망'이 정확히 이렇게 읽히지는 않지만 저자의 의도를 살려 '망령된 욕심[妄慾]' 정도로 해석하고자 한다. -옮긴이

폰의 선명한 화면은 내 마음과 영혼이 가장 방심한 상태일 때 한구석에 자리 잡은 욕망과 사랑을 내 눈에 투사해, 갖가지 이미지와 영상과 문자 화소로 가시적으로 표현해 주어서 그것을 보고 소비하고 타이핑하고 공유할 수 있게 한다. 이는 내 스마트폰에서 벌어지는 일, 특히 익명성의 그늘 아래서 벌어진 일이 진짜 내 마음을 총천연색 화소로 반영해서 내 눈에 다시 보여 준다는 의미다.

솔직히 말해, 이는 비밀번호가 왜 존재하는지에 대한 설명일 수도 있다. 누군가의 폰에 들어간다는 것은 그 사람의 영혼 내부를 훔쳐본다는 뜻이며, 온라인에서 내가 무엇을 클릭했고 어떤 화면을 열어 보았으며 무엇을 검색했는지 다른 사람이 본다면 우리는 몹시 부끄러울 수도 있다.

세상에 이보다 더 심란한 일이 어디 있겠는가?

자신의 스마트폰 사용 습관을 직시할 수 있을 만큼 솔직하다면, 그리고 이제부터 이 책에서 말하는 내용들을 일상의 예배로 청하는 말로 활용할 수 있다면, 디지털 세상에서 우리가 겪는 실패를 넘어 미래로 나아갈 수 있는 은혜를 발견할 수 있다. 하나님은 우리를 깊이 사랑하시며, 디지털 시대에 우리에게 필요한 모든 것을 다 주고 싶어 하신다. 성자께서 흘리신 피가 이 사실을 증명한다.[23] 우리의 영원한 삶의 궤적에서 스마트폰의 자리가 어디인지 알고 스마트폰의 장단점을 제대로 평가하고자 할 때에는 하나님의 은혜가 필요하다. 이 점에 실수가 있으면 지금 우리가 어려움을 겪을 뿐만 아니라 다가올 세대 또한 대가를 치르게 될 것이다.

서론

짤막한
테크놀로지 신학

내 첫 스마트폰으로 실내가 아닌 아이오와주 옥수수밭 근처의 그 시끄러운 휴게소에서 무선 이메일을 수신하던 그 순간이 이 책의 시작은 아니다. 그보다 조금 앞선 2007년, 맥월드 엑스포에서 아이폰이 세상에 처음 선보이던 날도 아니다. 애플이 창업하던 날, 또는 스티브 잡스가 태어난 날도 아니다. 스마트폰 연대표를 보려면 수 세기를 거슬러 올라가는 테크놀로지의 역사를 간단히 살펴보아야 한다. 우리의 디지털 시대는 우주적 우연이 아니다.

테크놀로지 이야기

태초에 하나님께서 진흙으로 아담을 창조하시고 아담의 갈비뼈로 하와를 창조하셨다. 여호와께서 몸을 굽혀 두 사람의 폐에 숨을 불어

넣으시니, 두 사람이 깨어나 대양과 햇빛과 산맥과 각종 과실과 아직 이름 없는 동물들과 미경작의 땅과 다이아몬드, 금, 은, 철 등 미개발 자원이 가득한 신기한 세상으로 들어왔다.[1] 하나님께서는 이 피조물에게 가장 먼저 명하시기를, 아기를 낳고 식량을 모아들이고 짐승들을 다스리라고 하셨다. 이 첫 명령에서 이미 하나님께서는 자신이 가지고 있는 청사진의 마지막 그림을 그려 넣으셨다. 에덴동산은 시작일 뿐이었다. 목표는 테크놀로지 진보를 이룬 세상, 그리하여 도시의 거리가 정금으로 두껍게 포장될 만큼 정련된 세상, 너무도 찬란하고 빛이 나 마지막에 어떤 모양이 될지 도무지 가늠할 수 없는 그런 세상으로 가는 것이었다.[2] 그래서 아담과 하와가 깨어나 동산으로 걸어 들어갔을 때, 보이지 않는, 훨씬 더 큰 계획이 이미 작동하고 있었다. 아직 경작되지 않은 동산은 화려한 도성이 될 터였다.

우리는 동산에서 도성으로 가는 이 역사 전개 과정의 중간 지점에 서 있다. 그리고 하나님께서는 몇 가지 방식으로 그 전 과정을 주관하고 계신다. 지언법, 그리고 이 땅에서 나는 특정 원료의 풍성함과 부족함이라는 환경 안에서, 혁신을 위해 저마다 밀접히 연결된 하나님의 형상들을 통해 에덴동산에서부터 도성에 이르는 테크놀로지 진보 과정이 이미 작동되기 시작했다. 이 과정은 처음부터 끝까지 하나님께서 시작하시고, 계획하시고, 인도하신다.[3]

그러나 동산에서의 진흙투성이 출발과 반짝이는 도회풍 피날레 사이의 스토리는 우리가 채워 넣어야 한다. 그 지점이 바로 우리가 있는 곳이기 때문이다. 에덴의 동쪽, 큰 도성의 서쪽, 지금 하나님께서 주권적으로 인도하시는 여정에 따라 움직이며, 스마트폰에 의해 지탱되고 있는 곳. 테크놀로지의 광범위한 역사가 전개됨에 따라, 성경은 디지털 시대를 사는 우리가 스스로 복창해야 할 아홉 가지 중요 사실을 가르쳐 준다.

1. 테크놀로지는 창조 세계를 수정한다

하나님께서 최초의 부부에게 주신 사명, 곧 땅을 잘 가꿔 나가고 짐승을 키우라는 말씀에는 테크놀로지 진보의 의미가 함축되어 있었다. 그리고 먼저 석기를 통해, 이어서 청동기와 철기를 통해 위에서 말한 모든 일이 가능해졌다.

다른 피조물과 달리, 하나님의 형상을 지닌 이들은 전략적으로 식량을 재배하고자 했다. 영농의 발전은 계획에 따라 다소 빨리 시작되었다. 영농 발전의 역사는 곧 삽, 낫, 말이 끄는 쟁기, 트랙터, 관개 시스템이 지나온 경로이며, 이제는 전 세계 위치확인 시스템(GPS)의 안내를 받는(그리고 GPS로 구동하는!) 장비가 그 길을 지나가고 있다. 테크놀로지는 인간의 유익을 위해 창조 세계를 정복하는 데 이용될 뿐만 아니라, 효율성을 높이는 데도 이용된다. 오늘날의 영농은 완벽하지 않고, 그래서 도덕적 문제를 일으키기도 한다. 하지만 테크놀로지 발전의 길고 멋진 역사는 바로 이 부분에서 특히 계몽적이고 근사하다.

농사는 또한 창조주의 지능(인간에게 주어진)과 창조 세계의 풍요로움(땅에 공급된)을 기반으로 구축된 테크놀로지의 한 예이기도 하다. 테크놀로지는 인간의 목적을 위해 원료의 질서를 다시 세우는 것이다. 아담과 하와는 식물과 꽃을 번성시키려고 토양의 원료를 재정비했다. 오늘날 주방장과 요리사는 음식의 원료를 재정비해서 맛있는 식사를 마련한다. 목수는 목재와 못이라는 원료의 질서를 다시 세워 집을 짓는다. 약제사는 유기물과 합성물의 질서를 다시 세워 병을 고치는 약을 만든다. 음악가는 음표와 음의 질서를 다시 세워 음악을 만든다. 소설가는 인간의 경험이라는 원료의 질서를 다시 세워 이야기를 지어낸다. 논픽션 작가인 나는 출판사를 위해 말과 개념이라는 원료의 질서를 다시 세우고, 이어서 출판사에서는 목재 펄프와 검정 잉크와 접착풀의 질서를 다시 세워 여러분이 집어 들어 읽을 수 있는 책을 만들어 낸다. 이 모든 것이 다 테크놀로지다.

2. 테크놀로지는 타락의 결과를 뒤로 밀어 낸다

세상의 역사가 시작된 지 얼마 안 되어 아담과 하와는 하나님께서 유일하게 금하신 일을 무시하는 비극적 실수를 저질렀다. 사탄이 두 사람을 유혹했고, 하와와 아담은 하나님처럼 되려는 마음에 그 유혹을 한 입 베어 물었다. 그 순간 하나님께서는 창조 세상에 저주를 내리셨고, 그 즉각적 결과로 인간과 다른 모든 이, 만물과의 관계가 붕괴되었다.[4]

그 붕괴는 작물 속의 잡초, 분만실에서의 고통, 벌거벗었을 때의 창피함 등으로 오늘날까지도 우리에게 영향을 끼친다. 농군은 잡초를 죽이는 테크놀로지를 이용해 논밭의 가시와 엉겅퀴를 최소화한다. 출산하는 여인들은 통증을 줄여 주는 테크놀로지를 이용한다. 패션 디자이너는 옷감을 이용해 우리의 벗은 몸을 가려 준다. 인간 삶의 전 영역에서 이렇게 테크놀로지가 진보한 것은 타락한 세상에서 살아가는 우리를 도우시려는 하나님의 은혜로운 선물이다. 그런데 테크놀로지와 관련된 이 모든 사실은 우리의 근본 문제 또한 일깨워 준다. 그것은 바로 우리가 범죄하여 하나님에게 소원해졌다는 사실이다.

3. 테크놀로지는 인간의 능력을 확고히 한다

하나님을 두려워하는 마음과 하나님께 대한 순종이 없을 경우, 테크놀로지는 곧 인간의 능력에 놀아나는 노리개가 된다. 구리를 발견하고, 탄소 처리된 더 강하고 더 단단한 철을 발명하여 농사가 수월해지기는 했지만, 이는 또 새로운 전쟁 장비를 만들어 내기도 했다.[5] 철광을 소유하고 대장장이를 고용한다는 것은 곧 새로운 무기가 무한정 공급된다는 뜻이었고, 새로운 무기가 무한정 공급된다는 것은 쉬이 군사적 우위를 차지할 수 있다는 뜻이었고, 군사적 우위를 쉽게 차지한다는 것은 경쟁 국가에 힘을 휘두를 수 있다는 뜻이었다. 활, 화살, 철, 화약 등 이 모든 것은 방어하고 정복할 수 있는 힘을 부여한다. 오늘날에도 여전히 마찬가지다. 권력을 갖느냐, 우위를 차지하느냐의 여부는 핵무기, 전함戰艦, 드론, 전투기, 미사일 등의 테크놀로지에 달려 있다. 군사력이 큰 나라일수록 국제무대에서 더 큰 힘을 행사할 수 있다. 수량화할 수 있고 계량화할 수 있는 권력은 오로지 테크놀로지 혁신을 통해서만 가능하다.

4. 테크놀로지는 인간 영혼의 덕을 세우는 데 도움이 된다

성경의 스토리라인을 보면, 혁신은 예배자들에게도 도움이 된다는 것을 알 수 있다.

악기는 하나님의 백성이 자신들의 기쁨을 아름다운 노래로 표현하려고 발명되었다.⁶⁾ 나중에 이스라엘 성전은 건축술, 야금술(광석에서 금속을 골라내는 기술-편집자), 공예 영역에서 다년간의 발전상을 드러내 보였다. 성전의 위용과 당당한 규모는 이스라엘 하나님의 영광과 위대하심과 광휘光輝를 열방에 선포했다.

하나님의 계획이 "와서 보라come-and-see"는 신앙(구약)에서 "가서 전하라go-and-tell"에 초점을 맞추는 신앙(신약)으로 이동함에 따라, 끌과 돌은 종이와 잉크로 소박하게 진보했고, 그리하여 글을 통한 소통의 테크놀로지가 발전하게 되었다. 하나님의 말씀은 돌판에 처음 새겨졌다가 짐승의 가죽에 기록되는 방식으로 발전했고, 그 후 나무로 만든 펄프에 기록되었다. 이는 대륙과 언어와 수천 년 세월로 인해 흩어진 하나님의 백성들을 끌어모으는 창조주의 핵심 작품이었다. 시간이 흐르면서 수많은 구약성경 두루마리 사본과 신약성경의 여러 책과 서신이 하나의 경전으로 취합되고 번역되어 통일된 권위를 지닌 단일 서적으로 대량 출판되었으며, 이제 우리는 이 성경책을 한 손으로 편하게 들고 다닌다. 매번 성경책을 펼칠 때마다 우리 영혼은 수 세기에 걸쳐 발전해 온 테크놀로지를 통해 자양분을 공급받는다.

나팔과 성전에서부터 가장자리에 금박을 입힌 성경책에 이르기까지 하나님께서는 우리가 하나님을 알고 경배하는 일에 테크놀로지가 필수 역할을 하도록 계획하셨다.

5. 테크놀로지는 우리 몸을 지탱시키고 능력을 준다

테크놀로지 진보는 아주 극적인 방식으로 우리 몸을 변화시키고 다듬어 주기도 한다. 안경과 보청기는 우리의 시각과 청각을 향상시킨다. 음악적 테크놀로지, 이를테면 바이올린 같은 것은 인간의 운동 기능을 미세조정하고, 우리에게 새로운 목적을 주어서 몸의 동작을 초고도로 정밀하게 만들 수 있게 한다. 공업 테크놀로지는 인간의 손을 굴착기의 유압식 팔에 연결시킨다. 의학 테크놀로지는 박동이 멈춘 심장을 다시 뛰게 하고 죽어 가는 몸을 지탱시킨다. 의료 기술 발전은 질병을 치료하고 불치병의 진행 속도를 늦춘다. 옷 만드는 기술이 발전한 덕분에 우리는 정체성을 규정하고 형성하는 방식으로 우리 몸을 꾸밀 수 있다.[7]

테크놀로지는 우리 몸의 기능을 향상시키고, 우리의 동작을 정제하며, 우리의 행동 범위를 확장하고, 세상에 우리 자신을 어떤 모습으로 제시할지 그 방식을 구체화한다.

6. 테크놀로지는 인간의 자율성에 목소리를 부여한다

테크놀로지의 좋은 점, 나쁜 점, 추한 점이 뒤섞인 모습은 바벨탑에서 특별히 불쾌한 모양으로 표현되었다. 바벨탑은 당시 인간이 알고 있던 모든 혁신적 건축술을 다 통합하여 반역의 도성을 세우려는 시도였다.[8] 바벨은 단순한 마천루가 아니라 신전(탑)을 중심으로 통일된 중심 도시를 갖춘 새로운 제국으로서, 모든 시설이 인간의 진보를 경배하는 데 바쳐졌다. 인간의 모든 발전에는 하나님의 정교한 창의력이 나타나게 되는데, 바벨은 이를 억압한 채 인간이 창조주께 반역하여 테크놀로지를 강탈하고 온 사회와 신앙 생활을 날조하려던 시도였다.

바벨은 테크놀로지가 하나님의 선물이라는 개념을 인간이 집단적으로 거부했다는 하나의 지표였다. 하늘까지 닿는 탑을 세우기 전, 바벨 사람들은 창조주를 향해 모래 위에 이런 대형 글씨를 새겼다. "인간의 자율성은 여기서부터 기술 혁신의 공을 인정받을 것입니다, 대단히감사합니다(thankyouverymuch)." 이 반역 행위를 우스꽝스럽게 조롱하는 말이 있다. 인간은 있는 힘을 다해 신전을 높이 세우는데, 살아 계신 우주의 하나님의 눈에 그 정도의 발전은 무릎을 꿇고 땅에 뺨을 대서도 보일까 말까 하다고 말이다.⁹⁾ 테크놀로지가 불신앙으로 오용될 때 늘 이런 일이 벌어진다. 하나님은 모든 지식과 테크놀로지 발전의 기원이시고, 하나님은 다가올 영화된 도성의 조성자이자 완성자이시다. 그런 분에게 진흙으로 만든 마천루 따위가 무슨 감흥이 있겠는가?

테크놀로지가 본원적으로 악하지는 않지만 인간의 자율성이라는 환상을 표현하려는 선택의 근거가 되는 경향이 있다.

7. 하나님께서 인간의 모든 테크놀로지를 주관하신다

바벨탑은 사실 무지의 탑Tower of Ignorance이었다. 이 교만의 마천루는 땅의 원료로 조립되었고, 인간의 창의적 재주로 빚어졌다. 원료도, 창의적 재주도 다 하나님께로부터 온 선물이다. 그런데 하나님께서 땅에 주신 자원과 하나님께서 자기 형상들에게 주신 창의성을 이용해 불경한 고층건물을 지은 것은 인간의 교만이 극에 달한 행태요(이에 대해서는 나중에 살펴보게 될 것이다), 존재 목적의 총체적 왜곡이었다.

그래서 하나님께서는 언어를 다양하게 하심으로써 이 탑 건축자들을 지구 전역으로 흩으셨다(그리고 복음이 세계 전역으로 배포될 준비가 된

날 오순절에 그 모든 언어를 다시 불러 모으셨다)[10]. 하나님은 바벨에 부재不在하지 않으셨다. 하나님은 우주적 현장 감독으로서, 인간의 테크놀로지가 복음의 궁극적 목적에 이바지하게 하셨다.

테크놀로지의 가장 끔찍한 해악 위에 군림하는 하나님의 주권이 가장 선명하게 나타난 예는 바로 로마 시대의 십자가다. 수직의 나무 기둥에 가로 들보가 엮인 십자가는 군중에게 범죄자를 보여 주는 진열대였다. 범죄자는 대못 세 개로 십자가에 박히고, 십자가가 땅에 세워지면서 그는 모든 이들이 다 볼 수 있게 들어 올려졌다. 십자가는 범죄자, 폭도, 주인의 말을 듣지 않는 노예를 죽이기 위한 장치로, 이들은 거기 매달려 서서히 기력이 다하면서 질식해 죽는다. 십자가에 매달려 이렇게 서서히 죽어 가는 것은 범죄자에게는 공개적 고문이요, 군중에게는 위협적 광고판이었다. 누구든 로마의 통치에 감히 도전하며 사회 안정을 위협하는 어리석은 자들을 향한 경고였다.[11]

그러나 이 끔찍한 고문 도구는 하나님의 구속 계획이 작동하는 경첩 역할을 하기도 했다. 하나님께서는 인간에게 쓸모가 있도록 나무를 창조하셨건만, 인간은 십자가를 발명해 인간을 죽였다. 이 지극히 어둡고 악한 순간 속에서 영화로운 새 도성에 대한 하나님의 전체 계획이 결정적 발걸음을 내디뎠다. 인간은 테크놀로지를 악하게 사용함으로써 생명을 지으신 이를 죽였지만, 하나님은 그 전 과정에 걸친 주권자이셨다.[12] 인간의 시선 앞에 벌거벗긴 채 수치스런 고문을 당하신 그리스도께서는 오히려 악의 모든 세력을 벌거벗긴 패배의 수치 앞에 노출시키셨다. 결코 퇴색하지 않을 우주적 역설이었다.[13]

악은 테크놀로지에 의해 격퇴되었으며, 이 모든 것은 하나님의 주권적 계획에 의한 일이었다. 테크놀로지는 인간의 가장 악한 의도에 장악되어 있을 때도 결코 하나님의 지배적 계획 바깥에 있지 않았다. 십자가의 경우, 갈보리는 해킹 당했다. 하나님께서 십자가의 테크놀로지를 뚫고 들어가 "시스템을 살짝 비틀어 그 기능을 반전시키셨다."[14] 하나님께서는 이렇게 하신다. 즉, 자신의 주권적 해킹 기술을 통해 우리의 악한 테크놀로지를 헛수고로 만드신다.

8. 테크놀로지가 모든 관계를 형성한다

테크놀로지 진보에는 활과 화살, 바퀴와 축, 철기와 무기, 활자와 인쇄기, 시계와 손목시계, 증기 엔진과 철도, 자동차와 제트 엔진, 컴퓨터와 스마트폰 등 긴 계보가 있다. 새로운 테크놀로지는 매번 인간에게 새로운 희망과 꿈과 열망의 문을 열어 준다. 모든 테크놀로지는 인간이 세상과, 서로와, 하나님과 관계 맺는 방식을 근본적으로 변화시킨다.

첫째, 테크놀로지는 우리가 세상과 관계 맺는 방식을 변화시킨다. GPS 앱만 있으면 나는 지구상 어디에서도 내 위치를 바로 알 수 있다. 그것도 이십 년 전이라면 불가능했고 우리 조상들은 꿈도 못 꾸었을 방식으로 말이다.

둘째, 테크놀로지는 우리가 서로와 관계 맺는 방식을 변화시킨다. 내가 길에서 당신에게 다가가 이야기를 나누기 시작하면, 우리 사이에 관계가 시작된다. 하지만 당신과 이야기를 나누기 위해 다가갈 때 내가 영상녹화 앱이 작동 중인 폰을 들고 있을 경우, 당신이 나와 눈을 맞출 것인지 아니면 내 폰의 미니카메라 렌즈 저편에 있는 보이지 않는 청중과 눈을 맞출 것인지 결정함에 따라 우리의 상호 작용은 근본적으로 달라진다.

셋째, 테크놀로지는 세상에서 자신이 하시는 일을 드러내려고 하나님께서 활용하시는 하나의 은유가 될 수 있다. 예를 들어 한때 우리가 야금술 분야에서 원시적 진보를 이뤘다면, 하나님께서는 인간들 사이에서 하시는 자신의 일을 소멸하는 불, 곧 인간을 제련하는 불로 드러내실 수 있다. 그 불길로써 반역의 불순물이 있는지 판단하시고, 자신의 손으로 만드신 작품과 자신의 나라에 섞여 있는 혼합물을 제거하여 정결케 하신다. 새로운 테크놀로지의 베일을 벗기면 하나님께서 우리 죽을 인생들과 어떤 식으로 관계를 맺으시는지 보여 주는 새로운 은유가 탄생한다.[15]

9. 테크놀로지는 우리의 신학을 형성한다

마지막으로, 우리는 테크놀로지를 이용해 하나님에 관한 은유를 표현한다(좋은 것으로든 나쁜 것으로든). 주머니 시계라는 좀 더 근래의 테크놀로지를 생각해 보자. 축소형 유사hairsprings, 와인딩 휠, 정확히 맞물리는 톱니 등 이 모든 것이 감아 돌아가며 박자에 맞춰 똑딱거린다. 시계가 발명되면서 우리는 시간을 정확히 지킬 수 있게 되었고 일정을 짤 수 있게 되었다. 또한 시계라는 테크놀로지 발전은 하나님께서 우리와 맺는 관계를 설명해 주는 두 가지의 새로운 은유를 낳았다. 하나는 지각적perceptive 은유고, 또 하나는 기만적deceptive 은유다.

첫째, 시계는 하나님에 대한 유용한 은유를 제공했다. 시계의 다양한 부품들은 마지막 한 가지 기능을 위해 조립되므로 이 시계는 한 설계자의 '지적 설계'를 보여 주는 수제품이다. 우리 몸도 마찬가지다. 우리 실존의 다양한 부분과 조각들이 다 함께 조화롭게 결합해 응집력 있는 실존을 지탱한다. 이것이 '시계공 유비the watchmaker analogy'다. 하나님은 가까이 계시기만 한 게 아니다. 하나님의 지문이 우리에게 찍혀 있다.

그러나 시계는 하나님에 대한 잘못된 은유를 제공하기도 했다. 하나님께서 우주를 조립해서 태엽을 감아 작동시켜 놓고 멀리 가 버리셨다고 상상하는 사람들이 생겨난 것이다. 이는 일종의 이신론deism으로서, 하나님이 자연법을 보존하시는 것과는 별개로 세상에서 물러나 멀찍이 떨어져 계신다는 개념이다.

좋든 나쁘든 테크놀로지는 우리가 하나님에 관해 말하는 방식을 근본적으로 바꿔 놓는다. 테크놀로지는 하나님께서 친히 우리와 소통하시는 방식 또한 형성한다. 하나님께서는 테크놀로지의 은유를 통해 자기 자신을 우리에게 분명히 보이시며, 우리는 그 테크놀로지의 은유를 하나님께 투사함으로써 하나님을 바르게 정의할 수도 있고 하나님을 왜곡할 수도 있음을 알게 된다.

테크놀로지 신학

이렇게 해서 심도 있는 문제를 대강 훑어보았다. 지금까지 내 말의 요점은, 모든 테크놀로지 혁신은 성경을 새로이 묵상하라고 하나님 백성들을 부르는 신학적 초청이라는 것이다. 이 말에는 몇 가지 의미가 있다.

첫째, 디지털 시대의 삶은 폰이 우리 자신에게, 우리가 사는 창조 세계에, 우리의 이웃에게, 그리고 우리와 하나님과의 관계에 미치는 영향에 관해 성경적으로 생각해 보라는 공개적 초청이다. 새로운 테크놀로지를 무분별하게 채택하는 것은 세속적 행동이다.

둘째, 콘센트에 연결되었든 말에 묶였든, 테크놀로지는 테크놀로지다. 이 책에서 나는 전력망과 상관없는 원시적 도구와 플러그를 꽂아야 작동하는 새로운 테크놀로지를 별개로 취급함으로써 도구와 테크놀로지를 엄격하게 구별하지는 않을 것이다. 돌이나 나무를 깎아 만들어 집안에 모셔 두었던 신상, 손에 들고 다니던 금이나 은 우상처럼 고대에 흔히 볼 수 있었던 물건들은 도구가 아니었기 때문이다. 이 우상들은 우리 시대의 테크놀로지와 비슷하게, 지식과 번영의 신탁을 전해 주는 것들로서, 예배자들이 개인의 이익을 위해 삶을 통제하고 조종하는 데 활용했다. 돌이나 나무를 깎아 만든 상像과 아이폰은 동일한 물신fetish에 호소한다.

셋째, 내 스마트폰이 나에게 무슨 짓을 하고 있든, 이는 다가올 영화로운 도성을 나에게 보여 준다. 우리는 손에 들고 다니는 물건은 신뢰하지 않는다. 우리는 손으로 만든 물건은 신뢰하지 않는다. 그보다 우리는 새로운 창조 세계에서 우리 삼위 하나님의 임재 안에 있기를 갈망한다. 이 창조 세계는 인간의 재주와 죄에 물든 손으로 지은 게 아니라 하나님의 계획과 혁신으로 지은 세계로서, 하나님께서 의도하신 대로 죄 없고, 죽음 없고, 눈물 없는 창조 세계다.[16]

역사에서 우리의 위치

이렇게 우리는 여기, '디지털 시대'에, 하루가 멀다 하고 혁신이 일어나서 그 혁신에 점점 무감각해져가는 시대에 살고 있다. 그리고 우리는 세계 역사상 그 어느 세대보다도 신속하게 새로운 테크놀로지를 채택하여 삶에 적용한다. 2015년의 경우, 18세에서 29세 사이 미국인 성인 86%가 스마트폰을 가지고 있는데, 이는 4년 전에 비해 52% 증가한 수치다. 같은 통계에서, 50%가 태블릿을 소유하고 있으며, 이는 4년 전에 비해 13% 증가한 수치다. 역시 같은 통계에서 컴퓨터, MP3 플레이어, 게임 콘솔, e북 리더 소유자 수는 감소했다.[17] 우리가 소유한 폰이 이 기기들의 기능을 다 삼켜버린 것이다.

우리가 이렇게 신속하게 적응하는 것은 아마도 우리가 재능 있는 세대요, 뭐든지 쉽게 배우고 융통성도 많은 세대이기 때문일 수도 있다. 아니, 우리가 이렇게 신속하게 적응하는 것은 자크 엘륄의 말처럼 우리의 테크놀로지가 우리에게 일종의 테러 행위를 저지르기 때문일지도 모른다.[18] 새로운 테크놀로지를 포용하지 못하면 문화적으로 퇴화되어 직업을 얻는 데 필요한 핵심 기술도 얻지 못하고 문화적 대화에서 단절되며 친구들과의 관계도 끊어질 것이라고 하는 위협 아래 우리는 살고 있다.

동기가 무엇이든, 진실은 여전하다. 즉, 우리는 새로운 테크놀로지를 채택하고 있고, 우리는 계속 온라인 상태일 것이며, 우리는 언제 어디서든 가동 상태일 것이다. 스마트폰 케이스가 이제 지갑의 역할까지 하는 것은, 우리가 스마트폰 없이는 감히 집을 나서려 하지 않기 때문이다. 실제로, 18세에서 29세 사이 미국인 36%는 자신들이 '거의 항상' 온라인 상태라고 고백한다. 스마트폰 덕분에 가능해진 현상이다. 늘 온라인 상태일 가능성이 가장 높은 사람은 연 수입 칠만 오천

달러 이상에, 학력은 대졸이고, 도심에 사는 18세에서 29세 사이 성인이다.[19] 모바일 웹 중독은 새로운 현상일 수도 있지만, 이제부터 계속 이어질 현상이기도 하다. 우리는 절대 오프라인 상태가 되지 못한다.

그렇다면 내 스마트폰은 적의를 품은 원수인가? 스마트폰은 싸구려 문화적 장신구인가? 스마트폰은 합법적 도구인가? 이는 앞으로 전개될 이야기에서 검토하게 될 몇 가지 질문들이다. 우리 시대의 폰은 엄지손가락으로 제어하는 작은 장치 안에 강력한 테크놀로지를 집약시켰다. 우리는 이 테크놀로지에 제한 없이 접근할 수 있으며, 모종의 디지털과 전기 마법으로 우리는 잠재적으로 언제 어디서든 지구상의 다른 모든 폰에 접속할 수 있다.

이 모든 현실이 우리를 변화시키고 있다. 이 점에는 논쟁의 여지가 없다. 그런데 이보다 더 큰 문제가 남아 있다. 우리의 스마트폰은 우리를 어떻게 변화시키고 있는가? 그리고 우리는 이 문제를 염려해야 하는가?

집중력을 흐트러뜨리는 것에서 벗어나라

우리는 매년 81,500번씩, 혹은 잠 깨어 있는 동안 4.3분에 한 번씩 스마트폰을 확인한다. 이는 이 챕터를 다 읽기까지 폰을 세 번 정도 확인하고 싶은 마음이 들리라는 뜻이다.[1]

이 충동을 이해하기란 어렵지 않다. 우리 삶은 폰으로 통합된다. 달력, 카메라, 사진, 일, 운동, 독서, 글쓰기, 신용카드, 지도, 뉴스, 날씨, 이메일, 쇼핑 등 이 모든 것이 우리가 어디를 가든 늘 들고 다니는 강력하고 작은 기기의 최신 앱으로 다 처리될 수 있다. 오늘 새로 생긴 커피숍으로 나를 안내해 준 GPS 앱 하나만 보더라도 아폴로 11호에 탑재되어 이 우주선을 달 표면으로 안내해 준 30킬로그램짜리 항법 컴퓨터에 비해 정보 처리 속도가 삼만 배나 빠르다.

아침에 잠이 깨면 습관적으로 폰부터 집어드는 게 당연한 일이 되었다. 알람을 끄기 위해서일 뿐만 아니라, 피곤한 눈꺼풀이 채 걷어지지도 않는 반# 수면 상태에서 관성적으로 이메일과 소셜 미디어를 확인하기 위해서다. 끊임없이 팽창하는 우주가 인간의 최종 외적 지평이라면, 폰은 우리를 끝없는 내면의 항해로 데리고 간다. 그리고 우리는 그 항해를 날마다 다시 시작한다. 그것도 이른 아침부터.

눈뜨자마자 본능적으로 폰부터 집어드는 이 행태가 나는 낯설지 않다. 다른 사람들도 그런지 알아보려고 팔천여 명의 그리스도인들을 대상으로 소셜 미디어 사용 일과를 조사했다.[2] 응답자의 절반 이상(54%)이 아침에 눈뜨자마자 몇 분 안에 스마트폰을 확인한다고 대답했다. 이메일과 소셜 미디어를 확인하는 시점이 보통 아침 경건 시간 전인지 후인지를 물었더니 응답자의 73%가 전이라고 대답했다. 우리가 그날 하루를 위해 우리 마음을 영적으로 준비하는 시간이 아침일 경우 위의 조사 결과는 심히 걱정스러운 현실이 아닐 수 없다(이 습관에 대해서는 나중에 다른 조사 결과들과 함께 좀 더 면밀히 살펴보기로 하자).

폰에는 중독성이 있다. 그리고 마약 중독자들이 그러하듯 우리는 아침에 눈뜨는 즉시 1회분의 마약을 흡입하려고 한다. 게다가 안성맞춤의 앱도 있다.

페이스북

1회분 흡입을 위해 우리가 가장 자주 찾는 앱은 페이스북이다. 2013년, 페이스북 이용자의 63%가 이 앱을 날마다 확인했다. 딱 일년 후, 그 수치는 70%로 늘어났다. 당신이 페이스북을 날마다 확인한다면, 그와 같은 강박적 행위를 일과로 삼는 다른 수억 명 사람들 중

하나인 셈이다. 평범한 페이스북 이용자는 이제 페이스북 계열의 소셜 미디어(페이스북, 메신저, 인스타그램)에 날마다 평균 오십 분씩을 소비하며, 페이스북 측의 전략적 설계에 의해 이 수치는 계속 급증하고 있다.³⁾

페이스북 이용 시간이 상승하는 경향은 모바일 기술의 급속한 향상 및 스마트폰을 일상의 매순간마다 끌어들이는 사용자가 급증하는 현상과 시기적으로 일치한다. 페이스북은 이제 우리가 가는 곳이라면 어디든 함께 가며, 이 이동성은 우리 모두를 페이스북에 급속히 중독시키고 있다. 세상에 자기 자신을 막을 수 있는 사람은 거의 없다. 캘리포니아 주립대학교 풀러턴 캠퍼스의 심리학 교수 오피르 투렐Ofir Turel은 "페이스북 중독자는 강박적 약물 남용자와 달리 자기 행동을 제어할 능력이 있지만 이 행동의 결과가 그렇게 심각하다는 것을 모르기 때문에 이 행동을 제어하고자 하는 마음이 없다"고 경고한다.⁴⁾

그러나 이 중독 행동은 현실적 결과를 낳는다. 행동과학자와 심리학자들은 거듭되는 연구를 통해 디지털 기기로 인한 집중력 분산 현상Digital distractions이 유례없는 비율로 우리 삶 속으로 밀고 들어온다는 통계적 증거를 제시한다. 폰에 중독될수록 우울과 불안에 빠지기 쉬우며, 직장에서 집중력이 떨어지고 밤에 잠 못 들기 쉽다. 디지털 집중력 분산은 게임이 아니다. 우리는 다 상호 연결되어 있기 때문에, 수백만 명(친구, 가족, 낯선 사람 등)이 어느 순간에든 우리를 방해할 수 있다. 지루할 때 엄지손가락 몇 번만 놀리면 온라인에서 재미있고 신기한 것들을 얼마든지 훑어볼 수 있다.

디지털 집중력 분산의 심리적·물리적 결과는 흥미롭다. 하지만 이 책에서 우리는 그런 흥미로운 결과가 아니라 스마트폰 중독 현상의 영적 차원에 초점을 맞추게 될 것이다. 수많은 기독교 서적과 논문에서 거의 전적으로 무시되고 있는 결과에 말이다. 이야기를 진행해 나가면서 몇 가지 과학적 발견을 지적하기도 할 텐데, 이는 그저 폰을 들여다보는 습관의 생물학적 결과를 논의하는 데서 한 걸음 더 나아가, 온라인상에서 우리의 행동과 디지털 기기 관련 습관이 초래할 무한한 결과 사이 영적 밀고 당기기에 관한 좀 더 중요한 논의로 방향을 바꾸기 위해서이다. 심리학이 아니라 영원한 진리가 나의 가장 깊은 관심사다.

온라인 추세 연구를 통해 디지털 기기로 인한 집중력 분산의 쓰나미가 우리 삶으로 쏟아져 들어온다는 것을 볼 수 있다면, 이 상황에서 우리는 다음 세 가지 영적 질문에 답변할 수 있는 지혜가 필요하다. 우리는 왜 집중력을 흐트러뜨리는 것에 유혹되는가? 집중력이 흐트러진다는 것을 어떻게 정의할 수 있는가? 그리고 가장 기본적인 것으로, 집중력이 흐트러지지 않는 삶이란 어떤 삶인가?

우리는 왜 집중력을 흐트러뜨리는 것에 유혹되는가?

건전치 못한 디지털 중독이 번성하는 것은 우리가 그 중독의 결과를 깨닫지 못하기 때문이다. 그러므로 집중력을 분산시키는 것에 우리가 왜 그리 쉽게 무릎을 꿇고 마는지 세 가지 이유를 밝혀 봄으로써 연구를 시작하도록 하자.

첫째, 우리는 일을 하지 않으려고 디지털 기기에 정신을 판다. 페이스북은 일에 대한 압박감에서 도피하는 하나의 방법이다. 우리는 힘든 일을 질질 끈다. 마감일, 불편한 대화, 산더미 같은 빨랫거리, 학교 과제 등. 평범한 미국인 대학생은 디지털 기기를 만지작거리며 수업과 상관없는 일을 하는 데 수업 시간의 20%를 허비한다(내가 보기에는 이 수치도 오히려 적게 잡힌 것 같다).[5] 삶이 너무 벅차게 되면 우리는 뭔가 다른 것을 갈망한다. 그게 무엇이든 중요하지 않다.

둘째, 우리는 사람을 피하려고 디지털 기기에 정신을 판다. 하나님께서는 이웃을 사랑하라고 우리에게 명하셨는데, 우리는 이웃에게서 한 걸음 물러나 내가 지금 다른 어딘가에 있다는 것을 만인에게 알리려고 폰으로 고개를 돌린다. 사람을 만날 때나 학교에서 강의를 들을 때 폰을 멀찍이 두고 있으면, 사람들은 내가 앞에 앉아 있는 사람이나 수업 내용에 몰두하고 있는 것으로 인식할 가능성이 높다. 폰을 사용하지는 않지만 탁자 위에 올려놓고 있으면, 이는 내가 지금 이 순간은 일에 몰두하고 있는 것으로 보여도 방 밖에서 누군가 중요한 인물이 나를 필요로 하면 언제든지 일을 물릴 수 있다는 표시다. 폰을 손에 쥐고 있으면, 그리고 문자에 답을 하고 있고 소셜 미디어에 올라온 글들을 읽고 있으면, 이는 내 앞에 앉아 있는 사람을 거부한다는 뜻을 공개적으로 보여 주는 것이다. "관심을 분산시킨다는 것은 전형적인 멸시의 표현"이기 때문이다.[6]

디지털 시대에 우리는 특히 우리 주변에 있는 "보잘것없는 이들과 관계 맺기"를 주저한다.[7] 대신 우리는 폰에다 얼굴을 틀어박는 행동으로써 복잡한 상황이나 지루한 사람들에 대한 멸시를 밖으로 드러낸다. 두 경우 모두, 폰을 손에 쥐고 있음으로써 우리는 상대에게 우월감을 느끼고 있다는 분위기를 풍긴다. 대개 자신도 알지 못하는 사이에 말이다.

셋째, 우리는 영원한 세상에 대한 생각을 멀리하려고 디지털 기기에 정신을 판다. 우리가 디지털 기기에 쉽게 빠져드는 것은, 가장 유혹적인 최신 앱이 우리로 하여금 가장 참되고 가장 원초적이며 가장 정직한 자기 인식을 어쩌면 아주 교묘히 회피하게 만들 뿐만 아니라 그런 우리를 반갑게 맞아 주기 때문이다. 이것이 바로 17세기 그리스도인이자 수학자, 그리고 금언 제조의 귀재 블레즈 파스칼Blaise Pascal 의 통찰이었다. (우리 시대 사람들과 다름없이) 이런 저런 일에 정신이 팔리는 당대 사람들을 보면서 파스칼은 "사람들에게서 오락거리를 빼앗으면, 따분해서 바짝 늙어버리는 모습을 보게 될 것"이라고 했다. "아무런 오락거리가 없어 자아에 대해 생각할 수밖에 없는 상황이 되면 이들은 곧 불행으로 안내될 테니까 말이다."[8] 파스칼의 주장은 시대의 제한을 받지 않는 진실이다. 즉, 인간은 어느 시대에나 오락에 대해 높은 욕구를 지니는데, 오락에 정신을 팔면 침묵과 고독에서 쉽게 빠져나올 수 있기 때문이다. 그 침묵과 고독이 있어야 우리의 유한함, 죽음을 피할 수 없는 우리의 운명, 그리고 우리의 모든 소원, 소망, 기쁨이 얼마나 하나님과 거리가 먼지 알게 되는데 말이다.

내 집에서 지내는 지루함에서 벗어날 수 있으리라는 기대가 우리를 나라 간 전쟁에서부터 세계 여행에 이르기까지 온갖 기분전환거리로 몰아간다고 그 당시 파스칼은 말했다. "나는 인간의 모든 불행이 오직 한 가지 사실, 즉 이들이 자기 방에서 조용히 머물지 못한다는 사실에서 비롯된다는 것을 깨달았다."[9] 조용한 침실에 누워 천장을 응시하면서 자기 자신과 현실, 하나님만 생각한다는 것은 견딜 수 없는 일이다. "그래서 인간은 소음과 소동을 지극히 사랑하게 되고, 고독의 즐거움을 도무지 이해하지 못하며, 감옥행이 그토록 끔찍한 징벌이 된다."[10] 정신을 팔 수 있는 것을 늘 손 가까이에 두지 못하게 하는 것. 그것이 바로 독방 감금, 인간이 가장 두려워하는 징벌이다. 그것이 바로 폰을 집에 두고 나왔다거나 폰을 잊어버렸거나 폰의 배터리가 방전되었음을 깨닫는 순간 마치 독방에 갇힌 것 같은 기분이 되는 이유다. 그건 아주 무서운 기분일 수 있다.

자기 성찰을 통해 맑은 정신을 유지하고 있어야 할 이유는 수백 가지도 넘지만, 그럼에도 우리는 '당구나 야구' 같은 오락거리를 찾든지 [11] 새로 출시된 99센트짜리 게임을 다운로드 받는다. 손 안에 늘 폰이 있으면, 10초 안에 다운로드 받을 수 있는 것부터 터치 한 번으로 구입할 수 있는 것에 이르기까지 온갖 오락거리가 다 제공된다. 메일 알림 소리, 경고음, 푸시 알림 등 이 모든 것이 우리의 정신을 산만하게 만들어 가장 필요한 것, 가장 중요한 현실에서 고개를 돌리게 만든다.

우리 세대의 파스칼은 이를 다음과 같이 표현한다. "우리는 부지런한 작은 벌레, 겁에 질린 토끼처럼 달아나서, 우리의 종이기도 하고 우리의 주인이기도 한 그 기계 옆에서 알랑거린다." 클릭, 스크롤, 탭, 좋아요, 공유 등… 무엇이든 하면서. "우리는 자신이 평화와 고요와 자유와 여가를 원한다고 생각한다. 하지만 마음을 깊이 들여다보면 알 수 있다. 우리가 그런 것들을 견뎌내지 못한다는 사실을. 사실 우리는 자기 삶을 복잡하게 만들고 싶어 한다. 복잡하게 만들어야 하는 게 아니라 복잡하게 만들고 싶어 한다. 우리는 곤경에 처하기를, 들볶이기를, 바쁘기를 원한다. 바쁘고 복잡한 것에 대해 불평하면서도 무의식적으로 바쁘고 복잡하기를 원한다. 한가하면 자기 자신을 들여다보게 될 것이고, 자기 마음의 소리를 듣게 될 것이고, 마음속에 뻥 뚫려 있는 커다란 구멍을 보고 겁에 질리게 될 것이고, 그 구멍은 너무 커서 하나님 말고는 누구도 채워 줄 수 없을 테니 말이다."[12]

이 공허의 괴로움을 마비시키려고 우리는 '새롭고 강력한 비非 약물성의 항우울제', 스마트폰으로 손을 뻗는다.[13] 그러나 소셜 미디어에서 탈출구를 찾으려 할 때조차도 죽음은 우리를 뒤쫓아 와 새로운 방식으로 그 디지털 오락거리에 붙어 다닌다. "나는 트위터 놀이의 그 재미와 가벼움이 좋다. 그 그림 파일. 우스개. 끼리끼리만 알아듣는 대화 등"이라고 어떤 사람은 솔직히 인정한다. "그러나 내 마음속 깊은 곳에는 혹시 내가 사람들의 시선에서 멀어지면 어쩌나, 사람들에게 잊히면 어쩌나, 이제 별 볼 일 없는 인물이 되면 어쩌나 하는 두려움이 있는 게 사실이다. 어떤 의미에서 이는 죽음에 대한 두려움을 어렴풋하게 보여 준다. 이 시대 미국 사회를 살아가는 이들 대다수는 이 두려움과 씨름하기를, 이 두려움을 거론하기를 더는 원하지 않는다."[14] 그렇다. 우리는 원하지 않는다. 누구라 할 것 없이 우리는 다 깨닫는다. 이곳을 떠나 알 수 없는 사후 세상으로 들어가, 유일하게 내 집으로 알고 있는 곳에서 잊힐 날이 불편할 만큼 가까이 있다는 것을. 그래서 날마다 우리는 디지털 대화라는 쳇바퀴 속으로 뛰어 들어가 이 현실을 덮어 가린다.

"나는 생각한다, 그러므로 나는 존재한다"는 철학적 금언은[15] "나는 접속한다, 그러므로 나는 존재한다"는 디지털 좌우명으로 대체되었고,[16] 이제 이는 소셜 미디어상의 지위 욕구로 이어지고 있다. "나는

'좋아요'를 받는다, 그러므로 나는 존재한다."[17] 그러나 디지털 세상의 상호관계와 '좋아요' 개수는 우리 삶에 의미를 부여할 수 없는, 깜빡이는 화소畫素일 뿐이다. 그렇지만 페이스북이라는 높고 둥근 의자에 올라가 앉을 때마다 나는 친구들이 다 내 이름을 알아보며 내 존재가 지지받고 재확인되기를 원한다. 언젠가는 반드시 죽을 내 운명의 무게를 느끼게 만드는 침묵을 깨뜨려 줄 뭔가를 나는 원한다.

그래서 여기, 우리의 자기 인식의 토대를 세우는 데 도움이 되는 한 가지 연습을 제안하겠다. 하루에 한 번, 잠시 폰을 내려놓고, 오른손을 내밀어 손바닥을 펼치고 손가락이 하늘을 향하게 한 다음, 역사의 연대표가 내 왼쪽으로는 1.5킬로미터, 오른쪽으로는 영원까지 이어진다고 상상해 보라. 지상에서의 내 시간은 (주든지 받든지) 대강 내 손의 폭 정도다.[18] 소셜 미디어와 스마트폰 중독을 우리의 필멸성이라는 이 냉혹한 현실 정황에 끼워 넣어도 될 만한 아무런 명분이 없다. 잠깐 곰곰이 생각해 보라. 생이 찰나에 지나지 않는다는 것을 느껴 보라. 그러면 좀 더 충만히 살아 있을 수 있게 될 것이다.[19]

집중력이 흐트러진다는 것을 어떻게 정의할 수 있는가

이는 꽤 중압감이 느껴지는 일이다. 나도 안다. 하지만 정직한 사람들에게는 파스칼의 예언적 경고 한 마디가 도움이 될 것이다. "우리는 매우 떠들썩하고, 시끄럽고, 정신 산만한 문화 속에 살고 있다"고 철학자 더글러스 그로타이스Douglas Groothuis는 말한다. 그로타이스는 1997년 『사이버 공간의 영혼 The Soul in Cyberspace』이라는 저서를 펴낸 뒤 이십 년이 넘도록 디지털 세상이 그리스도인에게 끼친 영향을 추적

하고 있다. "생각이 다른 데 가 있고 집중력이 흐트러져 있고 모든 일을 멀티태스킹으로 할 때는 마음과 목숨과 힘과 뜻을 다해 하나님을 섬기기가 어렵다."[20] 역사가 브루스 하인드마쉬Bruce Hindmarsh는 "오늘날 우리의 영적 상태는 영적 ADD(주의력 결핍 장애) 상태"라고 덧붙인다.[21]

파스칼이 너무 멀리까지 논의를 확장시킨 것으로 느껴질지 몰라도 오히려 그는 이 문제를 충분히 다루지 않았다. 우리가 아무 때나 오락거리에 정신을 판다는 파스칼의 경고는 주의산만에 대한 성경의 긴박한 경고를 흉내 낸 것뿐이며, 성경의 경고는 범주가 더 넓다. 성경은 우리의 일상생활과 각종 관계, 명백한 의무, 심지어 돈과 소유를 추구하는 행동에 이르기까지, '집중력 분산'이 이 세상과 삶에서 우리의 관심을 차지하는 그 모든 것에 직접적이고도 긴밀하고 시시콜콜하게 영향을 끼친다는 사실을 보여 준다. 집중력 분산은 새로운 여흥 즐기기, 끈질긴 염려, 혹은 헛된 포부 등 여러 가지 형태를 취할 수 있다. 집중력 분산이란 우리 마음과 생각이 가장 의미 있고 중요한 것을 떠나 다른 방향을 향한다는 것, 어떤 것이 우리 "마음의 관심을 독점하는 것"을 말한다.[22] 마음은 염려나 갖가지 요구사항에 지배되지 않을 때에 가장 잘 작동한다.

신약성경은 집중이 분산될 경우 우리 영혼에 어떤 결과가 미치는지 여섯 군데에서 경고하고 있는데, 이 여섯 가지 경고는 다음 세 가지의 설득력 있는 범주로 요약할 수 있다.

1. 집중이 분산될 경우 우리 영혼은 하나님에 대해 눈멀게 된다. 이는 집중력 분산의 가장 위험한 케이스다. 세속적 염려, 불안, 부富를

추구하는 행위, 개인의 안위에 집중하는 자기중심적 행위는 진리의 씨앗을 잡아채가고 복음의 열매가 자라는 것을 가로막으며 복음의 소망을 나와 무관한 것으로 만듦으로써 우리 영혼을 질식시킨다. 단명 短命한 것의 허탄함은 무한한 가치를 지닌 것을 우리 삶에서 강탈해 간다.[23]

2. 집중이 분산될 경우 하나님과의 교제가 가로막힌다. 이런 사례는 마르다에게서 찾아볼 수 있다. 마르다는 사람들을 위해 식탁을 차리는 데 정신이 팔려, 자기 생명을 위해 그리스도의 말씀을 듣는 게 중요하다는 사실을 놓쳤다.[24] 삶의 초점을 잘못 맞추면, 가차 없이 돌아가는 고된 일상 속에서 길을 잃고 그리스도의 음성을 듣지 못하게 될 수 있다. 그래서 기도도 하지 못하고, 그리스도께서 열심히 우리 기도를 들으시고 우리 가까이 다가오신다는 것도 보지 못한다. 우리가 다른 데 정신이 팔려 있기 때문에 하나님은 거리감을 느끼신다. 그런데도 하나님은 우리를 찾으신다. 우리가 두 마음을 품지 않고 하나님께 집중하기를 바라신다.[25]

3. 집중이 분산될 경우 하나님을 절박하게 찾는 소리가 약해진다. 결혼은 아름다운 선물이다. 하지만 이 선물은 정해진 일상, 갖가지 의무와 함께 주어진다. 집안일 중에는 상당한 집중을 필요로 하는 일도 있어서 이런 일을 하다보면 우리의 관심이 분산된다. 결혼이라는 복된 선물을 받아들일 때 남편이나 아내는 결혼 생활을 하느라 집중력이 분산되는 것 또한 기꺼이 받아들이며, 바울이 말하는 '흐트러짐 없는' 삶(독신의 선물)을 기꺼이 포기한다.[26]

결혼은 삶의 궁극적 우선순위가 아니다. 또한 결혼은 낭만적 사랑이나 섹스도 아니다. 결혼은 귀중한 선물이며, 부부 간의 친밀함은 하나님의 계획의 아름다운 표현이다. 하지만 성경은 남편이나 아내가 각각 기도 생활에 다시 초점을 맞추고 우선순위를 조정해 하나님과의 교제를 가장 중시하기 위해서 한동안 부부생활을 금하는 시기도 있어야 한다고 말한다.[27]

결혼이나 독신은 모두 뜻깊은 선물이다. 결혼은 창조의 선함을 확증하고,[28] 교회를 향한 그리스도의 사랑을 아름답게 은유하며,[29] 앞으로 있을 우주적 혼인을 예측한다.[30] 한편 독신은 이 땅에서 그리스도의 아름다운 삶에 우리가 다시 관심을 갖게 하며, 장차 있을 개인적 영화榮化라는 순간의 장엄함을 기대하게 한다.[31] 그리스도께서는 우리의 모습이 변화될 그 순간을 예시하시면서, 독신을 아주 깊이 있고 당당하게 묘사하여 지상의 모든 독신 생활에서 의문의 여지 없는 긍지를 발견할 수 있게 하신다. 결혼을 하든 독신으로 지내든, 이는 각각 그리스도께서 유효성을 확인해 주시고 바울이 축하해 준 거룩한 선물이다.

고린도전서 7장은 우리의 관심이 분산되는 것, 그리고 관심이 분산되지 않기를 추구하는 것에 대한 가장 상세한 성경 신학적 본문이다. 결혼의 영역에서 이 말씀이 무슨 뜻인지 깊이 씨름하고 나면, 그 동일한 범주를 우리의 디지털 생활에도 적용할 수 있게 된다. 우리의 영적 시야를 가려 우리에게 주어진 시간이 얼마나 짧은지 보지 못하게 하며, 지금이 바로 모든 역사의 정점이 될 순간을 기다리면서 한껏 기대해야 하는 긴박한 시기임을 알지 못하게 하는 것이라면 그 무엇이든(설령 그게 선한 일이라도) 다 우리의 집중력을 흐트러뜨리는 것일 수 있다.

그리스도께서 다시 오실 날짜는 비밀이다. 하지만 그날이 신속히 다가오고 있기에 그리스도인이라면 누구나 다 까치발을 들고 그날을 기대하고 있어야 한다.[32] 그리스도의 죽음과 부활은 종말, 결승전의 시작을, 축구장 시계가 90분을 초과해 언제가 될지 알 수 없는 종료 시간을 향해 계속 똑딱이다가 얼마 안 가 마침내 멈추는, 그런 순간의 시작을 알렸다. 하나님 구속 사역의 진행을 보여 주는 시간표상 시계는 이미 90분을 넘겨 계속 똑딱거리며 가고 있다. 이제부터 언제든 우리의 집중력을 분산시키는 것, 특히 데이트나 섹스나 결혼처럼 가장 복잡한 삶의 영역에서 우리의 관심을 흐트러뜨리는 게 무엇인지 명확히 하고자 할 때는, 이 창조 세계를 위한 하나님의 시간표, 종료될 순간이 얼마 남지 않은 그 긴박한 시간표 안에 있는 우리 자신을 먼저 보아야 한다.

무엇이 어떻게 우리의 집중력을 흐트러뜨리는지는 '그때가 단축되었다'는 사실로써 가늠해야 한다.[33] 우리가 깨어 있으라고 부름 받는 것은,[34] 그리스도인의 삶에서는 모든 것이 다 그리스도의 재림이 임박했다는 이 종말론적 긴박성 인식에 좌우되기 때문이다.[35] 현실을 볼 눈이 있는 이들에게는 그리스도의 재림이 아주 임박해 있으며, 이 사실은 우리 삶에 어수선하게 흩어져 있던 모든 피상적인 것들을 효과 있게 정리해 주며 헛되이 우리 정신을 산만하게 만드는 것들이 우리 삶과 아무 상관이 없음을 알게 해준다. 달리 표현하자면, 거치적거리며 우리의 정신을 산만케 하는 이 세상 모든 것들, 특히 불필요하게 우리의 집중력을 흐트러뜨리는 폰에 대항해 싸우는 우리의 싸움은 우리의 애정이 그리스도의 영광에 굳게 정박되어 있을 때에만 할 수 있는 영적 전투이다. 초고도로 활동성 있는 디지털 세계의 오락거리에 대한 우리의 해결책은 그리스도의 광휘라는, 우리의 영혼을 잠잠케 하는 진정제로서, 우리는 이 광휘를 마음으로 보고 영혼으로 향유한다. 그리스도의 아름다움은 우리를 고요하게 하고, 스마트폰에 기대할 만한 것을 훨씬 초월하는 영원한 소망에 우리의 가장 깊은 갈망이 뿌리를 내리게 한다.[36]

무엇에도 주의가 분산되지 않는 삶?

그렇다면 우리는 시계에 등을 돌리고, '정신이 팔릴 만한 게 전혀 없는' 디지털 전前 시대의 단순한 삶으로 돌아가야 할까? 아니다. 디지털 전 시대가 있을 수는 있지만, 정신이 팔릴 만한 게 전혀 없는 삶은 존재한 적이 없다. 스마트폰을 갖고 있든, 스마트하지 않은 폰을 갖고 있든, 아예 아무 폰도 없든, 우리의 관심을 분산시키는 삶을 피할 도리는 없다. 하지만 성경은 우리의 관심을 분산시키는 것에도 하나의 스펙트럼이 있음을 분명히 한다. 우리의 관심을 분산시키는 것에도 성결한 것이 있고 성결하지 못한 것이 있다. 우리의 관심을 분산시키는 것에도 우리의 영혼을 충만하게 하는 것이 있고 우리의 영혼을 무감각하게 만드는 게 있다. 필연적으로 우리의 삶에 끼어드는 게 있고 세속적으로 우리 삶을 훼방하는 게 있다. 우리의 관심을 분산시키는 것 중 경건한 결혼은 피할 수 없는 것에 속하고, 소비문화는 피할 수 있는 것에 속한다. 관심을 분산시키는 것들에서 완전히 자유로운 삶이 가능하다는 개념은 애초에 버려야 한다. 지금까지 그런 삶은 결코 없었고, 앞으로도 없을 것이다. 거룩한 삶은 경건하게 복잡한 삶이다.

무슨 뜻이냐면, 정신을 산만하게 하는 것들을 관리하는 법을 배워서 그것을 어떤 상황에서든 적용할 수 있어야 한다는 말이다.

한 가지 경고를 하겠다. 그리스도인으로서 우리의 관심을 분산시키는 것들을 지혜롭게 관리하지 못하면, 어린 자녀를 둔 한 스마트폰 중독자 엄마의 입에서 나온 정신이 번쩍 드는 말처럼 우리는 "주님과 동행하는 법을 잊을" 수도 있다.[37] 관심을 분산시키는 것들 관리하기는 영적 건강에 아주 중요한 기술로서, 디지털 시대에도 여전히 중요하다. 디지털 오락거리 하나를 우리 삶에서 그냥 쫓아내기만 하고 새롭고 더 건전한 습관으로 그 빈자리를 채우지 않는다면, 디지털 오락거리 일곱 가지가 그 자리를 차지할 것이다.[38] 분별없이 오락을 즐기다가는, 야금야금 우리 삶을 파고드는 그 위력 앞에 우리는 시간이 흐를수록 힘을 잃고 말 것이다. 하나님의 시간표에서 우리가 어떤 위치에 있는지 그 인식을 잃음에 따라 결국 우리는 바울의 말을 무시하게 된다.

정신을 팔지 않으려 의도적으로 애쓰다

폰과의 관계가 평생의 언약 관계는 아니겠지만(약정 기간은 그렇게 느껴질 수 있어도), 스마트폰이 관심에 굶주린 까다로운 연인과 비슷하다고 생각하는 사람이 내가 처음은 아닐 것이다.[39] 스마트폰은 어서 다음 명령을 내려달라 조르고, 딩동거리고, 이것저것 부추기는 기능이 탑재되어 있다. 이런 자극들은 대개 죄와는 상관이 없지만(아마 대부분의 기능이 그럴 것이다), 알지 못하는 사이 우리 의식으로 스며드는 특징이 있다.

디지털 기기에 정신을 팔면 팔수록, 우리는 영적으로 점점 더 우리 자리를 벗어나게 된다. 결혼한 사람들에게 바울이 하는 조언을 따라, 우리는 불필요하고 쓸데없이 우리 정신을 산만하게 하는 것들을 우리 삶에서 하나씩 없애야 한다. 팀 켈러Tim Keller 목사가 온라인에서 언젠가 이런 질문을 받았다. 그리스도인 청년들이 왜 자기 삶의 개인적인 현실을 가지고 하나님과 깊이 씨름한다고 생각하십니까? 그는 이렇게 대답했다. "소음과 집중력 분산 때문이지요. 기도보다는 트위터가 더 쉽잖아요!"[40] (바로 트위터에서 그렇게 말했다!) 기도는 지속적으로 수고해야 하는 일이므로 트위터의 간편성과 즉시성에 경쟁 상대가 안 된다. 그렇게 해서 기도를 소홀히 하면 우리 삶에서 하나님이 멀게 느껴진다.

어떤 세대에서든 하나님께서는 자기 자녀들에게 명하신다. 이 세상에서 이들의 관심을 사로잡는 것이 무엇인지 걸음을 멈춰 연구해 보고, 그 결과를 가늠해 보며, 하나님 앞에서 나뉘지 않는 마음을 위해 싸우라고 명령하신다. 그 목표를 위해, 디지털 시대를 사는 우리가 스스로를 진단하는 열 가지 질문이 있다.

1. 나의 스마트폰 사용 습관은 무시로 즐기는 재미에 내가 중독되어 있음을 드러내지 않는가?
2. 나의 스마트폰 사용 습관은 남에게 나를 보이고 지지받고 싶다는 강박적 욕구를 드러내지 않는가?
3. 나의 스마트폰 사용 습관은 나의 관심을 분산시켜 하나님과의 성실한 교제를 방해하지 않는가?

4. 나의 스마트폰 사용 습관은 나의 죽음, 그리스도의 재림, 내세에 관해 진지하게 생각해 보기를 회피하는 손쉬운 도피처가 되지 않는가?

5. 나의 스마트폰 사용 습관 때문에 세속적 성공 추구에 몰두하게 되지 않는가?

6. 나의 스마트폰 사용 습관 때문에 성령께서 이따금 내 삶을 인도하시는 소리를 못 듣게 되지 않는가?

7. 나의 스마트폰 사용 습관 때문에 연애와 로맨스에 몰두하게 되지 않는가?

8. 나의 스마트폰 사용 습관은 동료 그리스도인과 내가 속한 교회의 덕을 세우는 데 도움이 되는가?

9. 나의 스마트폰 사용 습관은 나에게 반드시 필요하며 타인에게 유익이 되는 것을 중심에 두는가?

10. 나의 스마트폰 사용 습관 때문에 하나님께서 바로 내 앞에 두신 이웃의 필요를 채우는 일에 무관심하게 되지 않는가?

우리 솔직해지자. 우리는 디지털 중독을(그렇게 이름 붙일 수 있다면) 원한다. 내가 하려는 말의 핵심은, 존재의 목적을 잃고 산만한 상태에서 벗어나, 영원한 목적을 가지고 덜 산만해지는 상태로 가자는 것이다. 디지털 중독 문제는 침처럼 우리를 쏘고, 하나님, 배우자, 가족, 친구, 여가, 자기 투사 등 삶의 모든 영역을 건드린다. 하지만 이 침은 우리를 이끌어 건전한 변화를 일으킬 수 있다.

우리의 스마트폰은 '집중력을 분산시키는 일' 중 가장 뜻 있고 중요한 일, 즉 가족과 이웃을 참으로 돕는 일에 둔감하게 만들어, 가장 불필요하게 '집중력을 분산시키는' 행위를 확장시킨다. 내 폰은 나를 길들여 수동적 관찰자가 되게 만든다. 폰은 나를 수많은 친구들과 연결시켜 줄 수 있지만, 현실의 삶에 매진하라는 요구에서 나를 분리시킬 수도 있다. 소셜 미디어의 흐름 속으로 들어갈 때, 페이스북을 이용해 나 자신을 격리시켜 진짜로 도움을 필요로 하는 내 친구들의 어려움을 외면할 때가 너무도 많다. 페이스북은 익명의 관객 입장에서 타인의 부침浮沈을 지켜볼 수 있는, 불쾌한 요소를 모두 제거한 안전한 방이 된다. 이 방에서는 의미 있는 방식으로 상대에게 응답해야 한다거나 상대를 염려해야 한다는 그 어떤 강박적 충동도 느끼지 않는다. 그리고 실제로 그렇듯 나는 피와 살을 지닌 내 주변 사람들에게 점점 더 무감해진다. 다음 장에서는 우리에게 일어나는 그런 변화에 대해 알아보자.

피와 살을 지닌 사람들을
소중히 여겨라

타인을 경시하면 안 된다는 것을 우리는 다 알고 있다. 그런데 우리는 양심을 무시하고 어떤 식으로든 그런 짓을 저지른다. 타인을 경시하는 태도가 가장 위험한 형태로 드러나는 것이 정신을 다른 데 판 채로 운전을 하는 행동이다.

그중 가장 흔한 것이 문자를 하면서 운전하는 습관으로, 이에 대한 표준적 통계도 나왔다. 운전 중 통화를 하면 사고 가능성이 네 배로 높아지지만, 운전 중 문자를 하면 충돌 사고 가능성이 스물세 배로 높아진다. 문자 하나를 보내는 동안 운전자가 한 번도 고개를 들지 않는다면, 시속 55마일(약 88킬로미터)로 달릴 때 풋볼 구장 하나를 지나는 동안 앞을 보지 못하게 된다. 문자를 하면서 운전을 하는 것은 그 만큼 멍청한 짓으로, 미국의 46개 주가 이를 금지하고 있다.

이런 사실을 그렇게 자주 인용하며 경고를 해도, 다른 데 정신을 파는 이런 극도로 무분별한 행위가 근절되지 않고 있다. 아무리 경고를 해도 꿈쩍도 하지 않는다. 마찬가지로, 운전 중 문자를 금하는 법률도 별 소용이 없다.

미시건 대학교의 한 연구팀은 운전 중 문자를 금하는 법률이 '운전 중 문자' 사고율을 사실상 더 높였을 수도 있다는 결과를 내놓았다.[1]

법이 효과가 없는 이유

법이 왜 효과를 내지 못할까? 운전 중 문자를 하다가 발생하는 치명적 사고가 왜 자꾸 늘어나는가?

저널리스트 맷 리첼Matt Richtel은 2006년 한 대학생이 일으킨 교통사고를 조사한 뒤 『치명적 탈선 A Deadly Wandering』이라는 책을 써서 위의 질문에 답변했다. 운전하면서 문자를 하던 이 학생의 차는 차로를 벗어나 마주 오는 차와 충돌했고, 이 사고로 두 사람이 사망했다.[2] 책에서 리첼은 이 비극적 사고를 자세히 설명하고, 사고 후 가해 학생이 어떤 판결을 받았는지 보고하면서, 디지털 세상에서 우리가 집중력을 유지해야 할 법적 의무에 관해 적절한 질문을 던진다.

마지막에 리첼은 우리가 운전을 할 때 엉뚱한 데 정신을 파는 것에 대해 통신사 마케팅에 책임을 묻는다. 리첼은 우리가 복합적 메시지를 전달받는다고 말한다. 예를 들어, 2013년에 미국의 거대 통신사 AT&T는 방송을 통해 '디지Dizzy'라는 광고를 내보냈는데, 30초 분량의 이 광고에서는 어린아이 넷이 탁자에 둘러앉아 사회자의 한 질문에 답변한다. "한꺼번에 두 가지 일을 하는 거랑 한 번에 한 가지만 하는 것 중에 어느 쪽이 더 좋아?" 물론 아이들은 큰 소리로 속이 뻔히 들여다보이는 대답을 한다. "한꺼번에 두 가지 하는 거요." 그 순간 우리는 한꺼번에 두 가지 일을 하는 게 복잡하지 않다는 메시지를 전달받는다. 두 가지 일을 한 번에 하는 게 더 좋다는 건 어린아이들도 안다는 것이다.

그런 한편 AT&T는 유명 다큐멘터리 감독 베르너 헤르초크Werner Herzog의 운전 중 문자 반대 영화인 《찰나에서 영원으로From One Second to the Next》 제작 자금을 대기도 했다. 이 영화는 AT&T의 인상적 캠페인 '서두를 필요 없어It Can Wait'의 일환으로 제작되었으며, 이 캠페인을 통해 거의 팔백만 명에 이르는 운전자들이 "폰이 아니라 도로에 시선을 고정하겠다"고 온라인 서약을 했다.[3] 그래서 우리는 이렇게 물어야 한다. 한꺼번에 두 가지 일을 완수하는 게 정말 어린 아이라도 할 수 있는 초간단 해법인가? 아니다. 그게 그렇게 간단한 일은 아니다.

법이 왜 효과가 없는지는 좀 더 단순히 설명할 수 있다. 고등학교 교사라면 누구나 하는 말마따나 폰을 몰래 사용하는 것에 관한 한 우리는 더할 수 없이 창의적인 동물이다. 운전 중 문자를 금하는 법은 강력하게 시행하기가 거의 불가능하며, 이를 가장 엄격하게 단속하는 주에서는 오히려 그 행위가 더 은밀해진다. 차 밖에 있는 사람에게 차창 아래는 보이지 않으므로 운전자는 그 눈높이 아래에서 엄지손가락 하나로 얼마든지 문자를 보낼 수 있다. 경찰이 운전 중 문자 행위를 강력히 단속하면 할수록 폰의 높이는 점점 낮아진다. 폰의 높이가 낮아질수록 문자를 읽거나 보낼 때 시간이 좀 더 걸리게 되어 운전자의 관심은 도로 상황에서 그만큼 더 멀어지며, 문자를 다 읽거나 보낸 후

다시 운전에 집중하게 되기까지의 시간도 그만큼 더 많이 걸린다. 이렇게 운전 중 문자 행위를 막으려는 시도가 더 강력할수록 문자를 보내는 행위는 더 은밀해지고(또한 더 위험해지고), 사고가 날 경우 결과도 더 심각해진다.

법이나 경찰의 단속이나 벌금으로도 운전 중 문자 행위를 막을 수 없다면 해결책은 피를 보는 것뿐이며, 현실이 지금 그러하다. 그래픽 광고 캠페인을 보면, 부주의한 운전자가 운전과 문자를 동시에 하는 행위가 마주 오는 차 안에 있는 사람들의 삶에 얼마나 큰 파멸을 안기는지 알 수 있다. 충돌사고 광경을 느린 화면으로 재현하는 공익광고를 보면, 차유리가 깨져서 흩어지고 금속은 찌부러지고 사람의 몸은 여기저기로 튕겨나간다. 이런 광고 영상은 문자를 하면서 운전을 하는 경솔한 행위의 진짜 원인이 무엇인지 살짝 암시한다. 우리를 날마다 빠른 속도로 스쳐 지나가는 게 자동차가 아니라 피와 살을 지닌 사람들이라는 인식이 결핍된 게 그런 행위의 원인이다.

그리스도인의 관점

마주 오는 차들과 계속 엇갈려가며 운전한다는 것은 언제나 위험한 일이다. 우리는 천삼백 킬로그램(SUV의 경우 이천 킬로그램)의 강철과 유리 덩어리에게 명령을 내려 고속으로 달리게 하며, 반대 방향으로 지나가는 이 덩어리들은 많은 경우 도로 위에 그려진 선 하나로 살짝 분리된다. 액셀러레이터를 단 몇 분의 1초만 잘못 밟아도 순식간에 돌이킬 수 없는 비극과 평생 뒤따라 다니는 후회를 낳는다. 우리가 살아가면서 사용하는 도구가 타인에게 해를 끼치게 되고, 한 번의 작은 과실이 우리 삶을 영원히 바꿔 놓을 수 있다.[4] 운전 중에 문자를 하고, 그리하여 평생 무고한 사람의 피를 손에 묻힌 채 사는 삶은 생각보다 가까이 있다.

법으로 막을 수 없는 것을 성경은 마음의 문제로 설명한다. 예수께서는 그리스도인의 삶을 두 가지 근본적 질문으로 요약하셨다. '하나님을 어떻게 사랑하는가?', '이웃을 어떻게 사랑하는가?'[5] 그리고 '이웃'을 정의해 달라는 요청을 받았을 때 예수께서는 길을 가리키셨다.[6] 디지털 시대에는(디지털 전 시대에서도 역시) 먼 곳에 있는 사람들과 먼 곳의 일이 우리에게 과도한 관심을 명하여, 가까이 있는 사람들의 긴박한 상황에 둔감해지게 만들 수 있다. 운전할 때 폰에서 카톡 소리가 나면 우리의 뇌는 도파민 주사를 한 방 맞은 것처럼 변하며, 이때 우리가 어떤 결정을 하는지를 보면 우리가 이웃을 경시하는지 아닌지를 알 수 있다. 우리는 보이지 않는 사람들에게 신경 쓰기 위해 보이는 사람은 무시할 수 있다 생각하지만, 그것은 완전히 앞뒤가 뒤틀린 개념이다.[7] 길거리의 이웃들, 너희고 같은 도로를 쓰고 있는 낯선 이들을 소홀히 여긴다면 그것은 폰으로 죄를 짓는 것이다.

바이러스성 분노

운전 중에 문자를 하는 행동은 이 장에서 말하는 요점의 한 사례다. 우리는 폰에 몰두하는 한편 이웃은 소홀히 하면서, 이렇게 분열된 존재로 살 수 있다는 거짓말을 쉽게 믿어 버린다.

이 분열의 두 번째 사례는 온라인상의 다툼이다. 몸은 우리를 서로에게서 구별시키며 우리의 실존에 특징을 부여한다. 그런데 디지털 영역에서 우리는 이 핵심 비교 기준을 잃어버린다.[8] 디지털 세상에서 우리는 서로를 볼 수 없고, 그래서 더 쉽게 분노가 끓어오른다.

얼굴을 대면하는 게 아니라 화면 대 화면일 때 상대에게 화를 낼 가능성이 더 높아진다. 연구자들은 이 현상을 가리켜 '익명의 분노 anonymous anger'라고 한다. 분노의 열기는 엄지손가락을 통해 폰에 전달되는 언어로 신속히 방출된다. 이제는 너무도 간편하게 화를 공개 방출할 수 있다. 여기에 더해 세 원흉이 또 있다. '상대적 익명성, 권위 있고 영향력 있는 인물의 부재, 유아론적 내면 투사solipsistic introjection, 즉 컴퓨터상의 대화는 잠재의식상 실제 사람보다는 자기 자신과 대화를 하고 있는 것처럼 보일 수 있다는' 이론이다. 달리 말해, '폰 화면상의 대화를 살아 숨 쉬는 사람들이 있는 현실과 연결시키기가 매우 힘들다.'[9] 온라인상의 분노는 우리 삶이 분열된 결과다. 즉, 우리의 관심이 나뉘고, 우리 생각이 나뉘고, 우리의 디지털 페르소나가 우리의 '피와 살'과 분리된 결과다.

이런 나뉨은 피할 수도 있었을 오해를 낳고 그로 인해 우리는 온라인상에서 곧잘 불끈거린다. 살아 숨 쉬는 얼굴이 우리 앞에 없기 때문에 타이핑에는 감정이입이 되지 않는다. 현실의 형제에 비해 온라인상 아바타는 훨씬 쉽게 비방할 수 있다.

쉽게 분노하는 태도는 온라인상에 널리 퍼져 있기만 한 게 아니라 전염성도 있다. 소셜 미디어 세상에 오래 몰두해 있다 보니, 내가 출판한 책이 열띤 반응을 얻으며 사람들의 입에 널리 오르내리고 독자들의 지갑을 열게 만드느냐의 여부를 결정하는 가장 중요한 요소가 온라인상에서 뜨거운 논쟁에 불을 붙이는 데 성공하느냐의 여부에 달려 있다는 것을 알게 되었다. 이 점을 좀 더 개인적인 차원에서 다시 연구해 보니, 흐뭇한 내용의 글은 내 친구와 팔로워 그룹에게만 기쁨이 될 뿐 그 이상으로 확산되지 않는 데 비해 격하게 화를 내는 글은 밖으로 확산되어 다른 많은 사람들까지 격분시킨다는 것을 알 수 있었다. "분노는 사람을 고도로 흥분시키는 감정으로, 우리로 하여금 행동을 취하게 만든다"고 이런 경향을 연구하는 한 연구자는 말했다. "분노는 욱하는 기분이 들게 만들며, 그러면 다른 이에게 그 기분을 전달할 가능성이 높아진다."[10] 분노는 주변으로 확산된다.

교제의 기쁨

분노가 온라인상의 형체 없는 사람들에게 전염되는 감정이라면, 기쁨은 그리스도인들이 구체적으로 교제하는 데 따르는 감정이다. 이 점은 요한과 바울 두 사도가 증명한다. 오래전 요한은 손으로 쓴 편지 하나를 마무리하면서, 엄지손가락으로 글을 쓰는 우리들에게도 여전히 의미가 있는 말을 한 마디 한다. "내가 너희에게 쓸 것이 많으나 종이와 먹으로[요한에게는 현대적 테크놀로지였던] 쓰기를 원하지 아니하고 오히려 너희에게 가서 대면하여 말하려 하니 이는 너희 기쁨을 충만하게 하려 함이라"(요이 1:12). 요한은 테크놀로지를 이용해 소식을 주고받았지만, 편지는 의사소통의 일부일 뿐임을 알고 있었다. 종이와 먹이라는 테크놀로지는 곧 있을 일에 대한 기대를 표현하는 한 방법이었고, 대면하는 교제가 뒤따라야 했다. 바울도 자신의 편지 두 통에서 똑같은 주장을 한다.[11]

그러면 이 두 사도는 왜 자신들의 기쁨이 실체가 있는 교제와 밀접한 연관이 있다고 말하는 것일까? "내가 생각하기에 이는 인격체의 참여와 관계있다"고 덴버 신학교 철학교수 더글러스 그로타이스는 내게 말했다. "우리가 인격체라는 사실은 이메일 메시지나 트위터를 통해서도 어느 정도 드러날 것이다. 하지만 인간은 전인적 존재다. 우리에게는 감정과 생각과 상상력, 그리고 몸이 있다." 몸으로 구현된 우리의 인격에서 일부를 제거하면 오해가 더 쉽게 일어난다. 팔은 팔짱을 끼기도 하고, 눈은 어딘가에 오래 시선을 던지고, 귀는 빈정거리는 말을 듣고, 목소리 톤은 참을성을 보여 주기도 하는데, 이런 것들을 2차원의 아바타와 바꿔 버린다면 분명 오해와 긴장을 불러들일 것이다. "그래서 나는 요한이 말하는 '충만한 기쁨'이 한 인격체가 목소리와 손길과 모습으로 다른 인격체와 때에 맞춰 상호 작용하는 데서 온다고 생각한다. 사람들과 더불어 그저 조용히 있을 때 기쁨이 충만할 수도 있고, 사람들과 더불어 울 때, 혹은 사람들과 더불어 웃을 때 기쁨이 충만할 수도 있다."[12]

이에 더하여, 서로 시선을 맞추는 것도 사람이 사람과 맺을 수 있는 가장 강력한 사회적 유대의 한 형태다. 시선을 맞추면 복잡한 현상 가운데 있는 사람들 사이에 신뢰가 형성되며, 이 신뢰에 의해 사람들은 서로 마음을 모을 수 있고 상호 이해를 얻을 수 있고 서로를 알게 되며 철이 철을 날카롭게 하는 것처럼 서로의 얼굴을 빛나게 할 수 있다. 디지털 기기를 통해서는 이런 일이 불가능하다.

대면하는 만남을 소중히 여겨야 할 많은 이유들이 분명 더 있지만, 위에서 언급한 두 사도의 말은 디지털 커뮤니케이션 테크놀로지를 사용할 때 반드시 기억해야 할 중요한 내용을 우리에게 전해 준다. 오래전 편지나 현대의 문자 메시지 혹은 여러분이 읽고 있는 이 책처럼, 먼 곳에서 전해지는 모든 글은 인격 대 인격의 상호 작용보다는 환영ghost이 환영과 나누는 커뮤니케이션과 더 비슷하다. 물론 글에도 우리의 어떤 부분이 드러나 있다. 하지만 참된 교제를 통해서 알 수 있는 모든 것이 폰 화면에서 엄지손가락으로 타이핑되어 광섬유 케이블을 통해 빛의 속도로 전송되지는 못한다. 이것이 커뮤니케이션의 현실이다. 기쁨은 통합적 존재가 느끼는 소중한 감정이다. 기쁨은 우리의 관심, 우리의 생각, 우리의 피와 살을 한데 모아 얼굴과 얼굴을 맞대고 나누는 교제, 눈과 눈을 맞추는 사랑을 할 수 있게 한다. 그리스도인에게 주어진 과제는 트위터와 문자로만이 아니라 행위와 육체적 현존으로 사랑하라는 것이다.[13]

실체화의 복합적 요소

스마트폰 시대는 우리의 인지 행동이 몸의 현존과 분리되는 시대이다. 이런 시대에 우리는 실체가 없는 온라인 세계에서의 비교적 손쉬운 상호 작용에는 과도하게 우선순위를 두고 실체화된 그리스도인의 믿음의 본질은 경시하는 경향이 있다.

하나님이 인간이 되셨다는 머리말에서부터 신약성경은 실체화embodiment라는 개념으로 가득하다. 계속 읽어보면 성경은 하나님 백성의 본질을 설명한다. 우리는 교회의 개별 구성원이고, 다양성 속의 하나 됨을 추구한다. 이는 하나의 몸 안에 여러 지체가 있고 그 지체들이 각각 다른 기능을 수행한다는 은유로 표현된다.[14] 또 계속 읽어보면, 바울은 거룩한 입맞춤을 장려한다(어색하게도!).[15] 바울은 또 함께 모이기를 소홀히 하지 말라고 경고하며,[16] 교회가 함께 축하해야 할 행사 두 가지를 강조한다. 그 두 가지는 세례와 성찬이다. 두 가지 성례 모두 신자들의 회집에 없어서는 안 되며, 이 성례는 다층의 복합적 실체화 요소들을 담고 있다. 우리는 폰으로는 세례를 받을 수도 없고 성찬에 참여할 수도 없다.

물속에 잠기는 것은 그리스도를 따르는 이들에게 순종의 행위다. 나는 한겨울 교회 강단에 임시로 설치된 온수 욕조에서 침례를 받았는데, 이 순종의 행위로 내가 죄에 대해서는 죽고 그리스도 안에서 새 생명을 얻었다는 사실이 재현되었다. 어떤 차원에서 이는 순전히 은유적이었다. 물속으로 밀어 넣어지는 순간 내가 그리스도의 몸의 죽음에 연합한다는 사실이 상징적으로 표현되었다. 물 밖으로 나올 때 내가 그리스도의 몸의 부활로 영적으로 부활한다는 사실이 표현되었다. 내가 받은 세례의 영적 의미는 그리스도의 육체적 죽음과 육체적 부활 없이는 불가능했다. 하지만 침례로 내 몸이 흠뻑 젖었다는 것이 단순히 내게 있는 과거나 현재의 영적 현실만을 상징하지는 않는다. 앞으로 내가 죽어 몸이 땅에 묻히면 마치 한 알의 씨앗처럼 심기고 장차 있을 육체의 부활 때 싹이 트기를 기다리게 되리라고 확신한다. 내가 세례를 받았다는 은유적 행위는 그리스도의 몸으로써만 가능한 일을 상징했으며, 내가 그리스도와 영적으로 연합한 것은 나의 몸에 장차 일어날 일을 보증한다.[17]

성찬은 함께 회집한 교회, 모여서 물리적 하나 됨을 이루되 사람과 사람 사이에 파당을 짓지 않는 교회가 행하는 또 하나의 성례다. 이 하나 됨을 통해 우리는 그리스도를 본받는다. 잡히시던 날 밤, 예수께서는 떡을 떼고 잔을 채운 뒤 이것이 자신의 상한 몸이요 죄인들을 위해 흘린 피라고 말씀하셨다. 예수께서 본을 보이신 일을 재현할 때마다 우리는 그리스도를(이제는 보이지 않는) 기억하고 그리스도께서 다시 오실 때까지 그분의 죽음을 선포한다. 그리하여 우리는 그리스도가 우리 손에 들린 잔과 떡만큼 실제적인 분임을 확언한다. 누구든 이기적인 태도로, 혹은 자격 없이 이 성찬상에 다가가면 몸의 병이나 심지어 죽음까지도 무릅써야 할 것이다!"[18]

우리는 몸에 예수의 죽음을 지니고 다닌다. 그래서 우리는 그리스도 안에서 형제 자매된 이들을 위해 목숨을 내놓을 수도 있다. [19]그리스도인의 삶에 있는 모든 보이지 않는 영적 현실, 그리고 교회에서 행하는 모든 물리적 예식은 우리 구주의 육체적 실재에 뿌리를 두고 있다. 즉 그분은 전에도 지금도 성육신하신 하나님이라는 것이다. 그분은 사셨고, 걸으셨고, 섬기셨고, 십자가에 달리셨고, 죽으셨고, 장사되었고, 새 생명으로 부활하셨고, 이제는 하늘에 앉아 계시며, 곧 다시 오실 것이다. 이런 물리적 현실이 그저 허구일 뿐이라면, 우리의 소망과 믿음은 머리부터 발끝까지 다 헛수고다.[20]

오늘날 우리가 자주 듣는 주문 같은 말, "그리스도는 따르겠지만, 조직화된 종교로 나를 귀찮게 하지는 말라"는 말은 실체를 부인하는 디지털 시대의 한 징후다. 그러나 그리스도인의 삶은 더할 수 없이 실체화된 삶이다. 이 모든 사실을 부인한다는 것, 그리고 실체가 없는 온라인상의 실존에 우선순위를 둔다는 것은 '비인간화를 묵인하는 것'과 다름없다.[21]

창조주의 형상으로 빚어진 피조물

 우리 몸 안에 우리의 생명이 있다는 사실이 어떤 의미를 함축하는지는 이 책에서 나중에 다시 생각해 보게 될 것이다. 지금은 출발점으로 다시 돌아가 보는 것으로 충분하다. 즉, 운전 중에 문자를 하는 행위가 유행하는 것은(다른 많은 유행 중에서도) 우리가 본질상 피와 살을 지닌 존재라는 한계에서 벗어나려는 시도이다. 우리는 시간과 공간의 한계를 깨려 하고, 그리하여 우리 주변에 있는 피와 살을 지닌 존재들을 소홀히 하는 결과를 낳게 된다.

 현실의 우리는 유한하다. 우리는 운전을 하면서도 폰으로 글을 읽고 쓸 수 있다고 생각하지만, 인간은 생각보다 약하다. 존재한다는 것은 곧 물리적 한계에 갇혀 산다는 의미다. 무엇을 지각하고 무엇을 할 수 있는지를 제한하는 경계와 문턱에 갇혀 사는 것이다. 스마트폰 화면을 통해 삶을 보면 언제나 우리가 피와 살로 이뤄진 존재라는 것을 잊게 된다.

 사실상 우리는 피와 살을 지닌 유한한 존재로서 똑같이 피와 살을 지닌 유한한 존재들 가운데에서 살아간다. 수많은 연구 결과가 옳다면, 대부분 스마트폰의 표면에는 미량의 배설물이 묻어 있다. 뉴스 보도를 읽으면서 나는 그 기사에 달린 역겨운 댓글들을 보며 낄낄거린다. 흙으로 빚어진 피조물인 우리는 번들거리는 유리 제품을 손에 들고는 최신형 케이스와 초극세사 천으로 그 반짝이는 청결함을 유지하려고 애쓴다. 이는 불가능하다. 우리는 테크놀로지가 아니다. 우리는 부드럽지도 않고, 청결하지도 않으며, 인간이 만든 수정처럼 파괴 불가능하지도 않다. 절대로. 우리는 쉽게 흠집이 생긴다. 우리는 상한 채로 태어났다. 우리는 먼지와 물이요, 화학물질과 세균이며, 손대는 것마다 끈적한 얼룩을 남긴다. 그 기사가 흙으로 지어진 우리 존재와 반짝거리는 화소를 병치시켜 놓고 조롱하고 있다는 것을 우리가 쉽게 알아차릴 수 있다. 우리가 테크놀로지를 더럽히는 것은 우리가 기계가 아니기 때문이다. 우리는 지존하신 창조주의 형상으로 빚어진 피조물이며, 실체화된 기쁨을 그분의 이름으로 함께 나누도록 창조된 존재들이다.

우리는 인정받기를
갈망한다

디지털 시대에 우리는 몸을 소홀히 여길 수도 있고, 다른 한편으로 몸을 학대할 수도 있다. 열아홉 살의 호주 모델로 인스타그램에서 50만 명의 팔로워를 거느린 에세나 오닐Essena O'Neill을 만나 보자. 한때 온라인 광고 계약으로 경력을 쌓아 나갈 작정이었던 오닐은 2015년에 활동을 그만두겠다고 선언한 뒤 그간 인스타그램에 올렸던 사진을 대거 삭제하고, 남아 있는 사진(대개 협찬 받은 의상을 입고 찍은)에 대한 설명을 수정해, 이미지 뒤에 있는 진짜 동기를 폭로했다. 에세나는 왜 이런 과감한 조치를 취했을까?[1] 온라인에서의 삶이 공허하고 자기중심적이며 가짜라는 사실을 알게 되었기 때문이다.

"섹시해 보이기 위한 과도한 연출, 완벽한 음식 사진, 완벽한 여행 브이로그—이런 것들이 내가 유명해지는 방법을 배운 교과서"라고 에세나는 고백했다.[2] 하지만 이는 후회를 몰고 온 소용돌이의 일부였다. "사람은 인생을 다 다르게 헤쳐 나가지만, 나 자신은 쉽게 사회적 비교를 할 수 있는 환경에서 성장했다. 그 환경이 나를 소진시켰다… 열두 살부터 열여섯 살까지 나는 내가 나 아닌 다른 사람이었으면 하면서 살았다. 열여섯 살부터 열아홉 살까지는 끊임없이 나를 어떤 틀에 끼워 맞춰 다듬고, '내 삶에서 가장 뛰어난 부분'만 편집해서 과시하면서 살았다. 그렇게 갖가지 숫자와 내가 남에게 얼마나 예쁘게 보이느냐를 바탕으로 대단한 경력이 쌓였다."[3]

오늘, 에세나는 말했다. "이제는 내 삶을 다른 누군가가 편집해서 조명한 삶과 비교하고 싶지 않아요. 화면만 들여다보던 시간을 내 실제 삶의 목표, 인격적 관계, 포부에 다 쏟아 넣고 싶어요. 이 유명인 문화, 집착과는 끝을 냈어요. 어리석은 짓이었고, 내내 마음으로 외로웠고, 허위였지요."[4] 가장 비극적인 점으로, 에세나는 대중의 찬사 앞에 무분별하게 자기 몸을 내보였음을 인정했다. 아름답고 매력적이라는 말을 들으려고 셀카를 찍어 올렸다는 것이다. "화면이 지배하는 시대에 태어난 우리는 가장 사회적인 인정(소셜 미디어 상의 좋아요, 페이지 뷰, 팔로잉)을 받기 위해 자기 자신을 일정한 틀에 넣어 장식하라고 배웁니다." 에세나는 이렇게 말했다. "나는 그 틀에 맞게 나를 조각하는 스튜디오에서 나 자신을 빼냈을 뿐이에요. 타인에게 기대어 내가 어떻게 살고 무슨 말을 하고 무엇을 만들어 내야 할지를 결정하고 싶지는 않아요."[5]

마지막으로 에세나는 말했다. "나는 조건부 자기 사랑과 끊임없는 자기혐오의 살아 있는 역설이었어요. 근본적으로 나의 자기 가치는 사회적 인정에 달려 있었으니까요." 에세나는 '페이스북 유명인사'나 '인스타그램 유명인사'가 됨으로써 자신의 마음을 만족시킬 수는 있었지만, 명성이 높아감에 따라 자기 삶이 점점 깊이가 없어지고 부자연스러워졌다고 했다. 인기가 높아질수록 더 공허해지고, 더 외로워지고, 남을 미워하게 되고, 질투하게 되고, 불안정해지는 사이클에 걸려든 기분이었다고 한다.[6] 사람들이 건전치 못한 소셜 미디어 사용 패턴에 빠져들게 되는 가장 큰 원인은 개인적 불안감이다.[7]

이런 일이 에세나에게만 일어나는 것은 아니다. 인스타그램에서 명성을 얻기를 바랐던 이십 대 여성 '재스민'을 만나 보자. 재스민은 가명으로만 발언하기를 원했다. 아직 그 게임을 빠져나오지 못한 상태인 데다가 그 사실을 인정하지 못할 만큼 큰 곤경에 처해 있었기 때문이다. 재스민은 많은 돈을 들여 온라인상에 자기가 원하는 이미지를 구축했다. 그리고 그 결과 신용카드 빚더미에 앉게 되었음을 깨달았다. "내 이미지를 유지하려고 많은 물건을 사들여요. 멋진 식당에서 외식을 하고, 새 비키니를 사고(한 번 입었던 비키니를 또 입고 사진 찍는 일은 절대 없지요), 예쁜 날염 드레스를 거의 일주일에 한 번씩 구매하고, 신선한 꽃을 어김없이 일주일에 한 번씩 사는 등… 돈을 써서 내 삶이 어떤 특정한 모습으로 보이게 만들고, 그 모습에서 쾌감을 느끼지요. 하지만 내 신용카드는 나의 그런 열심을 함께 나누지 않아요." 재스민의 카드빚은 3,400달러에 이르고 있다. 재스민은 그 돈을 갚을 능력이 없다. 그런데도 강박적으로 물건 구입하기를 중단할 수가 없다. "집에 올 때 포장해 온 스시를 먹으면서 이 글을 쓰고 있어요. 사진을 오십 번쯤 찍어 포스팅하고, 지금까지 231개의 '좋아요'를 받았어요. 다음

주에 집에 가서 부모님께 이 상황을 다 말씀드릴 생각이에요. 그래야 부모님이 절 야단치시며 이 짓을 그만두게 하실 테니까요. 몹시 흥분하실 게 분명해요. 제 행동이 얼마나 멍청한 짓인지 저도 잘 알고 있어요. 하지만 누군가 지적해 줄 사람이 필요할 것 같아요."[8]

에세나와 재스민은 우리가 날마다 직면하는 스마트폰 유혹의 극단적 사례다. 수십만 송이 꽃은 없고 날마다 늘어 가는 카드빚은 없을지라도 우리 또한 이미지 조작에는 그만큼 집착할 수 있고, 깊이 잠기기 전에는 알아차리기 힘든 행실로 그만큼 쉬이 빠져들 수 있다.

영웅 VS 유명인사

에세나와 재스민을 비롯한 인스타그램이나 유튜브의 유명인사들은 역사가 대니얼 부어스틴Daniel Boorstin이 약 56년 전에 우리에게 경고한 현대의 우상이다. 부어스틴은 '그래픽 혁명Graphic Revolution'이 도래해 대량 생산 및 필름과 인쇄(그리고 이 시대에는 온라인)로 이미지를 편집할 수 있는 능력이 폭발적으로 늘어나면, 유명인사들이 영웅을 대체할 것이라고 예언했다.[9] 부어스틴의 말이 맞았다.

영웅이란 인격자들, 용기 있는 행동으로 알려져 있고 사후에도 오랫동안 찬양받는 사람들이다. 이미지가 아니라 시대가 영웅을 만든다. 영웅적 행위는 대개 그 순간에는 눈에 띄지 않으며, 우리의 영웅들, 적어도 대통령들의 경우는 의도적으로 매력을 씻어내 당대에는 거의 살아 있지 않은 것처럼 보인다. 모든 문화에는 저마다 영웅이 있다. 우리는 인류가 잠재적으로 위대하다는 것을 늘 알고 싶어 하기 때문이다. 그래서 우리는 지폐나 동전이나 우표에 우리의 영웅들을 새겨 넣어 불멸의 존재로 만든다.

그러나 그래픽 혁명이 도래하자 우리는 인내심을 잃어 새로운 영웅을 기다리지 못하게 되었고, 그래서 새로운 우상들을 만들어 냈다. 미디어 세상에서 이미지의 우세는(그리고 이제 디지털 이미지의 과잉은) 파도처럼 밀려오는 유명인사들을 만들어 낼 수도 있고 거부할 수도 있으며 대체할 수 있음을 뜻했다. 우리는 "인간의 위대함에 대한 우리의 과장된 기대를 충족시킬 목적으로 조작된" 유명인사들에게 시선을 돌렸다. 영웅과 달리 유명인사의 뉴스 가치는 오로지 눈에 보이는 아름다움, 눈요기하기 좋은 매력에 달려 있다고 부어스틴은 말한다. 실제로 "뉴스거리가 될 수 있다면, 그리고 계속 뉴스에 등장할 수만 있다면 누구든 유명인사가 될 수 있다." 모든 것은 시간문제이며, 그것이 바로 영웅과의 가장 큰 대조점이다. "시간의 흐름이 영웅을 만들어 내고 영웅을 입증하지만 바로 그것이 유명인사를 소멸시킨다. 영웅은 기억과 재현으로 만들어지고, 유명인사는 기억과 재현으로 말소된다."[10]

앤디 워홀의 이미지 공장

이미지가 주도하는 이런 현상을 누구보다 잘 활용한 예술가는 아마 앤디 워홀Andy Warhol(1928-1987)일 것이다. 워홀은 강력한 이미지를 팝 아트로 복제하는 일에 평생을 바쳤다. 워홀은 그래픽 혁명의 산물이자 그래픽 혁명의 거장으로 손꼽히는 사람이었다. 스마트폰이라는 기술적으로 편리한 상품이 만들어지기(혹은 사회적 통용품이 되기) 오래 전부터 워홀은 자기 자신과 세상 사이의 일종의 완충기로서 녹음기와 폴라로이드 카메라를 지니고 다녔다. 폴라로이드 카메라 렌즈를 자신에게 들이댄 순간, 본질상 워홀은 셀카를 발명한 것이었다.

"워홀의 작품에 생기를 불어 넣는 어떤 흐름이 있다면 그것은 성적 욕구도 아니고 우리가 흔히 생각하는 것처럼 에로스도 아니다. 그것은 바로 주목받고 싶은 욕구로서, 이 시대를 움직이는 힘"이라고 올리비아 랭Olivia Laing은 말한다. "워홀이 주시한 것, 워홀이 그림과 조각과 영화와 사진으로 재현한 것은 다른 이들도 다 주시하는 것들이었다. 그것이 유명인사든, 수프 캔이든, 재해 사진이든, 자동차 밑에 깔렸다가 나무 아래 처박힌 사람들 사진이든." 시선을 사로잡는 이미지를 재현함으로써 워홀은 사람들에게 관심을 가져달라 조르고 있으며, 이런 욕구 때문에 그는 당대의 궁극적 이미지 재현 매체인 텔레비전에 흥미를 갖게 되었다. 워홀은 텔레비전 속으로 들어가 세상 모든 거실에 자기 모습을 깜박이는 이미지로 복제할 수 있다면 사람들에게 인정받는 기분을 느낄 수 있을 것이라 믿었다. "그것이 복제의 꿈"이라고 랭은 신랄한 통찰로 말한다. "무한히 주목받기, 무한히 관심 받기."[11] 하지만 이는 유명인사 문화의 거짓말이다. 복제된 자기 이미지는 그 이미지가 약속하는 친밀함을 절대 전해 주지 못할 것이다.[12]

워홀의 이미지 복제 작업은 우리 모두가 셀카를 통해, 그리고 온라인 대화를 할 때마다 등장하는 이모티콘을 통해 디지털로 우리 자신의 이미지를 손쉽게 복제하는 순간의 전조였다. 셀카와 이모티콘 덕분에 우리는 화소가 깜박이는 찰나의 순간이나마 저마다 타인의 관심을 받고 명성을 맛볼 수 있게 되었다.

그런데 자기 이미지를 복제하여 명성을 얻으려는 이 모든 시도가 사실은 "친밀한 관계를 대신하는 것, 중독적으로 그 관계를 탈취하는 것"이 된다고 랭은 말한다.[13] 폰을 통해 만나는 디지털 세계는 우리에게 자기 복제의 도구를 허용하며, 타인에게서 무한한 관심과 호의를 끌 수 있고 그렇게 해서 일종의 온라인 유명인사가 될 수 있다는 희망을 품게 한다. 그러나 온라인에서 받는 관심은 참으로 친밀한 관계를 대신할 수 없으며, 온라인상의 만들어진 이미지는 진짜 친밀한 관계 맺기를 불가능하게 만든다.

온라인 친구가 주는 위로

그리스도인은 대개 이런 헛된 일을 피하고, 현실 사람들과의 관계 형성을 위해 소셜 미디어와 폰을 능숙하게 활용한다. 그리스도인에게 주일은 사람들과 직접 만나 관계를 맺는 행복한 시간이다. 그런데 일부 그리스도인들은 폰을 활용해, 온라인 친구들과 더 자주 관계를 맺는다. 우리는 주일날 교회에 모습을 드러내기는 하지만 낯선 사람들 사이에서 붕 떠 있는 듯한 기분을 느낄 수도 있다. 온라인으로 사람들을 만나 대화하는 건 아주 자연스럽게 느껴지는 반면 주일 아침 교회에서 만나는 사람들과의 교제는 어색하게 느껴질 때가 있다. 그 이유가 무엇인지 생각해 본 적이 있는가? 여기엔 많은 요소들이 작용한다.

첫째, 온라인 세상에서는 (원한다면) 물리적 한계를 타파할 수 있다. 실제보다 더 나이 들어 보이게 만들 수도 있고 더 어려 보이게 만들 수도 있다. 사람들의 관심을 받거나 온라인으로 제품을 팔기 위해 우리 몸을 상품화할 수도 있다. 몸매가 좋기만 하다면 말이다. 체중이 많이 나가거나 볼품없는 몸매는 시선이 닿지 않도록 가릴 수도 있다.

장애가 있는 경우, 디지털 친구들에게는 휠체어가 전혀 안 보이게 할 수도 있다. 태어날 때부터 있는, 혹은 현재 지니고 있는 육체적 결함·한계·어색함 등이 온라인 너머에서는 다 해소되고 치장될 수 있다. 있는 그대로의 모습을 감추는 게 온라인에서는 아주 자연스럽고 수월하지만, 오프라인에 있는, 건전한 지역 교회와 솔직한 친구 사이에서는 이것이 고통스러울 만큼 힘들고 부자연스럽다. 진짜로 얼굴과 얼굴을 맞대고 보는 관계에서는 자기편집self-editing이 비교적 쉽지 않다. 실생활에서는 발렌시아 필터Valencia filter* 같은 것이 없다. 온라인의 이런 풍조를 솔직히 인정하지 않으면, 교회에서 느끼는 어색함을 우리를 변화시키는 귀중한 수단이라기보다 저항해야 할 낯선 느낌으로 계속 생각하게 될 것이다.

둘째, 온라인 세상에서는 나와 생각이 다른 사람은 멀리하고 나와 생각이 같은 사람들 쪽에 더 무게를 둘 수 있다. 이것이 바로 내가 온라인에 글쓰기를 좋아하는 한 가지 이유다. 온라인 소셜 네트워크라는 즉각적인 세상에서 읽기와 쓰기는 그리스도인의 교제를 깊이 있게 하는 하나의 수단이다. 우리는 자신의 마음과 핵심적 두려움과 신념을 공개할 수 있고, 폰을 통해 세계 전역 사람들과 친밀한 우정을 맺고 유지할 수 있다. 그러나 앞 장에서 말했다시피, 온라인에서만 맺는 친구 관계에는 심각하게 부정적인 면이 있을 수 있다.

이 점에 대해 연구를 하다가 마침내 북잉글랜드의 알레스테어 로버츠Alastair Roberts에게까지 이르게 되었는데, 로버츠는 36세의 학구적

● 인스타그램에서 이미지의 색상이나 톤을 바꾸기 위한 옵션 중 하나. -옮긴이

신학자이자 달변의 저술가로서, 성경신학 분야, 테크놀로지 발전, 우리의 관계를 포함한 현대 윤리 문제 분야에서 연구 활동을 하고 있다. 또한 로버츠는 오랫동안 블로그 활동을 하면서 온라인 사회를 위협하는 한 가지 중독에 대해 지혜롭게 경고하고 있다.

인터넷은 지극히 특별한 공통점을 지닌 사람들과 관계를 맺을 수 있게 해주어, 서로를 격려하고 풍요롭게 하며 깊이 있게 한다. 지난 수년간 온라인에서 맺은 관계가 나를 지탱하고 도와 나의 직접적 정황과 별 관계가 없는 어떤 관점을 형성할 수 있게 해주지 않았더라면 지금의 나는 없었을 것이다.

이는 내가 이 관계에서 엄청난 유익을 얻은 것은 분명하지만 그와 동시에 나와 생각이 다른 그리스도인 이웃들과의 어려운 일들에서는 발을 뺄 때가 많았다는 말이기도 하다. 내가 천성적으로 극내향성의 성격에다 혼자 있기를 좋아한다는 사실 덕분에 위와 같은 유혹이 더 증폭되기도 했다. 모든 이들이 대체로 내 의견에 동의해 주고 나를 소중히 여겨 주는 곳이 있다는 것을 알면, 나를 그다지 귀하게 여겨 주지 않거나 이해해 주지 않거나 내 가치를 인정해 주지 않는 교회에 가기가 점점 내키지 않을 수가 있다. 나르시시즘은 낭만적 이상의 특징일 수 있는데, 낭만적 이상은 실제 내 옆에 있는 사람에게서 멀어져 현실을 도피하고 정서적 위로를 주는 백일몽에 빠져들게 만든다. 이 이상의 특징인 나르시시즘은 주어진 상황에서의 구체적 관계를 이상적 공동체로 대체하게 만들고, 이 이상적 공동체에서 우리는 실제 공동체의 변화와 관련된 몸부림 없이, 타인을 고려하고 타인에게 민감해야 할 필요를 느끼지 못한 채 살아갈 수 있다.[14]

우리는 나와 생각이 같은 친구들로 이뤄진 디지털 마을에 쉽게 정착하고, 나와 다른 사람들에게서는 도망친다. 로버츠는 우리가 폰 때문에 다양성을 접하지 못한다고 경고한다. "세대차이는 인류 사회의 근본적 구성요소이다… 새로운 매체는 노인 세대가 우리 시야에서 사라지게 되는 여러 이유 중 하나다."[15] 노인뿐만 아니라, 힘없고 가난한 이, 인지장애인, 어린이, 교육 수준이 낮은 사람, 읽고 쓰는 능력이 낮은 사람, 세계주의 인식이 낮은 사람, 비非서양인도 우리 시야에서 사라져간다. 요컨대 우리의 온라인 사회는 "인류 대다수를 눈에 안 보이는 존재로 만든다."[16]

생각이 같은 친구들이 모여 있는 온라인 공동체는 흔히 '긍정적 피드백 고리positive feedback loop'를 특징으로 하는데, 이 순환 고리에서 "지지와 동의는 기존의 편견을 그저 강화시키기만 한다. 이런 상황에서 공동체는 용인된 의견에만 열려 있고 반대 목소리에는 문이 닫힌 고립된 반향실echo chambers이 된다." 이는 이 공동체가 "다름과 관련해 항상성을 유지하는 숨 막히는 상태"라는 뜻이다. [17] 불일치에서 얻는 유익을 포용하지 못하고 긴장과 의견차를 헤쳐 나가지 못하는 공동체는 균질하며 건강치 못하게 되기가 쉽다. 이는 이 공동체에 "병적으로 비대한 맹점과 해결되지 않은 약점이 있는 경향"이 있기 때문이다.[18]

이야기를 조금 더 밀어붙여 보겠다. 선수 각 사람이 개인 성적과 인기에 몰두해 있으면 그 팀이 함께 성장하기 어려운 것처럼,[19] 아이들이 지나치게 허용적인 학교 분위기를 집안까지 끌어들여 폰을 손에서 놓지 않으려 하면 한 가족의 일원으로 성장하기 힘들다.[20] 지루한 팀 미팅, 가족들과 함께 하는 지루한 시간은 사실 무조건적 사랑을 대신

하는 개인적 성장의 기회로서, 사회적으로 인정받아야 한다는 부단한 요구에서 벗어나 휴식할 수 있는 시간을 우리 영혼에게 제공한다.

아마도 이것이 디지털 시대 교회 출석의 핵심 기능일 것이다. 우리는 온라인 세상에서 빠져나와 지역 교회에 한 몸으로 모여야 한다. 우리가 모이는 것은, 서로에게 모습을 보이기 위해서, 어색함을 느끼기 위해서이다. 그리고 어쩌면 내 말이 경청되지 않으며 내 존재가 제대로 인정받지 못한다는 기분을 일부러라도 느끼기 위해서이다. 모이기를 폐하지 말라는 성경의 명령에 순종하여[21] 우리는 각 사람이 하나의 작은 부분, 한 개별 회원, 한 몸의 일부로서 모인다. 살아 계신 그리스도의 몸의 다른 지체들과 연합하여 목적과 생명과 가치를 발견하기 위해서 말이다.

이 어색한 기분, 온라인의 안전한 세계를 벗어나는 것, 지역 교회 안에서 잘 알지 못하거나 이해하지 못하는 사람들과 어울리는 것은 우리 영혼에 엄청나게 소중한 일이다. 교회는 타인과의 실제 만남을 위한 곳, 다른 죄인들 사이에서 진정으로 나를 드러내기 위한 곳이다. 건전한 지역 교회에서 나는 거부당할까 두려워하지 않는다. 건전한 지역 교회에서 나는 동요하기도 하고 좌절하기도 하며 '나의' 나라가 아니라 하나님의 나라를 이루는 사람들과 함께 하는 데 따르는 불편함을 기꺼이 감당할 것을 요구하는 영적 깊이를 추구할 수 있다. 우리에게 주어진 과제는, "함께 드리는 예배를, 그 반反문화적인 행위를, 실질적 대체물을 찾을 수 없는 그것을 소중히 여기는" 일이다.[22]

영광 VS 인정

이 논의는 우리가 타인에게 인정받기를 바란다는 문제를 제기한다. 온라인의 유명인사 문화는 자랑, 칭찬, 인정에 의해 움직이는데, 성경도 마찬가지다. 하나님의 스토리에는 경외, 찬탄, 경이감이 실려있다. 존재의 줄다리기는 영광의 힘과 무게에 매여 있다. 우리는 유쾌함과 불쾌함이 경쟁하는 이야기 가운데서, 인정받는 기쁨과 비난당하는 우울감 사이에서 살아간다. 그리스도인도 마찬가지라면, 디지털 시대에 우리는 이런 긴장을 어떻게 이해해야 할까?

그리스도께서는 요한복음 12장 27절부터 43절에 기록된 한 이야기에서 인간의 영광과 하나님의 영광을 구별할 수 있게 도우신다. 이는 장차 일어날 일을 미리 보여 주는 순간이었다. 유대인들의 절기를 맞아 대규모 인파가 예루살렘성으로 몰려들고 난 뒤 예수께서는 왕으로서 나귀를 타고 성으로 들어오셨다. 소란스러운 사람들을 잠잠케 하시고 주목시키려고 하나님께서 하늘에서 말씀하셨다. 이어서 예수께서 일어니 역사의 정점이 될 일을 미리 말씀하셨으니, 그 일이 곧 사람들 눈앞에 전개될 터였다. 즉 예수께서 십자가에 달려 죽으셨다가 후에 다시 일어나사 부활하시리라는 것이었다. 곧 다가올 주말에, 우주를 위한 창조주의 전체 시간표가 움직여 우주적 반전을 이룰 터였다.[23] 그리스도를 믿는 믿음을 알고 그 믿음에 기대는 이들은 빛 가운데 행하고, 믿지 않는 이들은 계속 어둠 가운데 행하며, 어둠이 세상을 지배할 터였다.

그리스도는 하나님 영광의 계시이며 보이지 않는 하나님의 형상이지만, 당시 신앙 지도자들 대다수는 그리스도가 어떤 분이신지를 보지 못했다. 본 사람들도 극소수 있었지만 이들은 믿음이 약해 괴로워했다. 그리스도께서 얼마나 많은 기적을 행하셨든(심지어 죽은 자를 일으키시기까지 했어도), 대다수 지도자들은 메시아를 찬양하기를 딱 잘라 거절했다. 왜일까? 우주 역사의 정점이 될 순간을 눈앞에 두고 과연 무엇 때문에 이들은 입을 다물었던 것일까?

"관리 중에도 그를 믿는 자가 많았다"고 요한은 말한다. 그러나 "바리새인들 때문에 드러나게 말하지 못하니 이는 출교를 당할까 두려워함이라 그들은 사람의 영광을 하나님의 영광보다 더 사랑하였더라"(요 12:42-43).

그리스도를 찬양하는 게 이들에게는 왜 그리 어려웠을까? 대답은 간단하다. 대중의 시선 때문이었다. 그리스도를 따르면 세상이 나를 안 따를 것이다. 세상이 나를 피할 것이다. 세상이 나를 멸시할 것이다. 인간의 영광을 내 신神으로 삼으면 그리스도의 영광을 찬미할 수 없다. 반대로, 그리스도께 나가 다른 모든 영광보다도 그분의 영광을 귀하게 여기면, 인간의 인정이라는 소란스러운 쾌감을 버릴 수 있다. 오늘날 그리스도인들은 디지털 세상에서도 실생활과 다름없는 긴장에 직면하며 영광을 다투는 전쟁을 여전히 하고 있다. 그렇다면 우리는 하나님의 인정을 받지 못하는 것과 온라인 팔로워들을 잃는 것 중에서 어느 것을 더 두려워하고 있는가?

진정한 인정

온라인에서 인정받고 지지받기를 추구하는 것은 터무니없는 일이다. 왜냐하면 이런 행동은 하나님의 경륜에서 인정이라는 것이 어떻게 작동하는지를 오해하는 것이기 때문이다.

첫째, 인간에게 인정받으려 안달하는 모습은 궁극적으로 신앙을 헛되게 만든다.[24] 왜인가? 신앙이란 그리스도로 만족하는 행위이기 때문이라고 존 파이퍼는 말한다. "자존감을 높이고 타인의 인정을 받고 싶은 욕망을 채우는 데서 만족감을 느끼고자 하면 결국 예수에게서 멀어지고 말 것이다. 두 주인을 섬길 수는 없으니 말이다." 달리 말해, "예수님과의 관계가 견고하면, 그 관계가 하나님께서 택하신 관계이면, 사람에게서 인정받지 못하는 것이 나를 아프게 할 수 없고 사람에게 인정받는 것이 나를 만족시킬 수 없다. 그러므로 하나님을 두려워하면서 다른 한편으로 사람의 인정받기를 갈망한다는 것은 정말 어리석은 짓이다."[25] 이는 불신앙이다.

둘째, 우리 삶의 진정성 여부는 인간의 박수갈채가 아니라 하나님께서 인정하시느냐에 따라 결정된다.[26] 우리가 우리 자신을 칭찬하지는 못한다. 하나님께서 우리를 칭찬하신다.[27] 하나님께서 우리를 찾으신다. 하나님은 우리의 모든 행동 동기를 다 알고 계시며, 심지어 어떤 목적으로 하나님이나 이웃을 섬기려 하는지도 다 아신다.[28]

서글픈 사실은, 우리들 중에 즉각적으로 인정받고 지지받기를 갈망하는 탓에 폰에 중독된 이가 많다는 것이다. 온라인에서 우리가 느끼는 두려움이 바로 "지극히 선별적으로 자기를 표현하게" 만드는 충동이다.[29] 우리는 타인에게 사랑받고 타인에게 받아들여지기를 원한다. 그래서 자신에게 있는 보기 싫은 흉터와 결함을 말끔히 씻어낸다. 온라인에서 이렇게 자기 자신을 박박 문질러 닦아내서 표현할 때 우리는 '좋아요'와 공유 수라는 편리한 기능으로 인간에게 어느 만큼이나 인정받았는지를 확인한다. 우리는 이미지를 포스팅하고 나서 즉각적 반응을 지켜본다. 기분이 상쾌해진다. '좋아요' 수나 공유 수가 올라가는 것을, 혹은 정체되는 것을 지켜본다. 즉각적 반응이 친구들에게서는 어느 정도 나왔고 가족들에게서는 어느 정도이고 낯선 이들에게서는 어느 정도인지 계산을 한다. 내 포스팅이 사람들에게서 즉각 긍정적 반응을 얻었는가? 이는 몇 분 이내로 알 수 있다. 동료 그리스도인들이 신앙적으로 인정해 주고 지지해 주리라는 기대도 우리를 폰으로 끌어당기는 중력의 역할을 한다.

인정 중독에 따르는 대가

이 인정 중독이 바로 예수께서 사람의 칭찬을 구하지 말라고 우리에게 특별히 경고하시는 이유임에 틀림없다. 예수께서는 사람들의 칭찬을 받으려고 온라인에서 우리 공로를 과시하지 말라고 경고하신다. "사람에게 보이려고 그들 앞에서 너희 의를 행하지 않도록 주의하라 그리하지 아니하면 하늘에 계신 너희 아버지께 상을 받지 못하느니라"(마 6:1).

한 가지 예를 생각해 보자. 여름휴가 때 몇 주간 시간을 내어, 엔진 소리가 시끄러운 지프차로 울퉁불퉁한 비포장도로를 구불구불 달려 중앙아메리카의 외딴 정글 마을로 깊이 들어간다. 열병과 각종 풍토병, 일사병의 위험을 무릅쓰고 극빈 아동 스무 명을 위해 고아원 세우는 걸 돕는다. 그달 말, 공사 현장에서 한 걸음 뒤로 물러나, 몇 주간 수고한 결과를 배경으로 셀카를 찍은 뒤 뿌듯한 마음으로 페이스북에 포스팅한다. 훅! 내가 받을 상급은 그 순간 그렇게 사라진다. 생각해 보라. 짐짓 겸손한 듯 자기를 자랑하는 그 셀카 한 장으로 교환이 이 뤄진다. '좋아요' 팔십 개와 열두 개 정도의 칭찬 댓글이라는 팥죽 한 그릇을 위해 하나님에게서 받을 영원한 상급을 팔아먹은 것이다(구체적 상황이 중요하지는 않다. 카페에서 성경책 펼쳐놓고 찍은 사진들로도 우리는 똑같은 짓을 한다).

예수의 말씀을 이렇게 적용하면 너무 엄격한가? 우리 행위의 본심과 어긋난 것인가? 어쩌면 그럴지 모른다. 하지만 이런 구체적 예를 통해 우리 자신을 점검해 보아야 하지 않겠는가? 어떤 면에서는 예수께서 우리가 온라인에서 우리의 선행을 공개하면 우리가 얻을 상급은 그것뿐이라고 말씀하신 것이라는 점에 동의해야 한다.

이는 소름끼치는 교환이다. "큰 것을 잃고, 보잘것없는 것을 얻는다"고 존 파이퍼는 설명한다. "어느 것을 얻겠는가? 인간의 칭찬을 얻겠는가? 인간의 칭찬을 원하는가? 그렇다면 얻으라. 인간의 칭찬은 마치 마약 같다. 취할 듯한 쾌감을 주고 곧 사라져 버린다. 그러면 주사를 또 한 번 맞아야 한다. 맞아도 맞아도 늘 불안하다 행복하다 느끼기 위해, 혹은 안전하다 느끼기 위해 계속 사람들의 칭찬이 필요하게 될 것이다. 절대 만족하지 못할 것이다."[30] 매일 아침 잠깰 때마다 우리는 어제보다 더 인증받기에 굶주린 상태다.

내 소셜 미디어의 "좋아요, 즐겨찾기, 리트윗, 링크 버튼이 클릭될 때마다 폰은 진동하고, 우리는 조건반사적으로 인증이라는 그 기분좋은 순간돌풍micro-burst"으로 만족을 얻는다.[31] 이 새로운 생리학적 조건반사는 다른 이들이 그때그때마다 인정을 해주는 것에 우리 삶이 점점 더 의존한다는 의미다. 타인의 인정이라는 이 순간돌풍에서 돌이켜야 한다는 것만이 문제가 아니다. 우리가 이런 허기를 느끼게 프로그램되어 있다는 사실을 깨달아야 한다.

이런 습관의 중독성을 타파하지 않으면 우리는 계속 갖가지 이미지와 글로 우리 자신을 재현하고 인간의 인정을 탐식함으로써 친밀한 관계를 추구할 것이고, 그리하여 아침마다 그 취기에서 채 깨지 못한 상태로 하루를 시작할 것이다. 그러고는 자신의 삶이 의미 있다고 스스로에게 확신시키기 위해 또다시 친구들에게서 '좋아요'를 받아 숙취 제거제로 삼는다. 비극적인 일이다. 아무짝에도 쓸모가 없는 보상이다. 우리가 하나님에게서 기대하는 건실한 칭찬은, 지금으로서는 거의 보이지 않는 행동에 바탕을 둔다. 반면 우리가 온라인에서 추구하는 변덕스러운 칭찬은 우리가 보여 주려고 하는 행동에 근거한다.[32] 이 대조점을 소홀히 여겨서는 안 된다.

인정과 지지를 허비하지 말라

스마트폰은 타인에게 인정받기를 추구하는 사람들과 끊임없이 접촉함으로써 자신 또한 높이 평가받고 싶어 하는 인간의 충동, 즉 남에게 보이고 알려지며 사랑받기 위해 자기 복제를 하려는 충동을 자극한다. 이것이 바로 폰을 멀리하기가 그토록 힘든 이유다. 우리는 서로를 두려워하며, 서로에게서 칭찬을 듣고 싶어 한다. 그래서 우리는 소셜 미디어라는 플랫폼을 통해 인간의 인정을 받고자 하는 무절제한 욕구를 키워간다. 이 부분에서 힘겹게 몸부림치는 이들에게 예수께서는 아주 분명하게 경고하신다. "[소셜 미디어를] 나보다 더 사랑하는 자는 내게 합당하지 아니하고"(마10:37).

예수께서 그렇게 냉정한 진실을 말씀하실 수 있음은 진정으로 우리 마음을 만족시키는 애정, 우리가 필요로 하는 그 애정이 궁극적으로 하나님 안에, 시편 139편에서 볼 수 있는 아름다운 약속에 있기 때문이다. 그 약속에서 우리 영혼은 하나님께서 우리를 받아들여 주시고 우리를 사랑하신다는 소중한 진리에 층층이 잠긴다. 하나님의 권세가 우리 삶으로 거세게 밀려들고, 하나님의 임재가 디지털 세상에서 주목받는 데 따르는 모든 소소한 이득과 사람들의 인정을 다 무색하게 만든다. 하나님께서는 사람들의 변덕스러운 지지에 의해 우리 삶이 지탱되지 않음을 일깨워 주신다. 우리의 삶은 만사에 미치는 하나님의 주권으로 지탱된다.

자기복제로 대중의 찬사와 인정을 받고 싶다는 유혹을 계속 따라갈 수는 없다. 그런 욕구는 우리를 영적으로 죽일 것이며, 바울은 그 이유를 우리에게 알려 주었다. 하나님의 경륜에서 인정은 우리가 인내하며 기다려야 할 어떤 것이다. 인간에게서 즉각 얻는 소소한 인정을 한 입 또 한 입 뜯어먹고 사는 이들은 결국 영원히 굶주릴 것이다. 하지만 전 생애의 목표를 하나님의 영광과 하나님께 인정받는 데 두는 이들은 그리스도 안에서 영원히 인정받게 된다.[33] 이는 그 정도로 많은 것이 걸린 일이다.

'인스타그램 유명인사'가 되고 싶은가? 자기 과시를 통해 명성을 얻기를 갈망하고 추구하는가? 부디 그만두기를 간청한다. 온라인에서 내가 느끼는, 온라인에서 나를 죄어치는 절박감은, 갖가지 이미지와 글로 나를 복제하지 않을 경우 사람들의 눈에 띄지 않고 사람들에게 사랑받지 못할 것이라는 두려움 때문에 생겨난다. 날마다 뭇사람들을 즐겁게 하는 콘텐츠를 전달하지 않으면 마치 온라인에서의 내 위상을 잃어버리는 것 같은 기분이 된다. '좋아요' 몇 개로 인정을 받으려고 자기 몸, 자신의 재치로 온라인 세상에 감명을 주려는 행동을 그만두라. 헛된 영광은 우리 마음을 충족시키지 못한다. 인간의 칭찬에 대한 갈망을 오히려 더 강화시킬 뿐이다.

대니얼 부어스틴의 말이 내내 옳았다. 우리는 시간으로 평가받아야 한다. 이생에서 유명인사가 되는 데 마음이 있는가, 아니면 내세에서 영웅이 되는 데 마음이 있는가? 시간은 '나'라는 사람의 중요성을 서서히 약화시키겠다고 날마다 위협하는 애물단지인가, 아니면 내 친구인가? 지금 당장 인정받고 명성 얻기를 원하는가, 아니면 영원한 세상에서 면류관을 받을 때까지 기다릴 수 있는가? 우리 모두 이 질문에 답변해야 한다. 이 질문에 어떻게 답변하느냐에 따라 우리 영혼이 그리스도 안에서 건강을 누릴 것인지 아니면 스포트라이트를 받으며 병을 앓을 것인지가 결정된다.

자기 미화라는 유혹물에 맞서 싸울 때 예수와 바울과 베드로가 한 목소리로 우리에게 간청한다. 진정으로 인정받을 기회를 놓치지 말라고. 온라인에서 인간에게 인정받기를 갈망하지 말라고. 사이버 세상에서 자신의 선행을 과시하지 말라고. 이 경고를 소홀히 여긴다면 이는 어마어마하게 어리석은 실수를 범하는 것이며, 이 실수에는 영원한 후회가 뒤따를 것이다.

읽기 능력을
회복하라

우리의 전 신앙은 한 권의 책 위에 구축되며, 그 책 안에는 66권의 작은 책들이 있다. 우리의 영적 생명은 에스겔서에 나오는 바퀴 안의 바퀴처럼(겔 10:10) 책 안에 있는 책들로 자양분을 얻는다. 세계 전역에서 날마다 기독교 서적 신간이 발간된다. 책은 그리스도인에게 아주 중요하다. 우리는 출판을 소중히 여긴다. 출판은 복음 사역의 한 부분이다. 어디든 복음이 이르는 곳에는 읽는 행위가 있다.[1]

그런데 디지털 시대에 책은 지루하다는 딱지가 붙기 십상이며, 점점 더 그렇게 되고 있다. 최신 게임이나 스트리밍 서비스로 시청하는 텔레비전 프로그램에 비교해 볼 때, 흰 종이 위에 검은 글자(지금 이 책처럼)를 몇 시간씩 들여다본다는 것은 어리석은 투자처럼 보인다. 우리는 원하면 언제 어디에서나 오락을 즐길 수 있는 일종의 편의-여흥 시대로 돌입했고, 그래서 독서는 완전히 시대에 뒤처진 불편하고 벅 찬 일로 여겨진다. 통계를 보면, 책을 읽으려 노력하는 그리스도인은 좋지 못한 스마트폰 사용 습관을 독서를 방해하는 하나의 근본 원인 으로 여겨 이를 타파하려 애쓰는 것을 알 수 있다.

읽기 능력을 잃다?

1장에서 언급한 것처럼 그리스도인 8,000명을 대상으로 한 설문 조사에서 나는 이런 질문을 했다. 지난 12개월 동안 비소설 도서를 몇 권이나 읽었는가(몇 권이 아니라면 적어도 백 페이지나 오십 페이지 정도는 읽었는가)?[2] 예상했던 대로, 그리스도인의 경우는 동일한 질문에 대해 전국 평균 수치보다 약간 높은 결과가 나왔다.

	남성	여성
0-2권	41%	47%
3-6권	33%	34%
7권 이상	26%	20%

다음으로 이런 질문을 했다. 대체적으로, 스마트폰과 소셜 미디어 사용 습관은 책을 더 많이 읽게 만드는가 아니면 더 적게 읽게 만드는가? 혹은 스마트폰과 소셜 미디어 때문에 독서량에 눈에 띄는 차이가 생기는가?

이 질문에 대한 답변에서 나는 두 가지 흥미로운 사실을 발견했다.

첫째, 그리스도인 스마트폰 사용자 중 비소설류를 점점 더 열렬히 탐독하는 이들이 상당히 많다는 점이었다. 소셜 미디어와 온라인 커뮤니티가 이들에게 읽기를 권장하는 강력한 힘이 되고 있으며, 이는 내가 직접 경험해서 알고 있는 현상이다. 현재 나는 내 평생 그 어느 때보다도 많은 책을 읽고 있는데, 이는 소셜 미디어가 나처럼 책을 좋아하고 좋은 책을 소개해 주는 분별 있는 독자들을 내게 연결시켜 주기 때문이다.

둘째, 그다지 고무적이지 못한 사실도 발견했다. 스마트폰 사용자들은 비교적 독서량이 적다는 게 훨씬 일반적이었다. 무작위 응답자의 상당수(응답자 8,000명 중 약 3,000명 정도)가 스마트폰이 자신의 독서

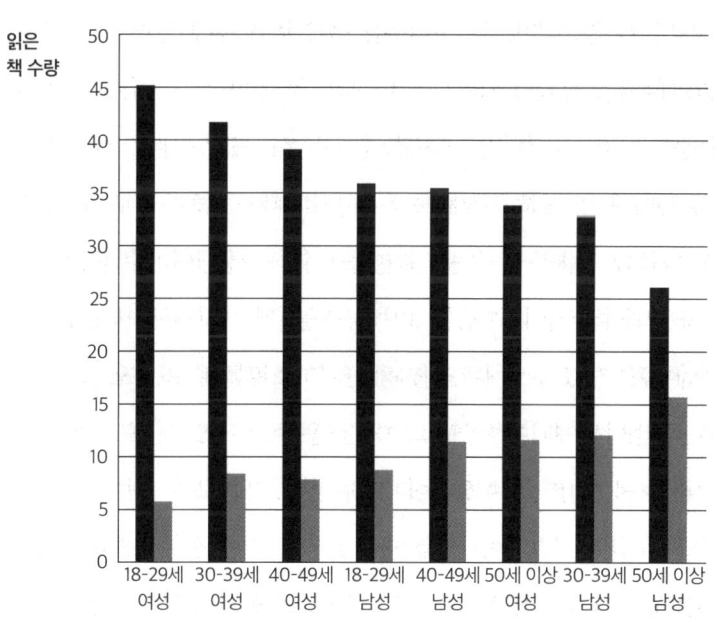

도표 2. 그리스도인과 독서

량에 부정적 영향을 끼친다고 말했다. 99쪽 도표 2는 설문 결과를 요약한 것으로, 스마트폰 때문에 독서량이 줄어든 사람(검정색), 독서량이 늘어난 사람(회색)의 비율을 연령별/성별로 구분해서 보여 준다.

독서량이 줄어들었다고 응답한 사람과 늘어났다고 응답한 사람 사이에는 독서와 스마트폰 사이에 아무런 상관관계도 못 느꼈다는 사람들이 자리 잡고 있다(이런 사람은 남성과 여성 모두 응답자의 약 50%에 이르렀다).

그런데 응답자 중 3,000명이 스마트폰과 소셜 미디어를 쓰게 된 결과 책을 덜 읽게 되었다고 말했다는 사실은(여성 응답자의 56.8%와 남성 응답자의 43.2%) 폰이 우리 삶 구석구석에 스며든 결과 젊은 그리스도인들 상당수에게 독서가 점점 어려운 일이 되어 가고 있음을 보여 준다.

끝없는 칵테일파티

이는 관심의 문제이며, 디지털 시대에 우리의 관심은 돈 가치가 있는 상품이다. 오프라인 상황으로 이를 설명해 보겠다. 내가 사는 곳 근처에 세계 최대로 손꼽히는 쇼핑몰이 있다. 나는 몰 주변을 즐겨 산책하곤 하는데, 만약 키오스크 매대가 없다면 산책의 즐거움이 더 컸을 것이다. 키오스크 매대를 구경하려고 쇼핑몰에 가는 사람은 별로 없다(나라면 절대 안 갈 것이다!). 매대를 설치한 이들도 이를 잘 알고 있다. 매출을 올리기 위해 이들이 유일하게 바라는 것은 행인들의 관심을 끄는 것이다. 지나는 사람들의 관심을 끌지 않는 한 이들은 아무것도 팔지 못한다. 그리고 눈을 맞추지 못하는 한 행인들의 관심을 끌지 못한다(이는 행인들로서는 눈 맞추기를 피하는 게 중요하다는 뜻이다). 쇼핑몰은 우리가 쓰는 폰에 대한 은유다. 폰은 디지털 유혹이라는 길거리 공연자들을 위한 번화한 중심 상가다. 소셜 미디어들은 우리의 관심을 끌려고 각자 나름의 방식으로 경쟁한다. 우리가 이에 응하려면 책을 읽는 데 필요한 집중력을 대가로 치러야 한다. 이것이 바로 문자, 스냅챗, 트위터가 다중 대화라는 끝없는 칵테일파티의 한 부분인 이유라고 『뉴욕 타임스New York Times』 칼럼니스트 데이비드 브룩스는 말한다. 파티장 한가운데서 책을 읽어 본 적이 있는가? 절대 끝나지 않는 파티는 또 어떤가?

"혼자서 천천히 책을 읽거나 생각에 잠긴다는 것은 개별 데이터 하나하나에는 주목하지 않는다는 의미"라고 브룩스는 말한다. "서로 다른 데이터 조각들을 어떻게 함께 끼워 맞추느냐에 더 관심을 갖는다. 이것은 저것과 어떻게 연관되는가? 당신은 내러티브의 형태나 종합 이론, 혹은 개괄적 맥락에 흥미를 갖는다. 한 가지가 어떻게 다른 한 가지 위에 층으로 쌓여 복합적인 감정과 아이러니, 패러독스를 만들어 내는지 시간을 들여 확인한다. 복잡한 상황에 몰두해 보는 시간을 갖는다." 브룩스는 이 훈련 능력을 일컬어 '결정 지능crystallized intelligence'이라고 한다. 이는 "경험, 지식, 그리고 장기 기억 속에 축적된 평생 교육의 산물을 활용할 수 있는 능력이다. 이는 전에 공부한 내용과 관련해 유추와 대조를 할 수 있는 능력이다. 결정 지능은 오랜 세월에 걸쳐 축적되어 궁극적으로 이해력과 지혜로 귀결된다."[3]

이런 역량은 디지털 칵테일파티를 멀리할 것을 요구한다. 그래야 우리가 유지해 온 직선형 주의력을 활성화시킬 수 있고 지성을 작동시킬 수 있다. 온라인 세상은 본질상 파편적이어서 이런 유형의 집중력을 유지하기 힘들게 만든다. 그것도 시종 의도적으로 말이다.

'캡톨로지captology•'라는 과학기술적 전문 영역이 점점 성장함에 따라 기업들은 많은 것을 걸고 관심 포착 기술을 개선해 나가고 있다. 캡톨로지는 '설득 테크놀로지로서의 컴퓨터computers as persuasive technology'를 줄인 말로, 캡톨로지 학자들은 스마트폰을 이용해 사람들의 관심을 포착하고 행동 패턴을 조정하는 방법을 연구한다.

예를 들어 어떤 트릭은 이런 식으로 작용한다. 온라인에서 내가 어떤 사이트를 좋아하고 많이 클릭할수록 웹 알고리즘은 그만큼 정확하게 그때까지 나의 온라인 활동에 딱 들어맞는 맞춤형 이미지와 아이디어와 제품들을 나에게 노출시킨다. 이는 온라인에 아무렇게나 흩어져 있는 것에 내가 우연히 발부리를 채인 것으로 보일 수도 있지만, 디지털 세상에서 오늘 내 눈 앞에 제시된 것들은 어제 내가 (좋든 나쁘든) 디지털 세상에서 먹고 마시다가 흘린 빵 부스러기들과 점점 더 일치한다. 폰 화면에서 지금 내가 보는 것은 어제 내가 좋아했던 것에 맞춰진 것들로, 화면을 터치하거나 스크롤할 때 그 화면 가득 등장한다. 목적은 모두 하나, 갈망하는 내 마음의 아주 구체적 욕구 패턴을 만족시켜 주고 궁극적으로 스마트폰 집착을 강화시켜서 내 시선을 계속 폰 화면에 잡아 두려는 것이다.

저술가 겸 버지니아 대학교 고등 문화 연구소 연구원 매튜 크로포드는 이렇게 말한다. "미디어는 우리 뇌가 저항하지 못할 방식으로 자극을 포장하는 데 달인이 되었다. 식품 공학자가 설탕, 지방, 소금 수

● 웹사이트에서 핸드폰까지 컴퓨팅 제품을 이용해 사용자의 행동을 설득해서 건강, 비즈니스, 안전, 교육 등의 영역에서 긍정적 변화를 일으키는 기술. -옮긴이

준을 조정해 '초기호성hyperpalatable' 식품을 만들어 내는 것처럼 말이다." 또한 "쉽게 주의력이 흐트러지는 것은 정신적 비만에 해당하는 것으로 볼 수도 있다." 정신을 집중하는 능력이 없으면 다른 이들이 관심 갖는 것에 나도 관심을 갖게 된다. 그러면 우리는 '무소부재하는 마시멜로 조달업자의 포로가 되기 쉽다.' 여기서 마시멜로란 폰에서 우리를 유혹해 집중력을 흐트러뜨리는 것을 말한다. 크로포드는 이렇게 묻는다. "어떤 부류에서 문외한이 되어야, 어떤 부류에서 자제력 괴물이 되어야 그 정교하게 조작된 문화적 마시멜로에 저항할 수 있을까?"⁴⁾

(나중에 살펴보겠지만) 우리는 이것들에 저항하기 힘들다.

종이책이냐 전자책이냐

이 장은 독서에 관해 말하는 장이므로 중요한 논쟁 속으로 단도직입적으로 파고들어야 한다. 어느 쪽이 독서하기에 더 좋을까? 종이책일까, 전자책일까?

이 질문에 답변하려고 심리학자 두 사람이 약 천 단어 정도로 쓰인 짧은 글 하나를 디지털로 읽었을 때와 프린트를 해서 읽었을 때를 비교 조사해 봤다. 실험 참가자는 두 그룹으로 나뉘었다. 한 그룹은 화면으로 글을 읽었고, 또 한 그룹은 프린트된 글을 읽었다. 시간은 두 그룹 모두에게 똑같이 주었다. 실험은 각각 다른 참가자들로 두 번 실시했으며, 첫 번째 실험과 두 번째 실험에는 한 가지 중요한 차이점이 있었다. 두 번째 실험에서는 시간을 정해 주지 않고, 참가자들이 자기 나름의 속도로 기사를 읽을 수 있게 했다. 그리고 최종적으로 첫 번째

와 두 번째 그룹 모두를 대상으로 읽은 내용에 대한 기억을 얼마나 잘 유지하고 있는지 테스트했다. 첫 번째 실험 참가자들에게는 화면으로 읽든 프린트지를 읽든 동일한 시간이 주어졌는데, 이들의 최종 테스트 점수는 거의 비슷했다. 두 번째 실험 참가자들의 경우, 프린트지로 기사를 읽은 이들의 기억력 점수가 디지털 화면으로 읽은 이들의 점수보다 눈에 띄게 높았다. 왜일까? 이유는 간단하다. 화면으로 기사를 읽는 이들은 자기도 모르게 글을 너무 빨리 읽기 때문이다.

이 연구 조사 결과는 단순하면서도 의미가 깊다. 디지털 독서 효과가 초라한 것은 매체가 낳은 결과라기보다 "자기 이해와 자제력의 실패였다. 우리는 디지털 화면으로 글을 읽고 이해하는 데에도 책 한 권을 읽는 것만큼의 시간이 걸릴 수 있다는 것을 알지 못한다."[5]

폰 화면에 디지털 텍스트가 뜨면 우리는 조건반사적으로 대충 빨리 읽어 내린다. 그런데 인쇄된 책이 손에 들려 있으면, 자연스레 좀 더 천천히, 읽은 내용을 머리에 담을 수 있을 만큼 현실성 있는 속도로 읽어 간다. 간단히 말해, "지식 한 조각을 받아들여 내 것으로 만들고자 한다면 그 지식을 두고 미적거리며 시간을 끌어야 한다"는 것이다.[6] 그런데 우리는 디지털 텍스트를 두고 오래 미적거리도록 훈련받지 않았다.

디지털 시대는 우리를 쫴치고 우리의 집중력을 흐트러뜨려 수많은 사소한 일에 관심을 갖게 만든다고 윤리학자 올리버 오도너번은 말한다. 집중 시간이 짧다는 것이 이 시대 읽기 행위에 대한 최대 도전으로, 우리는 "뭔가 신기한 일이 생기면 거기 잠깐 집중했다가 다른 신기한 일이 생기면 곧 거기로 관심을 옮긴다. 하지만 지식은 절대 그런 식으로 주어지지 않는다. 지식은 찾아나서야 하고 추구해야 한다. 잠언 서두에서 지혜에 대해 말하는 그 경이로운 시詩가 우리에게 일러 주듯 말이다."[7] 잠언 첫 세 장에서는 지혜를 추구하는 행위를 높이 기리고 있는데, 우리는 소셜 미디어 사용 습관을 바로 이 행위와 늘 비교해 보는 게 좋다. 디지털 마시멜로만 보면 자제력을 잃고 마는 우리 행동 때문에, 장시간 꾸준히 집중하는 습관은 영양실조에 걸리고 만다.

깊이 있는 독서가 그 어느 때보다 힘든 시대다. 오늘날, 우리가 하루 24시간 동안 살면서 접하는 글자의 양을 고려해 볼 때, 우리는 점점 무심해져 가고 있다. "한때 나는 말의 바다를 헤엄치는 스쿠버 다이버였다"고 작가 니콜라스 카Nicholas Carr는 탄식한다. "그런데 지금은 제트스키를 타는 사람처럼 말의 수면을 휙 날아다닌다."[8] 매끈한 디지털 수면에서 제트스키(대충 훑어보기)를 타고 싶은 욕구가 있는 한, 독서라는 진지한 작업에 몰입하기는 힘들다.

오늘날 우리가 직면한 읽기 문제는 글을 읽거나 쓰지 못한다는 문맹의 문제가 아니라 책맹의 문제다. 즉 속도를 늦춰 가장 중요한 것에 침잠하기보다 폰을 통해 쏟아져 들어오는 정보의 홍수를 보며 그저 이 흐름에 뒤지지 않으려 디지털 세상을 대충 훑기만 하는 것이다. 책맹인 사람은 영원한 가치를 지닌 것과 덧없는 것을 구별하는 데 어려움이 있다. 이들은 글자를 대충 훑어보기는 하지만, 좀 더 세심하게, 묵상하듯 연구해야 할 것이 무엇인지 규명하고 구별하려 하지는 않는다. 책맹자는 활자의 바다를 항해하며 이런 구별 작업을 할 능력이 없기 때문에, 기록된 텍스트, 특히 오래된 텍스트에서 당면 문제와의 관련성을 도출해 내기를 힘들어 한다.

언젠가 우리가 우리 자신을 훈련시켜 디지털 텍스트를 좀 더 천천히, 좀 더 세심히 읽을 수 있게 될까? 대답은 알 수 없다. 우리가 아는 것은, 오늘날의 디지털 텍스트에 관한 한, 우리가 부자연스러울 만큼 급하고 불안한 속도로 그 텍스트를 대충 훑는 경향이 있다는 것뿐이다. 우리는 디지털 텍스트 위에서 미적거리며 시간 끄는 일에 그다지 능하지 못하다.

언약에 집중하기

디지털식 읽기는 필요 이상으로 조급하며, 이 습관은 우리의 성경 읽기 방식에도 스며든다. 힙합 아티스트이자 목사인 트립 리Trip Lee는 내가 생각하기에 누구나 다 겪는 한 가지 경험을 시인했다. "하나 읽는 데 10초쯤 걸리는 트윗이나 온라인 기사를 대충 훑는 데 시간이 많이 들이면 들일수록 이는 집중력 지속 시간에 영향을 끼쳐, 장시간 성경을 읽는 데 필요한 근육을 약화시킨다."[9]

그러나 성경 앱을 삭제하기 전, 우리는 그리스도인 독자들이 오프라인으로 성경 읽기 계획을 세워서 읽는 것보다 (매일 오는 알림 서비스에 따라) 스마트폰으로 성경 읽기 계획을 더 충실하게 이행한다고 하는 여러 연구 결과들 또한 고려해야 한다.[10]

그러므로 매체가 무엇이든(종이든, 디지털이든), 그리고 각 매체 이용자의 약점이 무엇이든(잘 잊어버린다든지 혹은 조급하다든지 하는), 우리는 정신을 차리고 속도를 늦춰야 한다. 성경은 하나님께서 우리에게 주신 언약 문서다. 성경은 우리가 하나님과 더불어 누리는 관계를 상세히 설명하고, 하나님께서 피로 값 주고 맺으신 약속을 우리에게 가르치며, 하나님과 맺은 언약에 충실하다는 것을 나타내려면 이 세상에서 어떻게 살아야 하는지를 우리에게 지시한다.

"하나님과 그 백성 사이 교제와 교통은 본디 텍스트를 근간으로 한다. 언제나 설득력 있게 말씀하시는 하나님께서 우리 쪽으로 몸을 굽히사 구원에 이르게 하는 위로의 말씀을 하신다"라고 신학자 스코트 스웨인Scott Swain은 말한다. "성경은 하나님께서 세상에서 자기를 전하는 최상의 현장이므로, 그리스도인은 '그 책의 사람들'이다. 주께서는 이 책을 통해 자기 백성들을 모으시고, 먹이시고, 지키시고, 인도하신다. 그리고 그의 백성은 이 책의 말씀을 좇아 모이고, 먹임 받고, 피난처를 찾으며, 이 말씀을 따라간다."[11]

하나님께서는 거짓된 것, 가짜, 덧없는 것을 알아보고 피할 수 있게 하려고 우리에게 집중력을 주셨다. 그리하여 참된 것, 견고한 것, 영원한 것을 직접 바라볼 수 있게 하려고 말이다. 쉽게 정신이 산만해지는 것은 피조물로서 우리가 지니는 성질의 한 부분이다. 그리고 헛되고 하찮은 것에 쉽게 유혹받는 것은 우리의 죄성의 한 부분이다.

우리가 하나님 안에서 누리는 기쁨이 위태로운 지경에 있다. 허영심으로 우리는 디지털 정크 푸드를 받아먹고, 우리의 미각은 재프로그래밍되며, 우리의 애정은 발육 불능 상태다. "확신컨대, 강박감에 사로잡힌 인터넷 쇼핑객, 게이머, 페이스북 사용자는 자기 삶에서 하나님이 부재하는 구멍을 메우려고, 혹은 하나님께서 부르시는 소리를 하찮음에 대한 열광이라는 백색 소음으로 압도해 보려고 애쓰는 것일 수도 있다. 그러나 모든 악덕과 미덕이 다 그렇듯, 여기엔 모종의 피드백 고리가 작용하고 있다"고 독립학자 브레드 리틀존Brad Littlejohn은 설명한다. "주의를 산만하게 하는 것에서 피난처를 찾으려 하면 할수록 우리는 단순한 자극에 점점 더 습관을 들이게 되고 기쁨에는 무감해진다. 걸음을 멈추고 서서 뭔가를 곰곰이 생각해 보고, 아름다운 무언가에 그 자체로 감탄하며, 어떤 경기나 이야기, 사람에 대한 열정에 빠져들 수 있는 능력을 상실한다."[12]

폰에서 하찮은 즐거움을 추구함으로써 우리는 그 하찮은 즐거움을 더 갈망하도록 우리 자신을 길들인다. 무엇보다 심각한 것은, "두려움과 죄책감 때문에 우리가 하나님 안에서 누리는 기쁨, 모든 선의 근원인 그 기쁨, 하나님께서 우리에게 주신 모든 선한 것들에 대한 기쁨을 다 잃기 시작해 급기야 그 누구, 그 무엇에 대해서도 점점 관심을 잃어 가게 된다는 것이다. 그러다 일시적 오락거리에 몰두하게 되고 그것이 우리가 아는 유일한 '즐거움'이 되거나, 아니면 주변에서 우리 주의를 산만케 하는 것들에 무분별하게 습관을 들이기 시작해, 결국 시詩를 경청하거나 어떤 사람에게 정성을 들이는 게 어떤 느낌인지를 망각하게 될 것"이라고 리틀존은 말한다. "이렇게 해서 뭔가를 깊이 향유할 수 있는 능력이 소멸되면, 우리는 가장 지속성 있는 관심을 요구하시는 분을 즐거워할 능력도 신속히 잃게 된다."[13]

성경에 집중하기

이런 결과는 우리에게 심한 타격을 입히지만, 이 지점이 바로 광대무변한 목적이 개인적 훈련을 만나는 지점이다. 영원한 진리 위에 오래 머물기 위해서는 걸핏하면 폰 화면을 스크롤하는 행동을 중단하라고 우리는 명령 받는다. 성경이야말로 세상의 역사에서 가장 중요한 책이기 때문이다.

읽기의 수준이 그 정도로 떨어졌기에, 오늘날 많은 그리스도인에게 (어쩌면 오늘날 대다수 그리스도인에게) 성경은 한 번 읽어 보려고 노력하게 될 가장 오래되고, 길고, 복잡한 책이 되었다. 이와 동시에, 디지털 시대의 모든 유혹과 시험은 그 길고 까다로운 수고를 그만두고 대강대강 읽어도 되는 즉각적이고 충동적인 콘텐츠를 즐기라고 우리를 설득한다.

성경 읽기는 믿을 수 없을 만큼 벅찬 일이다. 하지만 내가 평생 해야 할 일로 성경이 나를 부른다는 것을 알기에 바로 그 점에서 나는 큰 위로와 소망을 발견한다. 성경은 한 번 '읽고 끝내는' 책, 첫 장부터 마지막 장까지 읽고 책꽂이에 모셔 두는 책이 아니다. 또한 성경은 여기저기 구경하거나 대강 훑는 책이 아니다. 성경은 혼자 있을 때는 물론, 공동체로 모여 하나님의 음성을 들을 수 있도록 우리를 향해 열린 문이다. 원래 성경의 깊이는 끝이 없고 성경의 적절성은 시대를 막론하고 한이 없다. 성경은 한 권의 책이라기보다 우리가 살며 기동하고 존재하는 계시의 세계다. 이 책은 우리에게 생명을 주며, 하나님의 구속 계획을 진행하고 추진한다. 실제로 "우주를 위한 하나님의 목적 전체가 이 책 위에 서기도 하고 쓰러지기도 한다. 이 책이 실패하면 모든 게 다 실패다."[14)]

그러므로 성경을 대충 건너 뛰어가며 읽는다는 것은 성경을 잘못 읽는 것이라고 신약신학자 대니얼 도리아니Daniel Doriani는 세 가지 요점으로 지적한다. 첫째, 성경의 목표는 우리의 사고, 우리의 습관, 우리의 행동을 계속 형성시키고 재형성시켜서 우리를 제자로 만드는 것이다. 이 역동적 과정에는 결코 끝이 없으며, 그래서 우리의 읽기 또한 끝나지 않는다. 그렇기에 대강 건너 뛰어가며 읽는 것에는 끝까지 아무 유익도 없다. 둘째, 성경을 지으신 분은 이 책이 다양한 형태로 거부당하거나 왜곡되거나 오해될 것이라고 우리에게 거듭 경고하신다. 성경 자체의 준엄한 경고는, 성경을 읽을 때 세심하게, 기도하는 자세로, 정확하게, 긴박하게 읽으라고 우리에게 주의를 준다.[15] 셋째, "성경을 지으신 분과 성경을 기록한 이들은 성경의 목표에 이르고자 할 때 간단하고 쉬운 강의로 하나씩 하나씩 명제를 풀어나가는 방법이 아니라, 노래, 시, 음울한 금언, 해석되다 만 이야기들을 통해 이르고자 했다." 달리 말해, "성경을 읽는 우리는 지시를 받지 않는다. 우리는 은유 속을 헤엄친다."[16] 그 은유의 의미를 파악하고 진가를 알려면 성경의 거룩한 텍스트를 일평생 깊이 파고들어야 한다.

자제력 괴물

오래된 성경을 천천히 읽음으로써 우리는 거기에 기록된 말씀의 유익을 빠짐없이 누린다고 오도노번은 말한다. "[디지털 세상의] 덧없는 텍스트는 텍스트를 근간으로 하는 커뮤니케이션의 독특한 강점을 나타내지 못한다. 그 강점이란 즉각적 의견교환으로써는 다가갈 수 없는 역사적이고 지역적인 시각을 열어 시공간상 거리도 상쇄해 주는 텍스트 커뮤니케이션의 힘이다."[17] 소셜 미디어는 너무 새롭고, 너무 현대적이고, 너무 긴밀하고, 너무 나와 비슷해서 읽고 쓰기의 최대 유익을 이용할 수가 없다. 도전을 받고 변화되기 위해서는 오래된 책이라는 깨끗한 해풍海風이 필요하다고 C. S. 루이스는 말했다.[18] 우리에게는 오래된 책 속에 있는, 생명을 주시는 성령의 바람이 필요하다. 진지한 읽기에 관해 말하자면, 신실한 교회는 성공에 대해 반문화적인 입장에 있다. 건실한 주해 설교는 본질상 건전하고 느린 읽기의 전범典範이기 때문이다.[19]

스마트폰 시대에 우리는 페이스북 새 게시물, 블로그 포스팅, 브레이킹 뉴스 등 즉각적인 것들에 날마다 폭격을 당한다. 그러나 우리 영혼에 가장 중요한 책은 오래된 책이다. 하나님의 말씀이 최고 수준으로 읽기에 집중하는 능력을 우리에게 요구하는 것은 이 말씀이 관계적 읽기를 요청하기 때문이다. 칵테일파티에서 나누는 무의미한 수다가 아니라 결혼 서약처럼 언약에 집중할 것이 요구된다. 하나님의 말씀은 우리의 애정과 욕구가 어느 방향을 향해야 하는지 알려 주는 권유의 말씀이다.[20] 우리에게 주어진 도전은 진지한 성경 읽기에 도움이 되도록 소셜 미디어를 이용하라는 것이다.

그렇다면 우리의 집중력을 흐트러뜨릴 목적으로 잘 조작된 디지털 마시멜로에 저항하기 위해 우리는 어떤 부류의 자제력 괴물이 되어야 하는 것일까? 고린도후서 4장 18절 말씀을 믿는, '보이는 것이 아니요 보이지 않는 것'을 믿는 자제력 괴물이어야 할 것이다. '보이는 것은 잠깐이요 보이지 않는 것은 영원'하니 말이다. 그리고 이 도전은 우리를 다음 단계로 안내한다.

보이지 않는 것을
기뻐하라

물고기는 물에서 산다. 유명인사는 복제된 이미지 속에서 산다. 유명인사가 또 하루 살아 남기 위해서는 자기 이미지를 거듭 복제하는 방법을 찾아야 한다. 유명인사는 늘 뉴스에 등장해야 하고—그것이 유명인사들이 하는 일이므로—유명인사에게 기대는 기업들 또한 계속해서 그 우상을 전면에 부각시켜야 한다. 이는 곧 유명인사 문화가 카메라에 의지해 존속한다는 의미다. 그것도 스틸 카메라, 비디오카메라, 스튜디오용 카메라, 파파라치 카메라, 팬 카메라 등 수많은 카메라에 말이다.

우리의 스마트폰에는 고화질의 이미지와 영상을 포착하는 성능 좋은 카메라가 장착되어 있다. 뿐만 아니라 그 카메라는 늘 우리와 동행하며, 우리는 '셔터' 역할을 하는 집게손가락을 잠시도 가만히 두지 못한 채 무엇이든 순간에 포착할 태세를 갖추고 있다. 우리는 이 모든 것을 다 동원해 유명인사 문화를 소비할 뿐만 아니라 그 문화를 먹여 살리기도 한다.

어떤 초상肖像

초대형스타 조니 뎁과 그의 동료 배우들이 보스턴의 한 영화 개봉 행사에 등장할 것이라는 소식이 있자 팬들은 극장까지 펼쳐진 레드 카펫 가장자리의 이동식 철책 주변으로 구름같이 모여들었다. 뎁을 비롯해 여러 배우들이 레드 카펫에 모습을 드러내자 여기저기서 수백 대의 카메라가 번쩍거렸다. 바로 그 순간, 보스턴의 한 노련한 사진기자는 레드 카펫 위의 스타들이 아니라 발 디딜 틈 없이 서 있는 구경꾼들에게 주목했고, 사진 기자의 천재성이 빛을 발한 그 역설적 순간, 그의 카메라는 우리 시대의 초상을 찰칵 하고 사진에 담았다.[1]

사진 속에는 마흔네 명의 구경꾼들이 촘촘하게 모여 서 있고, 적어도 서른 개 정도의 스마트폰이 카메라 작동 상태로 허공에 들려 있다. 맨 앞줄의 중년 사내는 초조하게 폰 화면을 뒤지고 있다. 카메라 앱을 작동시키려 하고 있는 게 분명하다. 거의 모든 구경꾼들이 다 폰을 한껏 치켜든 채 스타들의 행렬을 가능한 한 가장 선명한 사진이나 영상에 담을 순간을 기다리고 있다. 이는 그 사진 속의 거의 모든 이들이 조니 뎁에게서 멀찍이 시선을 돌려 자기 폰을 올려다보고 있다는 뜻이다. 후대 사람들이 보면 흉내 내며 조롱할 것이 분명한 우스꽝스러운 자세로 말이다.

그런데 스마트폰을 치켜든 군중들 속 가장 눈에 잘 띄는 위치에 할

머니 한 분이 느긋하게 팔짱을 끼고 바리케이드 난간에 기대어 서 있다. 할머니는 걱정 한 점 없는 편안한 얼굴에 살짝 미소까지 지으며 눈앞의 배우들을 바라보고 있다. 할머니는 어떤 순간을 포착하려고 하거나 뭔가를 공유하려고 하지도 않고, 나중에 온라인에 올릴 생각으로 사진이나 동영상을 찍으려 하지도 않는다. 그저 그 순간을 즐기고 있다.

할머니의 왼편에 서 있는 젊은 여성은 폰을 내밀어 현장을 기록하고 있지만, 시선은 폰 화면이 아니라 앞에서 벌어지는 행사에 고정되어 있다. 다른 이들과 달리 이 여성은 폰을 내밀어 사진을 찍을 줄 알뿐만 아니라 눈으로 직접 그 순간을 즐길 줄도 안다.

전달된 것을 즐거워하기

군중은 그 순간 갖가지 태도의 스펙트럼(그냥 지켜보기, 지켜보면서 포착하기, 그냥 포착만 하기)을 대표해서 보여 주고 있으며, 여기서 우리는 우리 자신이 어느 쪽인지 알아야 한다. 스마트폰 카메라 강박증 이야기로 돌아가기 전, 이 현상에 대한 총괄적 정의가 필요하다. 이를 위해 잠시 주제를 개관해 보겠다.

첫째로 이 세상에서 우리가 듣고, 보고, 냄새 맡고, 만지고, 맛보는 모든 것들은 하나님께서 말씀으로 존재하게 하셨기 때문에 존재한다는 것이 가장 기본적인 사실이다. 하나님께서 말씀하셨고, 그리하여 눈에 보이고 관찰할 수 있는 피조물, 특징, 힘 등이 존재하게 되었다.[2] 하나님께서 말씀하셨고, 그리하여 빛, 짐승, 대양, 산맥, 일출, 보름달, 숲, 다양한 빛깔의 스펙트럼이 존재하게 되었다. 말씀으로 존재하게 하신 것을 통해 하나님께서는 계속 말씀하시며, 하나님께서 만드신 것을 향유할 때 하나님을 기뻐하라고 인간 예배자들에게 명하신다.

창조 세계에 속한 모든 것은 하나님께로 돌아가는 작은 길이다. 그러므로 작렬하는 태양을 보면서 "태양은 무엇인가?"라고 물을 때, 휘발성 가스라는 원자 폭탄이 끊임없이 폭발하는 것이라고 대답한다면 이는 완전한 대답이 아니다. 그리스도인으로서 우리는 물리학을 초월해 이렇게 물어야 한다. "그렇기는 하지만, 애초에 태양은 왜 존재하는가? 누가 태양을 우주 공간에 존재하게 했는가? 그리고 그 사실은 태양이라는 것을 착상하고 실제로 존재하게 만든 분에 대해 우리에게 무엇을 말해 주는가?"

우주에는 제멋대로 생겨난 것이나 우연한 것이 하나도 없다. 왜냐하면 무작위의 가능성에 의해 존재하게 된 것은 하나도 없기 때문이다. 모든 것이 다 누군가에게서 오고, 누군가에 의해 초래되며, 그래서 그 자체의 본질을 초월하는 의미를 담고 있다. "이는 만물이 주에게서 나오고 주로 말미암고 주에게로 돌아감이라 그에게 영광이 세세에 있을지어다 아멘"(롬 11:36). 사물의 참 의미를 볼 눈이 있는 자들이 보기에, 하늘에서 타오르는 태양은 하나님의 영광을 드러내고 있으며, 나중에 드러날 더 큰 영광을 위해 자리표시자 역할을 하고 있다.[3] 그러므로 실재하는 만물은 하나님에게서 기원을 발견하며, 이는 창조 세계의 만물이 중간에서 전달된 것임을 뜻한다.

그런데 여기에 또 하나의 차원, 매개자middleman가 있다. 그리고 지금 우리는 매개된 체험에 대해 이야기하고 있는 중이다. 우리가 폰으로 읽고, 듣고, 보고, 구경하는 모든 것이 이 범주에 속한다. 스마트폰 화면에서 우리는 세상에 존재하는 것들의 복사판만을 본다. 우리가 읽는 메시지는 다른 어떤 사람들, 창작 세계의 문지기들, 이를테면 음악가나 화가나 영화감독, 심지어 친구와 가족 등이 우리에게 매개해 준 것들뿐이다.

이 말이 아직 납득이 안 될 수도 있으므로, 중보된 것과 매개된 것을 다 모아 세 범주로 나눠 보겠다.

하나님의 자연 계시(중간에서 전달된 것, 1부)
하나님은 보이지 않는 분으로서, 말씀으로 창조 세계를 만드셨다.[4] 이 세계는 하나님의 물질적 피조물과 하나님께서 운영하시는 자연법을 통해 우리에게 하나님의 임재를 중간에서 전해 준다. 이 피조물과 자연법은 원래 완전했으나 지금은 오염되고 타락했다.[5] 하지만 절대 침묵하지는 않는다.[6]

하나님의 특별 계시(중간에서 전달된 것, 2부)
하나님은 보이지 않는 분으로, 말씀words과 일works로, 그리고 궁극적으로 성육신하신 말씀인 예수 그리스도로 친히 우주를 향해 말씀하신다. 그리스도는 결정적인 하나님의 말씀이시며, 이제 성경의 기록을 통해 우리에게 알려지신다.[7]

인간의 산물(중간에서 재전달된 것)
하나님의 형상을 지닌 자들(우리)은 세상에서 얻을 수 있는 소재, 그리고 창조주께서 확고히 하신 말씀과 자연법, 인간 번영의 가치를 취하여, 미술, 음악, 문학, 문자 등 우리의 문화 산물을 통해 이 모든 것을 중간에서 재전달하며, 그리하여 의도적으로든 우연히든, 좋든 나쁘든, 우리가 사는 창조 세계에 대한 해석의 층을 한 켜 더 쌓는다.

하나님의 말씀과 사역은 언제나 인간의 말과 일에 선행한다. 하나님께서는 말씀으로 창조 세계를 만드셨고, 아들이신 예수 그리스도의 위격으로 우리에게 결정적 말씀을 하셨다. 하나님께서는 세상, 지혜, 구속을 명하셨으며 인간의 예술 활동을 위해 무대를 마련하셨다.

이를 달리 표현해 보겠다. 하나님께서 우리를 창조하신 것은 호흡, 햇빛, 먹을 것, 물, 해변, 산맥 등을 비롯해 자신의 선물을 우리 삶에 부어 주시기 위해서였다. 우리는 이 선물(과 다른 많은 선물들)을 받을 때마다 걸음을 멈추고 즐거운 감사로 하나님께 화답한다.[8] 이 감사가 우리 삶에서 제대로 작동하려면 하나님께서 죄의 권세를 깨셔야 한다. 이 일이 일어날 때, 우리에게는 하나님 중심의 감사라는 선물이 주어진다. 그리하여 우리는 하나님의 자연 질서를 포용하고, 하나님의 광대무변한 경이를 받아들이며, 하나님께서 주시는 물질적 선물의 '농밀함'을 즐거워한다.[9] 또한 친구와 배우자를 기뻐하는 등 우리의 전 존재, 즉 우리의 생명, 우리의 운명, 우리의 영혼, 우리의 몸, 우리의 생물학적 성별, 인간의 성과 생식을 위한 놀랍고도 얼굴 붉힐 필요 없는 계획 등을 다 받는다.[10]

성령께서는 우리가 성경에 계시된 하나님의 영광을 볼 수 있도록 우리를 영적으로 살아 있게 하신다. 또한 성령께서는 우리 눈을 열어 주사 우리가 태어날 때부터 받는 모든 선물의 배후에 계신 창조주를 보게 하신다.[11] 성경은 우리에게 물질적으로나 영적으로 복 주시려 열심이신 하나님을 우리에게 계시한다. 하나님이 넘칠 만큼 후한 분이심을 보여 주는 최고의 증거는 하나님의 소중한 아들이 흘리신 보혈이다.[12] 믿음으로써 성경에서 그리스도의 영광을 볼 때 더 높은 곳에 계신 분께 대한 감사로 우리는 벅차오른다.[13] 우리에게 주어진 모든 것, 그리고 현재의 우리 모습이나 우리가 바라는 장차의 우리 모습은 다 그리스도 안에 있는 선물로, 그리스도는 우리의 창조주이자 구속주이시다.[14] 그리스도 안에서 우리는 쏟아지는 선물들 사이로 그 선물을 주시는 분의 영광을 본다. 하나님의 임재라는 비할 바 없는 기쁨 가운데 영원 세상을 기다리면서 말이다.[15] 그리스도는 모든 선물 중 최고의 선물로서, 다른 모든 선물은 바로 이 선물을 가리켰고 우리를 내내 이 선물 쪽으로 인도해 왔다.

그러면 이 가시적 영광을 기다릴 때 우리는 잠잠히 갈망만 하면서 우리 인생의 날들을 지내야 할까? 아니다. 그럴 수는 없다. 이생에서 우리는 믿음으로 그리스도, 곧 우리의 구주시며 창조주시고 만물을 유지하는 분이신 그분을 자랑해야 한다.[16] 우리 영혼은 그리스도를 자랑하기 위해 새 생명으로 부름 받았고, 그리스도를 자랑할 때 우리의 기쁨이 더 커져서 흘러넘치며, 우리는 창작자이자 예술가가 된다. 예술은 자발적이다. 예술은 송영이다. 예술은 하나님의 아름다움이 세상에 투영된 것이다. 이것이 바로 우리가 존재하는 이유다!

삶의 목적에 대한 이야기를 하다보니 마음이 너무 앞서 갔다(다음 장에서 좀 더 다루게 될 것이다). 여기서는 미디어의 목적에 대해 이야기해 보자.

예술가는 모두 하나님의 후함이라는 원료만을 가지고 작업하며, 이 사실은 두 가지 결론으로 이어진다.

소극적인 면에서, 하나님 없는 예술을 표현한다는 것은 예술가의 명성보다 더 높은 목적은 존재하지 않는다는 의미다. 하나님 없는 예술은 단순히 하나님을 무시하거나 아무 생각 없이 하나님을 잊어버리는 게 아니다. 하나님 없는 예술은 하나님께서 창조하신 현실에서 하나님을 지렛대로 뽑아 버리고 하나님의 영광을 반영하는 것을 검은색 페인트로 두껍게 칠해 버리는 적극적 행위다.[17]

적극적인 면에서, 그리스도를 높이는 예술을 표현한다는 것은 우리가 폰으로 창조하고 공유하고 확산시키는 모든 것들, 이를테면 그림이나 음악, 사진, 시, 책 등이 하나님의 자연 계시와 특별 계시를 상세히 설명할 수 있다는 의미다. 그러므로 우리는 하나님의 영광을 본디와 다름없는 광휘로 반영하는 예술 작품을 만들어 내는 것을 목표로 한다. 어느 경우든, 우리가 만들어 내는 모든 것을 통해 우리는 하나님과 창조 세계에 대한 해석의 층을 한 켜 더 쌓는다. 그러므로 나 자신에게 늘 이렇게 물어야 한다. 나의 디지털 아트는 영광을 희미하게 하는가, 아니면 영광을 반영하는가?

지프차가 지프차를 부르다

여기 한 가지 간단한 예가 있다. 페이스북을 열고 드론이 촬영한 아름다운 그랜드 캐년 영상을 보고 있다고 가정해 보자. 장엄하고 광활한 풍경을 구석구석 포착한 영화 같은 장면에 시적인 나레이션과 한 번 들으면 잊히지 않을 배경 음악이 곁들여진다. 가슴 뛰는 순간이다.

그런데 인간이 만든 이 영상은 완전히 상이한 목표로 우리에게 제시될 수 있다. 첫째, 자연에 드러난 하나님의 영광의 위엄을 보여 줌으로써 우리 안에 예배드리고 싶은 마음을 불러일으키는 데 쓰일 수 있다. 또한 신상품, 이를테면 오프로드 지프 자동차 같은 것에 대한 욕망을 불러일으키는 데 쓰일 수도 있다. 첫 번째 해석은 하나님의 영광을 상세히 설명해 주는 반면, 두 번째 해석은 마케팅 회사의 정교한 상술을 상세히 설명해 준다.

어느 경우든, 영상을 보기만 하는 것은 그랜드 캐년을 직접 보면서 하나님의 광대하심을 조우하는 것과 비교할 수 없다. 이 영상은 이런 경외감을 충분히 불러일으키지 못한다.

내 말의 요점은 간단하다. 스마트폰 '작은 화면'상의 모든 콘텐츠는 중간에서 다시 전달된 것임을 알아야 한다는 것이다. 이는 좋은 것도 나쁜 것도 아니며, 다만 분별과 신중함을 요구하는 하나의 현실일 뿐이다. 폰에는 창조 세계의 광대한 아름다움과 화려함으로 들어가는 고선명의 입구가 있다. 하지만 우리가 받는 모든 메시지는 다 일정한 목적을 위해 잘리고 편집되어 생산된 것들이다. 이 특성 때문에 우리의 폰 화면은 우리 삶을 에워싼 하나님의 장중한 영광-보이든 보이지 않든-에 관한 한 늘 적당한 환경을 유지한다.

겨냥해서, 찍고, 잊어버리다

자, 어쩌다보니 예술에 관한 거대한 논의의 문을 열었지만, 우리는 겨우 스마트폰에 대해 이야기하고 있는 중이므로, 이 장의 이야기가 장황해지지 않도록 몇 가지 핵심 포인트로 내용을 압축하고 약간의 제안과 거기 함축된 의미를 주로 다루어 보겠다. 그러기 위해 먼저 스마트폰 카메라 이야기로 다시 돌아가 보겠다.

폰에 내장된 고해상 카메라는 한 마디로 편리하고 휴대가 용이하며, 성능 좋은, 디지털 시대의 가장 놀라운 축복으로 손꼽힌다. 그런데 이 카메라는 세 가지 문제를 제기한다.

첫째, 우리는 폰의 사회적 역량에 대해 생각해 봐야 하고, 그 역량에 따라 우리의 충동이 어떻게 달라지는지에 대해 생각해 봐야 한다. 카메라에 해당되는 사실이 우리가 스마트폰을 가지고 하는 모든 행동에도 해당된다는 것을 염두에 두고 생각해 보자. 카메라에는 우리가 보거나 행하는 모든 것을 그 즉시 다른 사람들과 공유하게 해주는 능력이 있으며, 이 능력이 애초 우리가 카메라로 무엇을 포착하느냐를 결정한다. 도나 프리타스Donna Freitas가 대학생들을 대상으로 소셜 미디어 사용 습관을 광범위하게 조사 연구한 책을 보면, 한 예리한 여학생이 이런 말을 한다. "사람들은 어떤 일을 하고, 그런 다음 그걸 소셜 미디어에 게시하죠. 그리고 소셜 미디어에 무엇을 내걸든 거기에는 인정과 지지가 따라오지요. 인정하고 지지해 줄 것이라는 예측이 우리로 하여금 행동하고 활동하게 만드는 거예요. 그러니까 이것은 한 마디로 일의 순서가 뒤바뀐 거지요."[18] 사회적 연결망을 갖춘 폰은 우리를, 그리고 우리의 친구와 자녀들을 배우로 만들어 버린다. 엄청난 일이다.

둘째, 우리는 기억을 재고해 봐야 한다. 우리의 폰에 내장된 전자동 카메라 때문에 우리 머릿속에 산재된 기억들을 유지할 능력이 점점 줄어든다면 어찌하겠는가? 한 심리학자는 카메라가 유발하는 이런 기억상실증을 가리켜 '사진에 의한 기억력 감퇴효과photo-taking impairment effect'라고 했으며,[19] 이 효과는 다음과 같이 작용한다. 즉, 어떤 순간을 기억하는 일을 카메라에게 맡김으로써 우리는 그 순간의 일을 2차원의 사진으로 평면화시켜 버리고, 그 일의 정황과 의미, 그 순간의 냄새와 촉감과 맛 등 다른 윤곽은 그냥 무시해 버린다.

주머니 속 카메라가 우리 삶의 순간들을 2차원의 기억으로 축소시키는 반면, 인생에서 가장 풍요로운 기억은 해당 순간 우리의 오감이 더 잘 '포착'해 일기에 기록된다. 이 간단한 행위는 수 세기에 걸쳐 인간이 기억을 보존하는 가장 풍요로운 수단으로 입증되어 왔다. 사진은 축복이다. 하지만 우리가 강박적으로 카메라 앱을 서둘러 작동시킨다면, 우리 머리는 그 평면화된 기억에 의지하느라 우리가 체험하는 의미 있는 순간과 거기 얽힌 풍요롭고 세세한 내용들을 끝내 포착하지 못할 것이다. 보고 찍기만 하면 되는 전자동 카메라는 사실 우리의 가장 생생한 추억들을 대가로 치르게 하는 것일 수 있다. 하지만 그 사실을 깨닫기까지 우리는 특별한(혹은 그다지 특별하지 않은) 일이 있을 때마다 여전히 강박적으로 폰을 작동시킬 것이다.

셋째, 무엇보다 나는 이 억제되지 않은 욕구가 우리 안에 있는 더 깊고 더 음험한 무언가를, 우리를 충동질하는 불신앙을, 주어진 그 순간이 뭔가 위대한 것에 다가갈 수 있는 마지막 기회라고 하는 거짓말을 드러내지는 않는가 하는 생각이 들어 방심할 수가 없다. 본질상 이는 아담과 하와를 겨냥했던 사기였고, 그 이후 인간이 당하는 모든 속임수의 핵심에는 바로 이것이 자리잡고 있다.[20]

죄는 미래에 대해 거짓말을 한다. 한창 때인 지금을 잡지 않으면 기회는 영영 다시 오지 않을 것이라고 죄는 나에게 말한다. 그래서 우리는 유명인사에게 폰을 들이대며 잊어버리기 잘하는 우리의 특징을 드러낸다. 우리는 영원을 잊는다. 훗날 우리가 세상을 유업으로 받고 이생에서 조니 뎁 같은 사람이 꿈꾸었던 것보다 더 유명해지고 부유해질 것을 상상할 수 있는 믿음을 쉽게 잃어버린다.[21] 우리는 '장차 우리에게 나타날 영광'[22]을 기다리기보다 지금 우리 몫의 영광을 바란다. 스냅챗에 셀카를 올리는 주기나 유명배우들이 줄지어 등장하는 우리의 인스타그램 피드가 우리가 장차 있을 일에 별 소망을 갖고 있지 않음을 드러낸다면 어찌할 것인가?[23]

벗어나기

그렇다면, 어떻게 해야 지혜롭게 행할(클릭하고 공유할) 수 있을까?

첫째, 우리가 거대 디지털 기업의 마케팅 대상이라는 사실을 겸손히 인정해야 한다. 그 기업이 전략적으로 중개된 콘텐츠를 가지고 우리를 소비자로 만들이 쉴 새 없이 그 콘텐츠를 소비하게 만들 수 있다는 사실을 알아야 한다. 우리가 이 부분에서 순진해서는 안 된다. 우리의 관심 영역이 돈벌이로 환산된다. 폰상에서 우리를 호리는 것은 가판대의 푼돈이 아니라 수십억 달러의 돈으로 측정되는 상품이다. 우리를 호리는 이 갈고리는 흔히 시각적 유혹물의 형태로 다가온다. 다시 말하지만 이 매체가 본디부터 나쁜 것은 아니다. 디지털 예술과 디지털 통신은 하나님의 영광을 위해 쓰일 수 있고, 실제로 그렇게 쓰이기도 한다. 하지만 우리가 알아야 할 것은, 뭔가 경이롭고 감탄이 나오는 순간에 우리가 조건반사적으로 폰을 작동시킨다는 점, 그렇게 해서 기업의 이익을 위해 단물을 빨리고 있다는 점이다. 또한, 소셜 미디어 플랫폼은 주가가 다 공개되어 있는 거대 사업체이고, 이 사업체들은 우리를 좌지우지해 폰 앞에서 배우가 되게 만들 때만 가치를 키울 수 있다.[24]

둘째, 우리는 믿음으로 현재 삶을 누리는 법을 배워야 한다. 즉, 삶의 매순간을 '포착해야' 한다는 강박감 없이 그 순간을 즐기는 법을 알아야 한다. 요즘 순회공연을 하는 가수들 사이에서는 콘서트 영상을 폰으로 찍지 말아 달라고 팬들에게 부탁하는 게 하나의 유행이 되고 있다. 폰은 주머니에 넣어 두고 순간을 즐기라고 그들은 말한다. 이 같은 추세는 그리스도인들이 하나님의 선한 선물을 누리는 것과 일면 병행되는 부분이 있다. 폰에서 손을 떼고, 캠핑도 가고, 별도 보고, 자연 속을 걸어 보라. 무엇을 하든 스마트폰 화면을 들여다볼 때에 비해 창조 세계가 더 친밀하고 더 풍성히 다가올 것이다.

셋째, 우리는 유쾌하게 법석거려야 한다. 우리는 경외감을 불러일으키는 것에 대한 우리 영혼의 갈망을 억제하지 못한다. 목표는 모든 스마트폰 미디어를 침묵시키자는 게 아니라 우리 스스로 올바른 미디어로 만족을 누리자는 것이다. 우리는 하나님 영광의 풍성함을 보고, 알고, 맛보며, 기뻐하는 이들로 창조되었다. 그리고 그 영광은 흔히 실력 있는 예술가들을 통해 굴절된 형태로 우리에게 다가온다. 유행하는 영상, 짤방, 트윗 등에 대한 지칠 줄 모르는 욕구는 하나님께서 우리에게 주신 영광에 대한 욕구로부터 나온다. 하나님께서는 경이로우면서도 유쾌한 미디어 세상을 창조하셨고, 그리하여 우리가 무엇이든 참되고, 경건하고, 옳고, 정결하고, 사랑받을 만하며, 칭찬받을 만하며, 덕이 있고, 기릴 만한 것들을 기뻐하고 포용하며 소중히 여길 수 있게 하신다.²⁵⁾ 덕분에 우리는 성경, 자연, 하나님께서 창조하신 사람들에게서 나타난 하나님의 은혜 앞에 쉴 틈 없이 경이로워 하게 될 것이다.

진짜배기를 키워내기

하나님에게서 창조되어 나와 중간에서 전달된 현실로 충만해진 우리는 열심히 이를 찬미하게 되고, 이 현실을 재전달하는 예술을 날카로이 분별할 수 있게 된다. 온라인 네트워크에서 우리는 여과기, 즉 소금과 빛이 되어야 하며, 이는 우리가 게시하고 공유하고 '좋아요'를 누르는 콘텐츠와 관련한 일종의 사랑의 행위다. 유행하는 최신 짤방을 아무 생각 없이 퍼나르기를 거부해야 한다. 그보다는 그리스도인으로서 "대화를 통해 저항"하는 삶을 살아야 한다. 이는 개인적 분별력을 통해 세상의 메시지를 걸러낸 다음, 하나님 안에서 의미를 보는 견실한 신학을 통해 그 걸러낸 메시지를 온라인에 공유해야 한다는 뜻이다.²⁶⁾

이를 위해서는 인간이 생산해 낸 것들로 이뤄지는 세상의 올가미에서 빠져나와 그 세상에서 한 반짝 물러서서 우리 자신의 삶을 살아야 한다. 내 아내는 인스타그램, 핀터레스트, 페이스북, 트위터 등을 전혀 하지 않는 소셜 미디어 금식을 단행한 지 9개월 기념일을 맞아 내게 이렇게 말했다. "강박적인 소셜 미디어 사용 습관은 바람직하지 못한 거래예요. 나의 현재 순간을, 무한히 이어지는 다른 어떤 사람의 과거 순간과 교환하는 거니까요." 부당한 값을 치러야 한다는 내 아내의 말이 옳다. 우리의 소셜 미디어 생활이 이렇게 우리 자신의 삶을 중단시킬 수 있다.

또는, 앤디 크라우치Andy Crouch의 말처럼 스마트폰 중독 때문에 우리는 창조 세계에 대해 눈이 멀 수도 있다. 디지털 세상은 듣기 좋은 말로 부단히 우리를 치켜세우지만, 그런 것이 없어야만 우리가 작고 보잘것없는 존재임을 느낄 수 있고, 좀 더 인간다워지며 우리가 사랑해야 할 세상과 자유롭게 조우할 수 있다.[27] 쉴 새 없이 다음 장면을 구상해 온라인 '자서전'을 만드는 일에만 관심이 쏠려 있으면 어쩔 수 없이 창조 세계의 경이에 대해서는 점점 눈이 멀게 된다.[28] 크라우치는 이렇게 말한다. "참되고 지속성 있는 창의성은 모두 창조 세계의 충만함에 모험적으로 깊이 몰두하는 데서 온다." 그러므로 "영화롭고 예사롭지 않은 창조 세계로 나가, 그 세상에 감동도 받고 그 세상이 우리 마음을 열고 들어오게 하라. 그러면 '소셜 미디어'라는 희미한 거울에, 그리고 마음과 뜻과 목숨과 힘을 다해 몰두할 것을 요구하는 온전하고도 실제적인 세상에 비춰볼 만한 뭔가를 얻게 될 것이다."[29] 그렇다. 폰 화면에서 물러나, 산에서 스키도 타고 오솔길을 걷기도 하고 바다에서 스쿠버 다이빙도 하면서 창조 세계의 영광이 내 마음을 열고 들어오게 하고 하나님께서 비범한 창조력으로 만들어 내신 작품들로 마음을 씻어 내라. 그러나 거기서 멈추지는 말라. 성경이라는 산의 정상에도 오르라. 하나님의 말씀이 나의 의도를 꿰뚫고 들어와 나의 진짜 행동 동기를 베어 내게 하고, 그리하여 스스로 뉘우치고, 상심하며, 개조되라. 숨을 멎게 하는 하나님의 임재 안에 섰을 때의 기분이 바로 그러할 것이다.[30]

그런 다음 하나님께서 창조하시고 우리에게 계시하신 모든 선물들을 취하여, 하나님이 실로 얼마나 영화로우시고 만족스러운 분이신지를 세상에 보여 주는 삶을 빚어 가라. 이것이 모든 형태와 유형의 위대한 디지털 예술을 '창조하는' 비결이다.

모든 예술가들의 소명(여담)

5장이 이제 끝났다. 주로 콘텐츠 소비자들에게 하는 이야기였다. 진지하게 활동하는 디지털 예술가들(역량의 차이를 불문하고)에게도 구체적으로 더 할 말이 있는데, 아마 이쯤에서 하는 게 적당할 듯하다. 예술가, 예술가의 작품을 공유하는 이들, 그리고 창작자들을 위한 짤막한 글을 이제 시작해 보자.

디지털 미디어를 만들고 공유하는 그리스도인에게는 표현의 길과 기회가 교회 역사상 다른 어느 시대보다도 많이 열려 있다. 교회는 디지털 미디어에 대해 뒷걸음질하거나 이를 멀리하려는 입장이 아니고, 오히려 테크놀로지의 새로운 쓰임새에 적극적이고 개방적인 태도를 보이고 있다. 하나님의 영광을 반영하고, 성경적 세계관으로 세상에 뛰어들고, 더 나아가 복음의 소망을 선포하려는 목적으로 글을 쓰고, 시를 창작하고, 말을 하고, 음악과 영화와 브이로그와 팟캐스트와 소설, 사진, 그림 등을 창작해 내는 일에 긍정적인 태도를 보인다.

예수께서는 복음을 위해 수고하는 것을 농부가 밭에 골고루 씨를 뿌리면서 씨가 뿌리를 내리고 자라 결실을 맺기를 바라는 것에 비유하신다.[31] 마찬가지로, 그리스도인 지도자와 예술가들은 진리를 방방곡곡 퍼뜨리면서, 그중 얼마간이라도 사람들의 마음에 뿌리를 내리기를 기도하는 마음으로 하라는 명령을 받는다. 나는 싸구려 기독교 콘텐츠를 옹호하는 게 아니라, 성경의 진리가 삶과 예배를 만나는 곳에서 생겨나는 깊이 있고 신중하고 독창성 있는 사상을 말하는 것이다. 그리스도인 예술가들은 독특하고 의미 있는 선물들과 이렇게 인격적으로 만난 것을 작품으로 표현한다. 그리고 우리는 누구나 다 도구를 갖고 있다. 폰을 가진 모든 이들은 단순히 콘텐츠 소비자가 아니라 이제는 생산자 겸 소비자, 즉 흔히 말하는 프로슈머prosumer다. 우리는 다 변증가요, 교사요, 대변자요, 선지자로서 사람들의 삶을 향해 말한다. 이 새로운 문화 표현 양식은, 분별력 있는 예술가들의 손에 정련되어 복음의 전략적 무기가 된다.

이 놀라운 기회는 한 가지 중대한 질문을 낳는다. 즉, 내 예술의 궁극적 목적은 무엇인가? 테크놀로지는 실용적이다. 테크놀로지는 우리로 하여금 '왜'가 아니라 '어떻게'를 묻게 만든다.[32] 테크놀로지의 메커니즘과 기법은 자연히 궁극적 목표에 대한 질문을 건너뛰게 만든다. 따라서 디지털 시대에는 목적을 묻는 이 질문을 하고 또 해야 한다.

이 질문("나는 왜 예술 작품을 창작하는가?")을 하는 그리스도인은 "자기 표현self-expression"이라는 대답으로는 불충분하다는 것을 알게 된다. 우리는 모든 행실과 행동을 결과와 목적과 목표로 판단하면서 끊임없이 자기를 평가하라는 요구를 받는다. 사도 바울은 결론도 없이 오래 계속되어 온 한 논쟁에서 기독교 윤리의 표준을 제시한다.

"모든 것이 내게 가하다"는 말은 고대 고린도에서부터 전해져 널리 퍼져 있는 처세훈이었다.

"다 유익한 것이 아니오"라고 바울이 응수했다.

"모든 것이 내게 가하다"며 다시 그 처세훈이 등장했다. 어쩌면 조금 더 큰 소리로.

"내가 무엇에든지 얽매이지 아니하리라"고 바울이 받아쳤다.

"모든 것이 내게 가하다"는 말이 세 번째로, 이제는 훨씬 더 퉁명스럽게 나왔다.

"다 유익한 것이 아니요"라고 바울 역시 똑같은 말을 반복했다.[33]

그리스도 안에서 누리는 자유는 내가 하고 싶은 걸 다 할 수 있는 자유가 아니다. 이 자유는 견실한 자기반성을 위한, 그리고 죄의 문화적 속박을 피하기 위한 자유다. 그리스도 안에서 내가 누리는 자유는 모든 게 다 나에게 유익하거나, 타인에게 유익하거나, 세상에서 복음을 증거하는 일에 용인될 만하지는 않다는 것을 볼 수 있는 눈을 준다.

원칙적으로 바울은 다음 세 가지 질문을 해 보기를 그리스도인 창작자들에게 계속 종용한다.

- 목표: 나의 예술과 소셜 미디어는 사람들에게 하나님을 가리키는가?
- 영향력: 나의 예술과 소셜 미디어는 그것을 보고 듣고 따르는 이들을 섬기고 덕을 세워 주는가?
- 예속: 나의 예술과 소셜 미디어는 내가 활용하는 매체의 불건전한 속박에 나를 예속시키지 않는가?

나의 말이 타인에게 갖는 무게

이 원칙은 우리가 창작하는 모든 것들에 유효하지만, 우리가 지어

내는 말들에 특히 더 들어맞는다. 디지털 세상에서는 우리가 하는 말까지도 사람들에게 하나님을 가리키는 말이어야 한다. '쓸모없는 말'은 이런 일을 하지 못한다. 그래서 예수께서는 '무익한 말'을 삼가야 한다고 말씀하신다.[34] 남을 해치는 말도 멀리해야 한다.

성경에 등장하는 인상적 비유를 써서 표현하자면, 우리 혀는 마치 불과 같아서, 사람을 죽일 수도 있고 복이 될 수도 있다.[35] 우리는 혀를 가지고 하나님을 찬미하기도 하고 하나님의 형상을 지닌 이들을 저주하기도 한다. 길들이지 않은 혀는 불붙은 바퀴 같아서, 길을 따라 굴러가면서 불길을 퍼뜨린다. 우리는 혀로(엄지손가락을 통해) 서로를 길에서 계속 밀어내며 밀쳐내고 있다.

디지털 시대에 대한 C. S. 루이스의 가장 예언적인 발언이 아마 이 주제를 취하고 있다 할 것이다. "신이 될 수 있는 사람들의 세상에서 산다는 것은 심각한 일"이라고 루이스는 말했다. 이는 인간을 동산에서 뱀이 거짓으로 말한 것 같은 그런 신이 아니라 새 하늘과 새 땅에서 영화 상태로 있는 신으로 높이는 말이다. 우리는 자기 자신의 영화로운 모습은 쉽게 상상하지만 이웃에 대해서는 이런 상상력을 발휘하지 못할 때가 많다. 사실, "지금 내 앞에 있는 정말 아둔하고 지루하기 짝이 없는 사람이 훗날 격하게 경배하고픈 마음이 드는 존재일 수도 있고, 얼마나 섬뜩하고 타락한 존재인지 악몽에서나 만났으면 하는 존재일 수도 있다."[36]

확신컨대, 모든 인간은 언젠가 다 하나님 앞에 서서 자기가 살아온 삶을 설명하고 자신의 신앙이나 불신앙이 지니는 영원한 무게를 감당하게 될 것이다. 하지만 우리가 날마다 서로를 둘 중 한 방향으로 인도하고 있다는 것 또한 여전히 사실이다. (1) 그리스도 쪽으로, 그리고 숨이 멎을 만큼의 영원한 아름다움 쪽으로 인도하든지 (2) 그리스도를 거부하는 쪽으로, 영원히 뒤틀린 추함과 영혼의 부패, 곧 이 시대의 공포 영화에서나 겨우 암시되는 악으로 인도하든지 둘 중 하나다. "너무도 강력한 이런 가능성에 비춰 볼 때, 서로와의 모든 관계, 모든 우정, 모든 사랑, 모든 놀이, 모든 경영에서, 그 가능성에 합당한 경외감과 신중함으로 행동해야 한다." 그리고 우리의 모든 소셜 미디어 활동에서도. "세상에 평범한 사람은 없다. 그대와 이야기를 나눈 사람 치고 그냥 죽어 없어질 존재는 없었다. 나라, 문화, 예술, 문명 이런 것들은 언젠가는 소멸할 운명이고, 이런 것들의 목숨은 우리의 생명에 비하면 각다귀 한 마리의 목숨에 지나지 않는다. 하지만 우리가 농담을 주고받고, 일하고, 결혼하고, 서로 타박하고, 착취하기도 하는 이들은 불멸의 존재들이며, 그래서 이들은 불멸의 공포 아니면 영원한 광채다."[37]

물론 이것이 직접적으로는 사이버 폭력cyberbullying과 관계된 경고지만, 여기 함축된 원칙은 문자와 트윗에까지 확장된다. 우리 입에서 나오는 말 이면에서 우리는 마음의 욕구를 발견하며, 그 욕구는 늘 타인의 마음에 새로운 욕구를 불붙인다.[38]

요약해 보겠다. "내가 보내는 문자, 내가 게시하는 트윗을 보는 사람들은 장차 천국 혹은 지옥에서 천조quadrillion 년을 지낼 사람들"이라고 데이비드 플랫David Platt은 말했다.[39] 이 숫자도 사실 어림잡아 말한 것이다. 막대기와 돌은 뼈를 상하게 할 수 있지만, 내가 보내는 문자와 트윗은 뭇사람들의 영혼을 영원히 두 방향 중 하나로 밀어붙인다.

정신이 번쩍 드는 이 진리를 안내자 삼아 예술 활동을 하라.

나의 말이 나에게 갖는 무게

이 부분에서 이 문제는 개인적인 문제가 되기도 한다. 말에 관해 말하자면, 예수께서는 우리가 하는 말은 마음속에 이미 쌓아 둔 것에서 나온다고 경고하신다. "입에서 나오는 것들은 마음에서 나오나니 이것이야말로 사람을 더럽게 하느니라"(마 15:18). 우리가 하는 말의 기원이 마음이라는 사실만이 우리의 소셜 미디어 사용 습관을 점검하는 좋은 기준이다. 엄지손가락으로 타이핑한 말은 우리 마음이 가장 사랑하고 욕구하는 게 뭔지 그대로 보여 주기 때문이다. 그런데 무엇보다도 내 머리를 떠나지 않는 것은, 위의 하반절 말씀으로, 예수께서는 우리가 하는 말이 단순히 우리 마음속 생각을 드러내기만 하는 게 아니라 우리를 규정하기도 한다는 점을 분명히 하신다. 더 나아가 말은 우리가 어떤 사람인지 규정할 뿐만 아니라 우리를 파괴할 수도 있다.

예수께서 하신 경고는 성경 곳곳에서 발견되는 한 패러다임의 반향이다. "입을 지키는 자는 자기의 생명을 보전하나 입술을 크게 벌리는 자에게는 멸망이 오느니라"(잠 13:3), "지혜자의 입의 말들은 은혜로우나 우매자의 입술들은 자기를 삼키나니"(전 10:12). 우리가 하는 말의 성육신 사실에 주목하라. 말을 할 때마다 거듭 우리는 말이 세상에 태어나게 한다. 우리의 말은 후대에 오래 전해질 일종의 유산legacy이다. 우리가 한 말은 우리 주변에 오래 머물고, 힘이 점점 커지며, 우리를 발전시키기도 하고, 거침없는 불길처럼 우리를 대적하기도 한다. 우리가 자기 통제를 잘 한다면, 다른 이들을 세우기 위해 하는 말이 우리 자신을 세워 주기도 할 것이다. 반대로 우리에게 자제력이 없다면, 폰을 통해 디지털 세상에 여과 없이 쏟아내는 말들은 마치 우리 입으로 뱉어낸 군대같이 되어 우리와 싸울 것이며 관계 면에서나, 사회적인 면에서나, 재정적인 면에서나, 혹은 육체적으로나 영적으로 삶의 모든 면에서 우리에게 피해를 입힐 것이다.[40]

"죽고 사는 것이 혀의 힘에 달렸나니"(잠 18:21). 디지털 세상에서 하는 말들로 우리는 남을 죽일 수도 있고 우리 자신을 죽일 수도 있다. 디지털 세상에서 하는 말들로 우리는 사람들의 덕을 세울 수도 있고 그 말들이 우리 자신에게 복이 되게 할 수도 있다. 성경에서 이를 어떻게 연관시키고 있는지가 중요하다. 다른 사람을 죽일 의도로 말을 하면 그 말이 나를 죽이지만, 다른 사람을 축복할 의도로 말을 하면 그 말이 나의 덕을 세워 준다. 이 말의 뜻은, 우리들 대다수가 소셜 미디어 플랫폼을 신중하게 사용할 경우, 우리가 스마트폰에서 하는 말의 최대 영향력은 그 말이 우리에게 휘두르는 힘과 권세에서 발견되리라는 것이다.

디지털 세상에서 말의 힘 휘두르기

디지털 세상의 말과 음악과 영상이 빛의 속도로 배포된다는 사실은 우리에게 엄청난 도구가 있다는 뜻이다. 하지만 이 도구를 쓸 때는 기술이 요구되며, 이 기술은 세 가지 윤리적 패러다임으로 돌아감으로써 익힐 수 있고, 이는 그리스도인의 삶 전반에 적용되는 패러다임이다. (1) 하나님께서 주신 좋은 선물들을 오용하는 죄 된 생활 습관을 죽이라 (2) 선물 자체에 대해 그 선물을 주신 분을 찬미하라 (3) 찬미

방법은 선교적 목적으로 그 선물을 사용하는 것이다. 이 경우, '선물'은 '디지털 미디어라는 선물'로 바꿔 말할 수 있다. 디지털 미디어라는 하나님의 좋은 선물을 오용하는 죄 된 생활 습관을 죽이는 한편, 선교적 목적으로 디지털 미디어를 사용함으로써 디지털 미디어라는 선물에 대해 그 선물을 주신 분을 찬미하라.

우리가 페이스북, 트위터, 스냅챗에 게시하는 모든 글과 이미지, 문자 메시지와 이메일로 보내는 모든 글과 사진들이 다 생산된 것이라 한다면, 우리 자신이 바로 생산자다. 그러면 나는 무엇을 생산하고 있으며, 더 중요한 질문으로 나는 왜 그것을 생산하고 있는가? 문자를 보내기 전, 트위터에 글을 올리기 전, 혹은 온라인에 디지털 예술 작품을 게시하기 전, 자신에게 솔직하게 물어 보라.

- 이것이 궁극적으로 나를 영화롭게 하는가, 하나님을 영화롭게 하는가?
- 이것이 그리스도께 대한 건강한 애정을 불러일으키는가, 아니면 그 애정을 억제시키는가?
- 이것은 단순히 다른 사람이 모르는 무언가를 나는 안다는 기록인가?
- 이것은 나를 잘못 표현하는가, 아니면 진실하게 표현하는가?
- 이것은 사람들에게 질투심을 유발할 가능성이 있지 않은가?
- 이것은 사람들 사이의 일치를 강화시키는가, 아니면 불필요한 분열을 불러일으키는가?
- 이것은 사람들의 덕을 세우는가, 아니면 무너뜨려서 부수는가?

- 이것은 죄책감을 쌓는가, 아니면 죄책감을 덜어 주는가?
- 이것은 죄에 대한 갈망에 부채질을 하는가, 아니면 그 갈망에 경고를 하는가?
- 이것은 사람들에게 과도한 약속을 하고 그릇된 소망을 주입시키지 않는가?

자신에게 이런 질문을 할 때 나는 두려움 때문에 무력해진 나머지 디지털 세상에서 아무 것도 공유하지 않게 되는 걸 원치 않으며, 너무 순진해서 내가 어떤 콘텐츠를 공유하는지에 무심해지는 걸 원하지도 않는다. 온라인 창작자로서 나는 뭔가를 게시하거나 공개할 때마다 위의 질문들로 내 마음을 심문해 볼 필요가 있다.

이 모든 일 가운데서도 나는 온라인상에서의 가벼운 수다나 익살스러운 자기 비하의 가치를 부인하지 않는다. 이는 선교라는 목적을 위한 강력한 수단일 수 있다. 사도 바울 같은 사람도 자기 비하를 서슴지 않았다.[41] 자기를 비하하는 말은 바울을 무력하게 만들지 않았다. 오히려 구원받은 죄인으로 바울의 신분을 단단히 못 박고 그 신분을 빗대어 말해 주었다. 자기 자신을 가볍게 비웃어 주고, 그래서 우리가 사용하는 소셜 미디어 플랫폼에 다른 이들이 좀 더 친근히 다가올 수 있게 해주는 그런 전략적 자기 비하도 있다. 하나님께서 온라인에서 나를 더 많이 쓰시면 쓰실수록, 나를 직접적으로 알지 못하는 사람들과 온라인에서 더 다양한 관계를 구축할 수 있고, 더 설득력 있게 유머를 구사해서 나 자신을 정감 있게 만들며, 더 나아가 내가 전하는 은혜의 메시지가 더 절실하게 들리게 할 수 있다. 그리스도인에게 유머는 그 자체가 목적이 아니라 궁극적으로 온라인에서 나를 지켜보는 사람들에게 복음의 진리가 좀 더 현실적으로 다가갈 수 있게 하는 하나의 수단이다(이에 대해서는 나중에 좀 더 살펴보겠다).

유머든 아니든, 자기표현만이 그리스도인이 온라인에서 의사소통을 하는 유일하고도 적절한 이유일 수는 없다. 나는 어떤 영원한 운명을 향해 타인에게, 심지어 나 자신에게 감화를 끼치는가? 이 고귀한 소명을 염두에 두고, 바울은 기도를 간청한다. 바울처럼 우리도 기도하듯 이렇게 말해야 할 때를 저마다 알아야 한다. "내게 말씀을 주사 나로 입을 열어 복음의 비밀을 담대히 알리게 하옵소서"(엡 6:19).

또한 침묵해야 할 때도 알아야 한다. 우리 시대의 미덕은 과잉이다 싶을 정도의 연결성hyperconnectivity과 멀티태스킹이지 고립과 묵상이 아니다. 하지만 참된 지혜는 말을 삼갈 것을 요구한다.[42] 우리에게 할 말을 주는 바로 그 복음이 말하지 말아야 할 것 또한 가르친다.[43]

복음에서 우리는 디지털 시대에 우리가 전해야 할 메시지와 사명을 발견한다. 그래서 우리는 이렇게 기도한다. "주님, 사람을 타락시키는 말이 제 엄지손가락에서 나오게 하지 마시고, 오직 때를 따라 덕을 세우는 데 유익한 말만 나오게 하사, 제가 소셜 미디어에 투자하는 모든 것들이 그것을 보는 이들에게 은혜가 되게 하소서."[44]

우리는 '좋아요'한 것을 닮는다

우리가 폰에서 공유하는 말과 이미지는 다른 사람들에게 영향을 끼친다(여기에 대해서는 앞 장에서 살펴봤다). 하지만 우리가 소비하는 말과 이미지는 우리 자신을 변화시킨다.

그리스 신화에 등장하는 나르시소스 이야기를 기억하는가? 나르시소스는 매력적이었지만 교만하기도 해서 누구에게 사랑을 받거나 줄 줄 몰랐다. 그 쌀쌀맞은 성질에 대해 여신 네메시스는 도저히 어찌할 도리 없는 방식으로 저주를 내렸다. 물에 비친 자기 모습을 보고 사랑에 빠지게 만든 것이다. 나르시소스는 날이면 날마다 투명한 수면에 비치는 자기 모습을 들여다보며 물에 비친 얼굴을 사모했다. 사모하는 마음이 얼마나 강했던지 어느 날 그는 샘 바닥에 비친 자기 모습을 보고 샘으로 뛰어들었고, 결국 익사했다.

이렇게 말하긴 거북하지만, 물속을 들여다보면서 자기 모습에 반한 나르시소스처럼 우리도 폰을 들여다본다. 곧 우리 시선을 사로잡는 것은 폰에 반사된 우리 자신의 모습이다. 복제된 우리의 이미지, 인정받고 지지받은 게시물 목록, 쌓인 '좋아요' 등. 소셜 미디어는 '나self'라는 브랜드를 선전하는 신설 홍보회사가 되었고, 우리는 강박적으로 타임라인을 체크하며, 나의 '두 번째 자아'를 쳐다보기를—그리고 사랑하기를—멀리한다는 것이 거의 불가능함을 알게 된다.[1]

그래서 '스마트폰 중독'을 이야기할 때 이 중독은 대개 자기 자신 바라보기 중독이다.

어우러지기

디지털 나르시시즘, 즉 폰에 비친 자기 모습을 쉼 없이 내려다보며 초점을 맞추는 이 증상은 만족할 만한 방식으로 우리의 정체성을 규정해 주지 못하며, 여기에는 여러 가지 이유가 있다. 근본적으로, 정체성을 발견한다는 것은 단지 자기애self-love가 아니라 어떤 대상과 일치conformity하기를 원한다는 뜻이다.

청소년들은 또래와 어우러지려고 필사적으로 애쓴다. 이들은 이렇게 또래와 어우러지는 중에 두드러져 보이고 싶어 한다. 예를 들어, 어떤 아이가 머리를 흑발로 염색하고 검정색 눈화장을 하고 검정색 옷을 입는다고 하자. 이런 패션은 두드러져 보이려는 시도일 수도 있지만, 좀 더 중요하게는 하위문화를 지향함으로써 또래들과 어울리려는 시도다.

하지만 이런 행동은 청소년들만 하는 게 아니다. 우리는 다 특정한 하위문화의 승인을 받으려고 특정한 '의상'을 입는다. 개별성 추구란 사실 언제나 특정 집단과 어우러지기를 추구하는 것이기 때문이다. 옛말에 "나는 내가 생각하는 '나'가 아니다. 심지어 남들이 생각하는 나도 내가 아니다. 남들이 나를 이렇게 생각할 거야, 라는 생각 속의 내가 바로 '나'다. 달리 말해, 내가 생각하기에 남들이 나를 이렇게 생각할 거야, 하고 생각되는 내가 나의 정체성 의식을 형성하고 또한 어떤 식으로 소속감을 추구할지를 결정한다는 것이다. 더 나아가 이 복잡한 사회 역학은 우리가 자기 자신에게서 정체성을 찾지 않는다는 사실을 입증한다.

스마트폰이 등장하기 훨씬 전에 팀 켈러 목사는 자기 교회 교인들에게 이 역학을 설명했다. "뉴욕 사람들은 '우리는 개인'이라고 생각하기를 좋아합니다. 자기가 어떤 사람이기를 원하는지 알고 그대로 될 수 있다고 생각하지요. 그러나 그건 사실이 아닙니다." 켈러 목사는 사람들의 생각을 바로잡아 주었다. "여러분은 모두 유니폼을 입고 있습니다. 어떤 분은 월 스트리트 유니폼을 입었고, 어떤 분은 이스트 빌리지 유니폼을 입었습니다. 또 어떤 분은 소호 유니폼을 입었습니다. 도시엔 유니폼이 있습니다! 그 유니폼이 몸에 맞아야 하는 거죠. 여러분은 누군가로부터 인증을 받아야 합니다. '당신도 우리 일원이야'라고 말해 주는 집단에 속해 있어야 하는 겁니다."[2] 삶의 핵심으로 들어가 보면 우리는 일정한 집단에 어울려서 정체성을 발견할 수 있기를 바란다는 것을 알 수 있다.

마이크처럼

어딘가에 소속되기를 추구할 때 우리는 다시 유명인사들 쪽으로 시선을 돌리기도 한다. 유명인사는 어떤 사람이 집단적 경외와 모방의 대상이 될 수 있는지에 대해 대단히 그럴싸한 모델을 제공한다. 사실, 어떤 대상과 일치하고자 하는 갈망은 유명인사가 왜 상업적 가치가 있는지 이유를 설명해 주며, 스포츠 마케팅의 최대 공적이 이 일치에 대한 맹목적 솔직함을 통해 달성되었다. 1992년 위대한 농구선수 마이클 조던을 주인공으로 한 게토레이의 광고 캠페인은 단순했다. "마이크처럼, 나도 마이크처럼 되고 싶다." 마이크가 신는 스니커즈를 신고, 마이크처럼 으스대며 걷고, 마이크처럼 농구 잘 하고 싶지 않은 사람이 어디 있겠는가? 수많은 젊은 운동선수들이 마이크처럼 되고 싶어 하며, 그래서 이들은 지금까지도 그 광고 구절을 되뇌며 그의 농구 기술을 모방하려고 한다. "마이크처럼, 나도 마이크처럼 되고 싶다."

2016년 경, 나이키의 조던 라인 운동화 광고에 새로운 광고 문구가 등장했다. "나는 마이클이 아니다, 나는 조던이다." 집단과의 일치라는 우산 아래서 개별성의 영역을 넓힌 아주 영리한 시도였다. 이제 그가 현역에서 은퇴한 지 여러 해가 지났지만, 수많은 사람들이 여전히 마이크가 신던 스니커즈를 신고 싶어 하며, 이 전직 농구선수는 운동화 상표에 자기 이름을 빌려 준 대가로 일 년에 오억 달러를 벌어들인다.

여전히 전성기에 있는 유명인사와 운동선수의 경우, 모방의 대상이 되어 주는 대가는 엄청나다. 이들이 우리가 소유하고 싶은 영광을 표현해 주니까 말이다. 어떤 대상에게서 위엄을 보는 것은 우리 정체성을 깎아내고 조각하기 시작하는 하나의 현상이다. 누군가가 영화를 누리는 것을 보고 그것을 닮고 싶어 하는 욕구는 가장 두드러진(그리고 가장 뿌리 깊은) 심리학적 본성이며, 광고는 바로 그 본성을 과녁으로 삼는다. 우리는 인정받기를 갈망하며, 우리는 자신이 찬탄하는 것을 계속 닮아 간다. 그러면 나는 누구에게서 정체성을 찾을 것인가?

사랑으로 변화되다

우리는 닮고 싶은 사람들에게서 볼 수 있는 닮고 싶은 요소들로 이뤄진 혼합체이며, 이렇게 닮고 싶은 사람과 유사하게 된다는 것이 스마트폰의 가장 강력한 매력 중 하나이다. 디지털 테크놀로지는 어딘가에 소속되고자 하는 인간의 마음을 가속화하고 구체화한다.

이 현상을 쉽게 설명하기 위해 나는 신학자 리처드 린츠에게 연락했다. 리처드 린츠는 우리가 어떻게 우리가 예배하는 대상을 닮게 되는지를 연구했다. 그는 우리가 어떤 대상과 유사하게 되는 현상을 부정적 맥락(우상숭배)과 긍정적 맥락(예배와 성화)에서 검토한다. "우리는 거울입니다." 리처드 린츠는 내게 이렇게 말했다. "그리고 인간에 대한 모든 은유, 곧 인간의 환경, 삶의 맥락, 우상이나 신들을 반영하는 은유가 정경[성경] 첫 장부터 마지막 장까지의 절대 핵심입니다. 우리가 예배라고 일컫는 것, 즉 성실하고 진실하게 하나님을 경배하는 것도 우리 정체성의 문제입니다. 바로 그 일을 위해 우리는 창조되었습니다. 그게 바로 우리죠."[3]

우리가 알든 모르든, 예배는 우리를 빚어 가는 근본적 동력이다. 우리가 고약하리만치 제멋대로라 해도 우리 자신 안에서는 우리의 정체성을 절대 찾지 못한다. 정체성을 찾으려면 언제나 나 자신 밖에 있는 것, 나에게 어울리는 집단, 그리고 내가 사랑하는 것들을 바라보아야 한다. 두 가지 역학 모두 진실을 보여 준다. 우리는 우리가 보는 것처럼 되어 간다. 우리는 우리가 예배하는 것처럼 되어간다. 페이스북 용어로 직접 표현하자면, 우리는 '좋아요'라고 한 것을 닮아 간다.

바른 예배와 오도誤導된 예배

성경은 마치 목수의 끌처럼 이런 역학의 요점을 예리하게 다듬는다. 피조물(우상)을 예배하든지 창조주(그리스도)를 예배하든지 둘 중 하나다. 우리에게 있는 선택지는 이것뿐이다.

우상을 예배하면 우상을 닮게 될 것이다.[4] 우상숭배는 우리가 만들 수 있거나 손에 쥘 수 있는 유한한 것에서 궁극적 의미를 찾으려는 헛된 시도다. 이 사실은 성경에 더할 수 없이 분명하게 나와 있다. 죽은 우상을 사랑하고 예배한다는 것은 곧 그 우상처럼 되는 것이다. 우리가 섬기는 우상이 우리를 안아줄 손도 없고 우리를 볼 눈도 없고 우리를 안심시켜 줄 입도 없고 우리의 말을 들어 줄 귀도 없다면, 그 우상을 예배하는 우리도 그 우상처럼 될 것이다. 영적으로 무력하고, 앞을 보지 못하고, 말하지 못하고, 듣지 못하는 자 말이다. 우리가 섬기는 우상은 우리에게서 인간성을 빼앗는다. 우상은 우리 영혼을 돌같이 딱딱하게 만들고, 우리의 모든 영적 감각을 둔화시키고, 무디게 만들고, 약화시킨다.[5] 우상이 할 수 있는 일이란 우리를 왜곡시키는 일뿐이다(이에 대해서는 나중에 좀 더 자세히 이야기하게 될 것이다). 그러므로 무엇이든 하나님 아닌 것을 예배한다는 것은 근본적으로 정체성 혼란

가운데 사는 것이다.

우리가 유명인사(마이클 조던 같은)의 화려함을 경배하면 그 유명인사가 우리의 우상이 되어 찬탄과 순응의 대상이 된다. "누가 봐도 아주 종교적인 정서로 표현되는 찬미, 숭배, 찬양"의 대상으로 인간에게 높임 받는 것이다.[6] 쇼의 시대는 유명인사를 낳고, 이들은 예배와 모방의 대상인 문화적 우상이 된다. 유명인사들이 비록 우리를 위해 공연을 하고 경기를 할지라도, 그리고 우리가 오빠부대 소녀들처럼 그들을 숭배할지라도, 그들은 우리에게 사랑받은 만큼 우리를 사랑하지 않는다. 그들은 절대 우리를 알지 못한다.

그리스도를 예배하면 그리스도를 닮게 될 것이다.[7] 우상과 반대로, 그리스도를 사랑하고 예배한다는 것은 곧 그리스도의 아름다운 형상을, 하나님의 참 형상을 많이 닮아, 그분처럼 되는 것이다. 여러분과 나는 한 형상을 표현하려고 창조되었으며, 예수 그리스도가 바로 그 완전한 형상이시다.[8] 나는 그분의 형상으로 만들어졌다. 하지만 나의 본성은 죄 되고, 뒤틀리고, 상한 상태다. 그리스도께서는 나를 위해 자기 피를 흘릴 만큼 나를 사랑하셨으며, 이는 다른 어떤 대상을 닮고자 하는 함정에서 나를 자유롭게 해주시기 위함이었다.[9] 그리스도 안에서 나는 영적으로 살아 있는 존재로 지음 받았고, 영원한 소망과 영속하는 기쁨이 나에게 주어졌으며, 그분 안에서 나는 얼굴과 얼굴을 맞대어 그분을 만난다. 또한 하나님의 형상을 지닌 자로 창조될 때의 모든 속성을 충분하고도 완전하게 회복할 순간을 기대하게 된다. 이 소망과 갈망이 나를 움직여 성경에서 그분을 만나게 한다. 그리고 그분을 사랑하게 만들고 그분을 나타내게 하며 이제 그분의 삶을 본받

게 한다(또한 부활 때 그분의 형상을 완전히 닮게 될 것을 기대하게 한다).[10]

우리 예배의 대상은 우리가 본받을 대상이다. 하나님께서는 서로 분리할 수 없는 이 패턴을 구상하셨다. 뭔가를 닮기 원할 때 우리는 그것을 예배한다. 그리고 우리 예배의 대상이 우리의 모습을 빚어 간다. 이것이 인간론의 기초다.

하나님의 형상으로 창조되다

하지만 거울과 우상, 닮아감에 대한 이 모든 이야기도 우리의 정체성에 관한 핵심 질문에 정확히 답변해 주지 않았다. 그 질문은 바로 이것이다. 나는 왜 존재하는가?

물론 우리는 소셜 미디어에서 인정받고 지지받는 데 우리 삶의 목적이 잠복해 있다 여기고 거기서 그 목적을 찾아내지는 않을 것이다.[11] 위의 질문에 대한 답을 찾기 위해 우리는 성경으로 시선을 돌리며, 거기서 우리는 우리가 하나님의 형상으로 하나님에 의해 창조되었다는 말씀을 읽게 된다.[12] 하나님의 형상을 표현한다는 것은 영적인 면에서, 이성 면에서, 그리고 감정 면에서 많은 의미가 있지만, 형상을 지닌다는 말의 본질을 확실히 알려고 존 파이퍼에게 설명을 요청했더니 그는 대리석 조각상을 예로 들어 설명했다. "스탈린상을 세우는 것은 사람들이 스탈린을 보았으면, 그리고 스탈린에 대해 생각했으면 하기 때문입니다. 조지 워싱턴상을 세우는 것은 미국인들이 건국 시조들을 기억하도록 하기 위해서죠. 형상image을 만드는 것은 형상을 나타내도록image 하기 위해서입니다." 피와 살을 지닌 인간에게 이 말은 무슨 의미인가? 이는 하나님께서 "자신을 닮은 작은 상

images를 만들어 그들이 하나님이 어떤 분이신지를 드러내는 방식으로 말하고 행동하고 느끼도록 하셨다는 뜻입니다. 그래서 사람들은 내가 어떤 식으로 처신하는지를 보고, 내가 어떤 식으로 생각하는지를 보며, 내가 어떻게 느끼는지를 보고, 이렇게 말하지요. '하나님은 위대하신 분이 틀림없어. 하나님은 진짜 존재하시는 게 분명해.' 그게 바로 여러분이 존재하는 이유입니다."[13] 달리 말해, 우리는 하나님을 전문 기술과 과학적 설비가 지배하는 새로운 세상과는 무관한 분으로 보이게 만드는 과학기술 중심의 세속성에 맞서는 자들로 창조되었다.

핵심은 이것이다. "하나님은 여러분을 여러분 자체가 목적인 존재로 창조하지 않으셨습니다. 하나님이 목적이고 여러분은 수단입니다. 그게 좋은 소식인 이유는, 하나님이 무한히 귀한 분이심을 보여 주는 가장 좋은 방법이 바로 하나님 안에서 최고로 기뻐하는 것이기 때문입니다. 하나님의 사람들이 하나님을 지루해 한다면, 이들은 정말 불량한 상image입니다. 하나님은 자기 자신에 대해 불만족하지 않으십니다. 하나님은 자신의 엄청에 대해 무한히 행복해 하십니다."[14]

하나님의 형상으로 지음 받았다는 것은 우리가 두 가지 이유를 위해 존재한다는 뜻이다.

(1) 창조주의 무한한 가치에 만족하기 위해 (2) 창조주가 얼마나 소중하고 깊이 만족스러운 분인지 세상에 보여 주기 위해. 우리의 '순응', 우리의 '사랑', 우리의 '소속', 이 모든 것이 그분 안에서 하나로 수렴된다. 우리의 정체성은 창조주에 의해 정해지고, 그분 안에서 우리는 성령께서 주신 능력, 곧 우리에게 투사된 다른 모든 정체성을 거부할 수 있는 능력을 발견한다.[15] 하지만 우리가 하나님에게 싫증을 내

고 우리 자신에게 몰두하며 세상의 유명인사들을 닮으려 하는 모습을 사람들이 본다면, 이들은 우리 안에 예수의 형상이 반영되는 모습을 보지 못할 것이다. 그리고 우리가 그리스도를 반영하지 못하면, 하나님께서 우리를 창조하실 때 의도하신 존재가 되지 못한다. 다시 말해 우리의 존재 목적을 잃는 것이다.

기계를 예배하다

이를 생각하면 다시 폰 이야기로 돌아오게 된다. 피터 라잇하르트Peter Leithart는 테크놀로지 앞에 스스로 무릎 꿇는 우리의 성향에 대해 논하면서, 우리의 예배와 우리의 우상숭배가 언제나 굴복의 행위라고 말한다. "테크놀로지를 우상으로 섬기는 사람들은 자신의 테크놀로지를 문자 그대로 신적神的인 것으로 생각하지는 않는다. 그런데 많은 이들이 테크놀로지 앞에서 자기 몸을 '낮춘다.' 자기 노동과 창의력의 산물을 지혜롭게 활용하는 게 아니라, 최신 기기나 장치가 자기 삶을 지배할 때까지 고개 숙여 '절한다.' 시간을 어떻게 쓸 것이며, 돈을 어떻게 쓸 것인지를 넘어 마침내 관심사와 가치관을 그 장치들이 결정할 때까지."[16] 만들어진 것, 이를테면 스마트폰 같은 것에 복종하는 행위는, 그 도구나 장치가 우리 삶의 목적을 결정할 경우 우상숭배가 된다.

이런 형태의 우상숭배, 즉 인간의 목적을 인간에게 유용한 과학기술적 수단에 종속시키는 행위를 가리켜 역적응reverse adaptation이라고 한다.[17] 디지털 시대의 경우, 우리의 영적 목표에 도달하는 데 폰이 도움이 되는지(혹은 해로운지) 물을 능력을 잃을 때 우리는 폰을 우상으로 삼게 된다. 테크놀로지의 현란함에 점점 매혹된 나머지 폰이라는 놀라운 수단, 즉 그 속도와 구성과 효율에 포로가 되어 버리고, 이 수단이 그 자체만으로도 만족감을 주는 목표가 되고 만다. 목적지가 오리무중인 것은 우리가 여행 속도에만 관심을 집중하기 때문이다. 우리는 인간의 영적 목표를 과학기술적 가능성에 종속시키는 잘못을 저지른다. 이것이 역적응이다.

우상숭배 충동은 우리로 하여금 쉽게 그 세속성의 덫에 걸려 목적을 상실하게 만든다. 우리는 하나님의 형상을 나타내라는 부름에 근거해 폰을 엄격히 감독하고 관리하지 못할 때가 많다. 오히려 우리의 궁극적 목표에 대한 질문은 절대 하지 않고 디지털의 온갖 가능성을 보여 주는 세상으로서 폰에게 절을 한다. 수단에 불과한 것이 우리의 목표 없는 습관이 되는 것, 이것이 바로 테크노 우상숭배다.

소셜 미디어라는 우상

우상이 우리 모습을 빚어 간다고 할 때, 건강하지 못한 폰 사용 행태는 우리가 맺는 여러 관계에 투영되기 마련이다.

우리가 디지털 세상에서 나누는 교류는 대개 간결하고 피상적인데, 이 같은 관계 패턴이 우리의 다른 모든 관계에도 나타나기 시작한다. 온라인에서의 관계에 깊이가 없으면 오프라인 관계에도 깊이가 없어진다. 덴버 신학교 철학 교수 더글러스 그로타이스는 이렇게 경고한다. "온라인에서의 상호 작용 방식이 오프라인 상호 작용 방식의 규범이 된다. 페이스북과 트위터에서의 커뮤니케이션은 아주 짧고, 단순하고, 신속하다. 그런데 그게 우리가 누군가와 바람직한 대화를 나누는 방식은 아니다. 더욱이, 바람직한 대화에는 경청과 타이밍이 수반

되는데, 인터넷 커뮤니케이션에서는 그런 특성이 상당 부분 제거된다. 인터넷에서는 인격체와 직접 대면하지 않기 때문이다. 그래서 어떤 사람이 나에게 메시지를 보낼 수도 있고 나는 그 메시지를 무시할 수도 있으며, 어떤 사람이 메시지를 보내고 나는 두 시간 후에 그 메시지를 열어 볼 수도 있다. 하지만 실제 어떤 장소, 실시간으로 진짜 몸과 진짜 목소리를 지닌 사람과 함께 있는 곳에서는 아주 다른 역학이 작동한다. 나와 실제로 대면하고 있는 사람을 트위터에서 대화하듯 대할 수 없다."[18] 그런데 온라인에서의 상호 작용 습관은 현실에서 우리가 누군가와 관계를 맺는 습관을 변화시킨다. 온라인에서든 현실에서든 우리의 관계 패턴은 단순하고 피상적인 것이 되며, 우리는 상대를 앞에 두고도 쉽게 정신이 산만해지고 참을성이 없어진다.

온라인이라는 잔이 가득 차기도 하고 빠지기도 하는 것에 우리 생각이 사로잡히면 우리의 인간관계 또한 피해를 입는다. 작가 앨런 제이콥스Alan Jacobs는 아이폰에 7년 세월을 썼고, 트위터를 7년간 했으며, 10년이 넘도록 블로그 댓글에 답글을 달며 살았다. 그리고 그는 한 발자국 뒤로 물러나 이런 시간을 평가해 보고 모든 활동을 다 내려놓았다. 소셜 미디어 활동을 접었고 아이폰을 버렸다.[19] "대가와 이득을 생각해 보았다"라고 그는 말한다. "그런 다음 더는 그런 것들에 볼모 잡혀 있지 않겠다고 굳게 결심했다." 왜 아니겠는가? "주된 이유는, 사람들이 까다롭거나 바보 같아서가 아니다. 물론 소셜 미디어에서 커뮤니케이션하는 사람들 중에는 그런 표현이 딱 들어맞는 이들이 참담하리만치 많은 게 사실이지만 말이다. 그보다는, 소셜 미디어에서 이러이러해야 한다는 일종의 교리가 등장할 때마다 매번 그 바람에 이

리저리 흔들리거나, 순간의 쓰나미에 관심을 빼앗겨 정신을 못 차리거나, 다른 모든 이들이 당장 반응하는 문제에는 자기도 지금 당장 반응해야 한다는 생각에 사로잡히는 이들이 너무 많기 때문이다."[20]

대학원생 앤드류 서우드가 똑같은 결정을(소셜 미디어와 스마트폰을 버리기로) 하자 그의 아내는 남편이 지금까지 준 선물 중 가장 큰 선물이라고 하면서 환영했다. 왜일까? "스마트폰을 쓸 때 당신은 걸어 다니는 자동판매기처럼 그날 먹은 걸 다 뱉어냈어요. 중요한 다른 일에 대해 깊이 있게 대화를 나누기 힘들었고요. 당신이 계속 허접한 인터넷 기사들에만 정신이 팔려 있었으니까요. 이제 당신은 더 중요한 문제들에 집중하고 그 문제에 관심을 쏟을 수 있게 되었어요. 트위터에서 읽은 이야기보다 당신 마음속 생각들에 대해 더 많은 이야기를 나눌 수 있게 된 거라고요."[21] 지금이 스마트폰을 아예 하수구에 던져 버릴 때인지 아닌지는 나중에 살펴볼 질문으로 남겨 두겠다. 다만 앤드류는 디지털 우상이 우리에게 어떤 행동 패턴을 형성시키는지에 대해 생생한 예를 보여 준다.

경고와 소망

인간으로서 우리는 하나님의 형상을 나타낼 존재로 지음 받았으며, 이는 우리의 정체성이 그 정의상 일정한 형태로 빚어질 수 있다는 뜻이며, 또 이는 외부의 자극에 영향을 받기 쉽다는 의미다. 우리는 폰상에서의 언행에 의해 변화되고 재형성될 수 있는 밀랍상像 같은 존재다. 이런 유연성은 우리 형상을 조각하신 구주의 주권적 은혜로 구속받고 재창조되어 원래 우리가 하기로 되어 있던 일을 할 수 있다는 뜻이기도 하다. 그 일은 바로 하나님을 높이 찬미하는 일이다. 우리가 하나님의 형상을 나타낼 때 세상을 초청해 아버지를 환영하게 한다. 세상에서 길 잃은 자들은 아버지에게서 피난처를 찾고 정체성을 발견할 수 있으며, 목마른 죄인들은 아버지에게서 모든 갈증을 해소시키는 생수를 발견할 것이다.

참으로 하나님의 형상을 지니게 되면 디지털 세상에서 아무 거리낌 없이 자기 자신에 대해 솔직해진다. 우리에게 은혜를 주사 나르시소스와 같은 곤경을 피하게 해주실 것을, 우리 자신의 형상과 사랑에 빠지는 일을 피하게 해주실 것을 우리는 기도한다. 또한 우리에게 은혜와 담대함을 주사 반짝거리는 폰 화면에 비치는 우리의 디지털 이미지를 정직하게 볼 수 있게 해주시기를, 우리가 어느 부분에서 그리스도를 나타내지 못하는지를 깨닫고 겸손히 이를 인정하고 회개하며 때로 사납고 거친 모습이 화면에 비치는 것을 볼 때 이를 바꿀 수 있게 해주시기를 우리는 기도한다.

참된 고독은
영혼을 채운다

중년의 한 노숙자가 햇살 좋은 도시의 보도 담에 기대 앉아 꾸벅꾸벅 졸고 있다. 마음씨 좋은 사람 카림은 지나가다가 이를 보고 다가가 손에 돈을 꺼내들고 선다. 노숙자는 놀라 잠이 깨고, 움찔하면서 소지품이 들어 있는 백팩을 꼭 움켜쥔다. 햇빛 때문에 눈을 못 뜨다가 얼마 후 시야가 밝아진 그는 눈앞에 내밀어진 손을 본다. 그리고 그 손이 건네는 돈을 받아들며 감사 인사를 한다.

두 사람은 이야기를 나누기 시작하고, 노숙인은 자기를 마크라고 소개한다. 잠시 후 지저분한 백팩을 집어든 마크는 카림에게 잠시만 기다려 달라고 하며 일어나더니 그에게서 받은 돈을 가지고 어딘가로 향하고, 길에는 카림만 남는다. 얼마 후 마크는 비닐봉지 하나와 스티로폼 상자 두 개를 들고 돌아온다. 마크는 카림이 자신에게 준 돈으로 그와 나눠 먹을 2인분의 음식을 사 가지고 왔다.

"여기 앉아서 나하고 같이 좀 드시겠어요?" 마크가 묻는다.

카림은 조금 놀라긴 하지만 곧 그러겠다고 하고 콘크리트 바닥에 주저앉는다.

"함께 있어 줘서 기뻐요." 노숙자가 그렇게 말하고, 두 사람은 보도에 앉아 함께 상자를 푼다. "여기 길거리는 외로워요. 사람들은 그냥 저를 무시하고 지나가지요. 내가 죽었는지 살았는지 별 신경 안 써요. 누군가와 함께 이렇게 앉아 있는 것만으로도 정말 좋습니다."

두 사람이 이렇게 마음을 나누는 광경이 몰래 카메라로 찍혔고, 유튜브에서 이 영상을 볼 때마다 내 가슴은 감동으로 뛴다.[1]

유리 파편 천 개

이런 영상이 진짜 믿을 만한 것인지는 아무도 모른다. 하지만 이 특별한 영상은 많은 이들에게 퍼졌으며, 그 이유가 무엇인지 우리는 쉽게 알 수 있다. 이 영상은 대다수 사람들이 눈여겨보지 않았고 좀처럼 시선을 끄는 일도 없는 노숙 생활의 단면을 드러냈다. 인간의 삶에서 돈, 음식, 거처보다 더 근본적인 것은 같은 인간의 호의다. 우리는 다른 사람과 관계를 맺고 진정한 교제를 나누어야 할 존재로 지음 받았다. 이는 우리가 삼위 하나님의 형상으로 창조되었기 때문이다. 그리고 이 점이 바로 외로움이 마치 깊이 베인 상처처럼 우리를 아프게 하는 이유다.

네덜란드의 정신과 의사 반 덴 베르흐J. H. van den Berg는 "외로움은 정신의학의 핵심"이라는 유명한 말을 남겼다. 또한 베르흐는 "외로움이 존재하지 않았다면 정신 질환도 발생하지 않았을 것이라 생각해도 과히 틀리지 않을 것"이라고도 했다.[2] 신학자 피터 라잇하르트는 이런 근사한 인용구에 다음과 같은 고상한 해석을 덧붙인다. "인간은 아주 근본적인 차원에서 다른 인간과 연결되는 존재이기에, 이 연결이 끊어지면 우리 영혼이 천 개의 작은 조각으로 산산히 부서진다."[3]

나는 외로움과 노숙 사이의 연관 고리를 이해할 수 있을 것 같다. 정말로 이해하기 어려운 것은, 관계 과잉인 디지털 시대에 왜 그런 지독한 외로움이 여전히 존속하느냐는 것이다.

온라인과 외로움

스마트폰과 소셜 미디어는 원래 외로움이라는 유행병을 치료하기 위한 것이었다. 스마트폰과 소셜 미디어가 있으면 우리가 다, 모두 다, 늘 연결되어 있을 것이고, 그러면 누구도 외로움을 느끼지 않아야 맞다. 그러나 가혹한 진실은, 우리가 언제나 외로울 수 있다는 것이다. 심지어 군중 속에 있을 때도 그러하며, 디지털 군중 속에 있을 때는 더더욱 그렇다.[4]

우리는 문자와 사진, 영상을 보낸다. 트위터와 페이스북에 새 게시물을 올린다. 새로 고침을 클릭하고 기다린다. 그러나 아무 반응이 없거나 있어도 아주 적어서 폰 화면이 정체되어 있는 것을 볼 때가 많다. 새로 고침을 눌러 봐도 달라진 게 없는 화면을 응시하노라면 저편에 아무도 없는 것처럼 보일 수 있다. 온라인 접속 상태 중에도 우리는 찌르는 듯한 외로움의 아픔을 느낀다. 때로 우리는 관계라는 유물이 전시되어 있고 관계라는 홀로그램이 떠 있는 박물관 한가운데를

걷는 기분이 되기도 한다. 실제로 "친구와 유사類似 친구가 저마다 정체성을 투사한 미로를 헤매면서 나 자신은 어느 부분을 투사할 것인지, 누가 내 말을 들어 줄 것이며, 그들이 듣게 될 말이 무엇인지 알려고 애쓴다는 것은 외로운 일이다."[5]

이는 달걀이 먼저냐, 닭이 먼저냐는 문제와 비슷하다. 페이스북이 우리를 외롭게 만드는 것일까, 아니면 이미 외로운 사람들에게 페이스북이 호소력을 갖는 것일까? 해결하기 어려운 논쟁이지만, 덕분에 한 가지 사실만은 분명해진다. 우리는 페이스북, 즉 우리가 누구와 엮여 있는지를 다 보여 주는 이 네트워크 지도가 우리의 외로움을 끝내 줄 수 있다는 개념을 포기하기 시작했다.

테크놀로지와 고립

큰 그림에서 볼 때 테크놀로지는 우리에게 많은 유익을 준다. 그런데 여기에는 한 가지 큰 함정이 있다. 바로 고립이다. 고립은 테크놀로지 진보의 약속이기도 하고 대가이기도 하다. "문제는 우리가 외로움을 불러들인다는 것이다. 외로움이 우리를 비참하게 만듦에도 불구하고." 작가 스티븐 마치는 이렇게 말한다. "테크놀로지 활용의 역사는 곧 고립을 바라고 성취해 온 역사다."[6]

고립을 바라고 성취해 온 긴 역사는 작가 자일스 슬레이드Giles Slade가 자신의 책 『심각한 단절: 테크놀로지와 외로움 이야기The Big Disconnect: The Story of Technology and Loneliness』에서 다시 설명하고 있다.[7] 이 책에서 슬레이드는 테크놀로지와 외로움의 얼마나 많은 갈래들이 길거리 행상行商과 폰에서부터 텔레비전과 음악에 이르기까지 다양한 혁신의 역사 속으로 직조되어 들어갔는지를 보여 준다.

테크놀로지가 진보함에 따라 기계가 사람을 대체하고 자동화가 사람들 간 교류를 대체한다. 길거리 행상은 자동판매기에게 무릎을 꿇었다. 신선한 우유 배달업은 냉장고에게 길을 내주었다. 은행원들은 ATM에게 자리를 내주었다. 이백 년 전, 노동자들은 고객들과 개인적으로 알고 지냈다. 오늘날의 테크놀로지 사회에서는 노동자들이 고객들과 멀리 떨어진 곳, 산업단지나 공업단지에서 일하면서 얼굴도 모르는 고객들이나 이름 모를 소비자에게 봉사하는 경우가 많다. 노동자는 이들과 지리적으로 떨어져 있거나 기나긴 생산라인에 의해 구별되어 있다.

물리적인 면에서 우리는 다른 요인에 의해서도 서로 멀리 떨어진다. 화롯불을 가운데 두고 둘러앉던 모임은 중앙난방에 길을 내주었고, 이 장치는 집안 구석구석으로 따뜻한 기운을 밀어 보내, 식구들이 자기 방에서 나올 필요가 없게 만든다. 선술집에 모여 앉아 동네 소식을 주고받던 사람들은 신문을 읽게 되었고, 그리하여 서로 얼굴을 가려 주는 종이 장벽이 생성되었다.

고립은 비디오가 발전하면서 더 깊어졌다. 동네 영화관은 집집마다 설치된 대형 텔레비전 앞에 무릎 꿇었고, 또 이 대형 텔레비전은 휴대용 텔레비전에 길을 내주었고, 이제는 각 가정 침실마다 개인용 LED 텔레비전이 구비되어 있다.

음악 이야기를 하자면, 음악이 과학기술적으로 발전해 온 궤적은 훨씬 더 선명하다. 토요일 저녁 오케스트라 공연을 보러 가던 많은 사람들이 자기 집 거실에 설치된 축음기(혹은 전축)로 음악을 들었고, 축음기나 전축은 커다란 트랜지스터 라디오에게 길을 내주었고, 라디오는 다시 휴대용 라디오에게, 휴대용 라디오는 스피커를 어깨에 메고 다니는 대형 휴대용 카세트 플레이어에게, 카세트 플레이어는 다시 허리띠에 끼워 다니는 워크맨에게, 그리고 워크맨은 옷소매에 끼워 가지고 다니는 자그마한 아이팟에 길을 내주었다. 음악은 지역 사회의 사교 체험에서 가족이 공유하는 체험으로, 그리고 다시 이어폰을 통해 혼자 하는 체험으로 변모해 왔다.

테크놀로지는 늘 우리를 서로 떼어 놓는다. 그것도 고의로. 우리는 고립을 바랐고, 성취했다.

휴대용 방패

이러한 테크놀로지 발전의 궤적은 대개 스마트폰이라는 기기 하나로 수렴된다. 인간을 고립시키는 최고의 발명품으로. 스마트폰은 인간이 다른 인간과 접촉하고 교류하는 것을 제지하기 위해 우리가 공개적으로 휘두르는 휴대용 방패다. 다른 사람이 먼저 타고 있는 엘리베이터에 들어설 때 우리는 마치 아기가 애착 담요를 꼭 감아쥐듯 우리의 핸드폰을 그러쥔다.

헤드폰은 이 원리를 궁극적 수준으로 확대시킨다. 이어폰으로 귀를 막는다는 것은 침묵에 귀 기울이지 않겠다는 것으로 정의되며, "침묵에 귀 기울이지 않겠다는 것은 자기 자신이나 다른 사람을 만나지 않겠다는 뜻이다."[8] 이어폰으로 우리는 외부 세계에 대해 자기 자신을 고립시키고, 뿐만 아니라 자기 자신에 대해서까지 자기를 고립시킨다(블레즈 파스칼). 헤드폰은 건전한 내적 성찰과 사회적 대화 모두에 대해 방패 역할을 한다.

"21세기의 눈부신 흰색 애플 이어폰은 우리가 외부 세상에 관심 없고 음악을 좋아하며 위험하지 않은 사람이라는 사실을 우리를 지켜보는 사람들에게 알려 주는 반면, 블루투스 와이파이 이어폰은 약간 다른, 조금 공격적인 메시지를 전달한다. 나는 너무 바쁘니 감히 나를 간섭할 생각하지 말라고 말이다." 슬레이드는 이렇게 말한다. "다시 말하지만, 기기와의 상호 작용은 낯선 사람과의 모험적이고 에너지 소모가 큰 교류를 가로막으며, 이런 교류에 비해 선호된다. 백여 년 이상 우리는 위험을 무릅쓰고 기계의 중개를 통해서만 상호 접촉하도록 길들여져 왔다. 우리는 인간도 신뢰하지만 기계는 훨씬 더 많이 신뢰한다."[9] 앤디 워홀의 녹음기와 폴라로이드 카메라를 떠올리게 하는 우리 시대의 기계 장치들은 이제 우리의 인간관계를 위험에서 보호해 준다(그리고 중개해 준다).

고립을 유지함으로써 우리는 부지중에 세상에서 가장 재기 있는 마케팅 힘징으로 걸어 들어간다. "제조업자와 마케터의 입장에서 인간은 홀로 있을 때가 가장 좋다. 개인은 하나의 소비재를 각각 하나씩 살 수밖에 없는 데 비해 가족이나 집단 구성원들은 하나만 사서 공유하기 때문"이라고 슬레이드는 말한다. "테크놀로지의 소형화 추세는 개인용 전자 제품을 개별 소비자에게 적합하게 만듦으로써 이 목적을 달성한다. 면밀하게 학습된 오늘날의 소비자들의 입장에서, 기기 하나를 나눠 쓴다는 것은 곧 개인 공간을 침범하는 일이다."[10]

역할 반전

테크놀로지의 소형화와 개인화는 우리 시대의 각양 테크놀로지 발전이 지향하는 방향으로서, 여러 가지 일상적 관계에서 우리를 타인과 단절시킨다. 우리는 테크놀로지를 통해 관계를 중개함으로써 타인에게 지배권을 휘두르려고 한다. "테크놀로지 중심 문화에서, 공공 연대는 쉽게 단절되고 기술적 관계나 조직 관계로 대체된다. 사랑은 소멸하고 타인에 대한 공감과 동정, 타인과의 접촉은 사라진다. 소외와 외로움은 늘어난다."[11] 이는 과장이긴 하지만, 슬레이드가 앞에서 말한 것처럼 우리는 사람에 대한 신뢰보다는 테크놀로지에 대한 신뢰가 더 큰 것 같다.

교도소에 면회 가서 유리 가로막을 사이에 두고 벽에 걸린 전화로 대화를 나누기라도 하듯 우리는 이제 안전한 방벽 뒤에서 화면을 톡톡 두드리고 밀어올리는 디지털 언어로 서로에게 접근한다. 가장 가까운 친구와 가족들과 함께 있을 때도 우리는 온라인 네트워크 속으로 침잠한다. (휴가나 모임 중 시간이 더디 갈 때 폰만 들여다보고 있는 사람이 얼마나 많은가?)

스마트폰은 사회 속 개인의 위치에 반전을 초래하고 있다. 대중 속에서는 혼자 있고 싶어 하지만 사람들에게서 멀리 떨어져 있을 때도 결코 혼자가 아니다. 우리는 사람들 속에서도 방패에 가려져 있을 수 있고 혼자 있으면서도 사람들에게 에워싸여 있을 수 있다. 즉, 길에서 사람들과 교류할 때의 어색함도 피할 수 있고 집에 혼자 있을 때의 지루함도 피할 수 있다는 뜻이다. 아니, 우리가 그렇게 생각한다.

대면하여 신뢰 구축하기

가장 심각한 문제로, 테크놀로지 시대는 물리적 전위轉位를 촉진시킨다고 신학자 케빈 벤후저Kevin Vanhoozer는 말한다. "세계화와 교통, 커뮤니케이션 테크놀로지, 그리고 현대성modernity 전반의 한 가지 문제점은, 이런 혜택들이 한 가지 대가와 더불어 온다는 것이다. 그 대가는 바로 자기 자리에서 뿌리가 뽑히는 것displacedness이다. 세계 어디에 있는 사람이든 즉석에서 대화를 나눌 수 있고, 몇 시간 만에 지구 반대편으로 이동할 수 있게 된 결과, 우리는 자신이 어느 특정한 장소에 소속되어 있다는 인식을 잃게 되었다. 거리는 이제 장애물이 아니다. 확신컨대 그것은 좋은 일일 수 있다. 하지만 가깝고 먼 곳 어디에나 연결될 수 있다는 사실 때문에 어느 한 장소를 집처럼 편안하게 느끼기는 더 힘들어진다."[12]

더 염려스러운 것은 아마 관계에 함축된 의미일 것이다. 주된 거주지가 없으면 더욱 자기 자신을 고립시키면서 멀리 떨어져 있는 사람들과의 관계가 나를 정착시켜 주기를 기대할 가능성이 높다. 그런데 가장 깊이 있고 가장 소중히 여기는 관계가 멀리 떨어져 있는 사람과의 관계일 경우, 우리는 다시 한 가지 염려를 하지 않을 수 없다. 스마트폰 터치스크린은 걸리적거리는 것 없이 매끈하지만 우리에게는 서로 대면하여 교류할 때의 그 세련되지 못한 껄끄러움이 필요하다는 점이다. 바로 이 지점에서 피와 살을 가지고 교류할 때 그 어색함이 주는 이득이 중요한 역할을 한다. 우리에게는 우리를 빚어 가는 데 중요한 역할을 하는 대화가 필요한데, 그 대화는 온통 어색하고 껄끄럽기만 하다. 그리고 매끄럽고 거칠 것 없는 폰으로는 그런 대화를 전혀

나눌 수 없다.[13]

낯선 사람과의 교류로 말하자면, 소셜 미디어가 안전한 곳으로 떠오른다. 우리가 소셜 미디어를 좋아하는 것은 "현실 사회에서와 같은 위험 요소나 갖가지 책임이 없기 때문"에, 혹은 "흠도 많고 잊어버리기도 잘하고 도와줘야 할 부분도 많고 예측 불가능하기도 한 인간에게 깊이 실망"하기 때문이라 말해도 그리 지나치지 않을 것이다.[14] 이에 비해 기계를 앞세워 서로에게 다가가면 훨씬 더 안전하다.

소셜 미디어는 우리 자신을 타인에게 제시하는 안전한 길이다. 한 작가가 증언하기를, 폰 화면에서는 "가상의 검열과 인정을 받기 위해 나 자신을 내놓으면서도 물리적으로 거부당할 가능성이 없는 먼 곳에서 여전히 그 상황을 주도할 수 있다"고 한다.[15] 하지만 데이트 앱에서 구애자들의 프로필을 무심히 손가락으로 튕겨 넘기면서 이들을 구경할 수는 있어도, 우리는 실제 그런 방식으로는 짝을 고를 수 없다. 우리에게는 대면하여 만나는 시간이 필요하며, 그때 우리는 서로 마찰이 생기는 것에 대해서는 거의 대비하지 못한다. 긴 시간의 갈등과 마찰을 통해 철이 철을 날카롭게 하는 것같이 우리와 배우자가 다듬어지고 빚어져서 그리스도와 그 신부를 반영하는 부부가 될 수 있게 하시려는 것이 하나님의 생각인데 말이다. 이것이 성性이 다르고 흔히 인종도 다르고 재능과 관심사도 다른 두 사람 사이에 맺어지는 언약적 유대로서의 결혼의 특질(그리고 신비)이다.

온라인에서 우리는 스스로 해석해서 꾸며낸 이야기들로 우리 삶을 제시한다. 우리의 그 해석이 문제시되는 경우는 거의 없다. 하지만 사람들을 직접 만나면 우리의 해석은 뒤로 밀려나고, 의문시되고, 도전

받는다. 다 우리 자신의 유익을 위해서다.

마찰은 성실한 진짜배기 관계로 가는 통로이며, 온라인 커뮤니케이션을 아무리 많이 해도 성실의 결여는 극복할 수 없다. 우리는 하나님께서 우리 삶에 허락해 주신 사람들에게 진실해야 한다. 우리는 진실을 말해야 한다.

우리는 학교에서 정직해야 한다. 돈 문제에서는 지혜로워야 한다. 신뢰할 만한 친구가 되어야 한다. 일터에서는 믿음직한 사람이어야 한다. 우리는 이런 사람이어야 하고, 세상은 바로 그런 우리를 필요로 한다. 하나님을 중심에 모신, 유쾌하고, 신뢰할 만한 사람. 우리는 무흠하지 않다. 우리는 타락한 회개자들로서, 인간관계 속에서 끊임없이 갈등과 마찰을 겪어야 성장하고 성숙한다. 우리는 간편한 인간관계를 진정한 인간관계로 바꾸는 데 전념하는 진짜 신자들이다.

이 구체화된 진정성에서부터 복음은 확산된다.[16] 어느 곳에 살든, 그리스도인은 대면하여 세상에 참여하라는 부름을 받는다. 이는 우리 모두를 위한 핵심 요소이며, 특히 자녀를 키우는 부모들이 명심해야 할 사항이다. "사람들에게 이야기하는 방법을 모르는 아이들, 심지어 폰 화면에서 시선을 들어올리기 싫어하는 아이들을 점점 더 많이 만나게 된다"고 프랜시스 챈Francis Chan은 내게 말했다. "우리는 병사들을 키우고 있어요. 우리는 또 선교사들을 키우고 있지요. 이 아이들이 세상으로 들어가 사람들과 대화를 시작하고 예수의 빛과 복음의 메시지를 전할 수 있게 해주는 것이 우리가 할 일입니다."[17] 눈과 눈을 마주하는 진정성이야말로 공감과 겸손과 신뢰가 있는 관계를 여는 열쇠이며, 우리 모두에게는 이런 역량이 필요하다.

나 홀로 있는 시간을 보호하라

그와 동시에, 얼굴과 얼굴을 마주하는 진정성을 보이려면 진정한 홀로 있음aloneness이 필요하다.

디지털 시대의 존경 받는 심리학자 셰리 터클Sherry Turkle은 이렇게 말한다. "감정을 이입하는 대화를 나눌 수 있는 역량은 고독을 견딜 수 있는 능력과 병행한다. 홀로 있을 때 우리는 자기 자신을 발견한다. 진짜배기라고 말할 만한 무언가를 가지고 대화를 나눌 준비를 하게 된다"[18] 고독은 귀한 선물이다. 우리는 다 혼자 있는 시간을 원하고, 우리는 다 혼자 있는 시간을 필요로 하며, 우리는 다 더 많은 테크놀로지가 그 비결이라고 생각한다. 그러나 그렇지 않다고 알레스테어 로버츠는 경고한다. "활동 과잉에, 듣기 고약하고, 시끌벅적한 우리 시대의 시청각 환경이 잠잠히 집중해서 듣는 기술을, 그리고 그와 더불어 보이지 않는 것의 존재를 감지하는 우리의 감각을 좀먹는 것이 나는 두렵다."[19]

그렇다면 테크놀로지 시대에 우리에게 제공되는 나 홀로 시간에 우리는 무엇을 하는가? 대개는 테크놀로지를 그릇되게 활용하면서 어영부영 그 시간을 보낸다. 1장에서 8,000명의 그리스도인을 대상으로 소셜 미디어 사용 습관을 조사했다고 했던 것을 기억할 것이다.[20] 나는 응답자의 절반 이상(54%)이 아침에 잠에서 깨자마자 대개 몇 분 안에 스마트폰을 확인한다고 한 점에 주목했다. 이메일이나 소셜 미디어를 아침 경건 시간 전에 확인할 때가 많은지 아니면 경건 시간 후에 확인할 때가 많은지 물었을 때 73%가 경건 시간 전에 확인한다고 응답했다.

아래와 같은 존 파이퍼의 말이 옳다고 할 경우, 위의 응답은 우려스러운 현실이다. "나는 아침마다 구원받아야 할 것 같은 기분이 든다. 잠에서 깨면 마귀가 내 얼굴 위에 앉아 있다."[21] 그 아침 시간들은 영적 건강에 중요한 시간이고 날마다 직면하는 영적 전투에서 진보를 이루기 위해서도 중요한 시간이다.[22] 사탄은 그걸 안다. 사탄은 우리의 경건 생활을 망치려 하며, 아침 경건 습관을 소홀히 여기게 만들려 하다가 그게 여의치 않으면 "[우리의] 생각을 산만하게 만들고 수백 가지 허튼 일로 생각이 분산되게 만든다."[23]

폰을 집어 듦으로써 아침 시간을 포기해 버리는 건 새삼 놀라운 일도 아니다. 우리는 왜 그러는 걸까? 무엇이 우리를 유혹하는 걸까? 존 파이퍼에게 물었더니, 그는 본능과 관련된 여섯 가지 이유를 가리켰다. 그 중 셋은 "사탕 유인誘因"이고, 셋은 "회피 유인"이다.

1. **새 것이라는 사탕**Novelty Candy. 우리는 세상이나 친구들 사이에 뭐 새로운 일은 없는지 알고 싶어 하며, 뉴스 가치가 있거나 주목할 만한 가치가 있는 일을 혼자만 모르기를 원치 않는다.
2. **자아라는 사탕**Ego Candy. 우리는 사람들이 나에 대해 무슨 말을 하는지, 내 이야기와 내 게시물에 어떻게 반응하는지 알고 싶어 한다.
3. **오락이라는 사탕**Entertainment Candy. 우리는 마음을 호리는 것, 기이한 것, 낯선 것, 멋진 것, 충격적인 것, 혹은 황홀케 하는 것을 보고 듣고 싶어 한다.
4. **지루함 회피**Boredom Avoidance. 우리는 오늘 하루를 미루고 싶어

한다. 특히 그날이 지루하고 판에 박힌 하루일 것 같고 우리의 관심을 사로잡을 만한 재미있는 일이 하나도 없을 것 같은 경우에는 더욱 그렇다.

5. **책임 회피**Responsibility Avoidance. 우리는 하나님께서 아버지, 어머니, 상사, 고용인, 학생으로서의 우리에게 주신 역할의 부담을 지지 않으려고 한다.

6. **역경 회피**Hardship Avoidance. 우리는 인간관계에서의 갈등 혹은 우리 몸의 고통이나 질병, 장애를 대면하여 처리하고 싶어 하지 않는다.[24]

우리가 폰을 들여다보는 게 어쩌면 이보다는 좀 더 고상한 목표, 이를테면 친구나 가족과 연락하기 위해서이거나 그날 일정을 확인하기 위해서일 수도 있지만, 어쨌든 아침에 잠이 깨면 그 즉시 폰을 확인하고 싶다는 한 가지 유혹이 힘차게 돌진해 오고, 그래서 우리는 소중한 나 홀로 시간을 그렇게 어영부영 보낸다. 여기서 빚어지는 문제를 다음과 같은 말보다 더 잘 요약할 수는 없을 것이다. "페이스북의 진짜 위험은 우리 자신을 고립시킨다는 것이 아니라 고독에 대한 우리의 욕구를 허영심과 뒤섞어서 고독의 본질 자체를 바꿔 버리려 한다는 것이다."[24] 이 같은 등식은 우리의 아침 시간에 그대로 들어맞는 것 같다.

혼자 있기 + 허영 채우기 = 영혼까지 허기지게 하는 외로움
혼자 있기 + 하나님과의 교제 = 영혼을 채우는 고독

핵심은 이것이다. 즉, 테크놀로지는 우리를 구심력 방향으로 휘게 만들어, 외로움의 주 서식지로 우리를 끌어당기고, 테크놀로지는 우리의 관심으로 돈벌이를 하려는 투자자들에게 이득이 되는 습관으로 우리 삶을 가득 채운다.

아침 시간에 관해 말하자면 찰스 스펄전의 말이 옳았다. "쉽사리 다른 데 정신이 팔리는 것을 스스로 허용하지 말라. 그렇지 않으면 경건 생활이 자주 엉망이 될 것이다."[26] 우리의 영적 건강에 필수적인 사항으로, 우리에게 이렇게 말씀하시는 하나님의 음성을 경청하고 귀 기울여야 한다. "너희는 가만히 있어 내가 하나님 됨을 알지어다"(시 46:10). 매일 아침, 모든 행동을 멈추고 잠잠히 있으면서 하나님이 하나님 되심을, 그리고 우리는 그의 백성임을 아는 시간을 가져야 한다. 디지털 테크놀로지로 우리 삶 가운데 있는 고요한 틈을 메워서는 안 된다.

그리하여 그리스도인으로서 우리는 아침에는 폰을 옆으로 밀어 놓는다. 하나님을 알 수 있도록, 그리고 하나님의 자녀로서 우리가 그분을 반영할 수 있도록 홀로 있는 시간을 지키기 위해서 말이다. 그리고 우리는 낮에도 폰을 옆으로 밀어 놓는다. 내 옆에 있는 사람들과 눈을 마주볼 수 있는 진정성 있는 신뢰를 구축하기 위해서, 그리고 철이 철을 날카롭게 하듯 건실한 관계로 서로를 다듬어 가기 위해서 말이다. 이 두 파수꾼이 제 자리를 지키고 있지 않으면, 뿌리가 뽑힌 듯 정처 없는 상태가 우리를 지배하고, 고립이 우리의 피난처가 되며, 점점 더 외로워지는 우리의 모습을 보게 되고, 복음을 전해야 할 사명이 결국 교착 상태에 빠지고 말 것이다.

그러나 비밀의 장막 뒤에서 번성하고 있는, 이보다 훨씬 더 무서운 스마트폰 사용 습관이 아직 하나 더 있다.

은밀한 유혹에서
시선을 돌리라

우리는 날 때부터 뭔가를 필요로 하는 소비자들이다. 우리는 생존하기 위해 뭔가를 취해서 먹어야 하고 물질적 선물을 받아야 하며 생명수를 마셔야 할 존재로 지음 받았다.

소비주의는 삶의 모든 것이 편의용품으로 가공되고, 관리되고, 돈으로 환산될 수 있다는 개념이다. "꼭 맞는 앱이 있어요"라는 광고 문구는 스마트폰 시대의 소비주의 정신을 나타내는 지배적 표어다. 오늘날, 우리의 모든 활동과 관심사는(심지어 인간관계까지) 스냅챗에서처럼 별개의 표로 작성된다.* 이 표에서는 인간관계 맥락도 점수로 환원되고 '스냅스트릭Snapstreaks'은 특정 친구와 적어도 24시간마다 한 번씩

● 스냅챗에서는 얼마나 자주 소통하는지에 따라 등급별로 이모티콘이 다르게 표시된다. -편집자

스냅챗을 주고받음으로써 유지될 수 있다. 실제로, 개발자들이 자기들의 상품 권한과 취약성을 시뮬레이션하기 위해 인간의 깊은 허기를 활용하는 법을 알아감에 따라 소셜 미디어 테크놀로지는 해가 갈수록 점점 '게임화' 되고 있다."[1])

인간관계가 경쟁 게임처럼 개인 점수로 환원될 수 있는 문화에서는 삶의 모든 체험, 소망, 갈망의 아주 내밀한 부분까지도 쉬이 상품화될 수 있다.

애슐리 매디슨

애슐리 매디슨Ashley Madison은 캐나다의 웹 기반 정기구독 서비스로, 익명으로 혼외 관계를 맺고 싶어 하는 기혼남녀를 대상으로 하고 있다. 이 사이트가 내건 선전 문구는 이보다 더 단순할(혹은 싱거울) 수 없다. "인생은 짧아요. 바람피우세요." 디지털 테크놀로지가 삶의 모든 부분을 상품화했다면 이 사이트는 섹스와 남녀 관계를 상품화했다. 섹스와 남녀 관계를 몇 번 쓰고 버릴 수 있는 편의용품으로 만들어 버린 것이다. 이 서비스는 간음을 편의용품으로 만들어, 사용자들이 요금을 내고 살 수 있게 했다. 사용자들이 자기 이메일 주소를 데이터베이스에 등록하고 회원이 되면 다른 회원에게 메시지를 보내 은밀히 만남을 가질 수 있도록 중간 역할을 해주는 것이다. 여러 해에 걸쳐 수천만 명이 은밀히 자기의 이름, 신용카드, 이메일 주소, 집 주소를 등록했으며, 심지어 어떤 성적 판타지를 갖고 있는지까지 밝혔다.

시간이 흐르면서 많은 회원들이 가입을 재고하고 계정과 개인 정보를 삭제했다. 하지만 회원 프로필과 가입 정보가 이 회사 서버에서 정말로 삭제되었는지의 여부가 논란을 일으켰고, 이를 밝혀내기 위해 2015년 여름 한 해커 팀이 회사 사이트를 뚫고 들어가 그 어떤 정보도 데이터베이스에서 영구히 제거된 적이 없다는 것을 알아냈다. 그리고 해커들은 모든 데이터 기록을 다 훔쳐 내서 회원들의 이름과 이메일 주소를 공공연히 유출시켰다.

데이터가 유출되었다는 소식에 공포가 확산되었다. 다음 수순으로, 의심 많은 사람들은 혹시 사랑하는 남편 혹은 아내의 이름과 이메일 주소가 거기 포함되어 있지는 않은지 확인하려고 온라인 데이터베이스를 뒤지기 시작했다. 혹시라도 정말 있으면 어쩌나 두려워하면서.

48세의 사만다(가명)도 그런 사람 중 하나로, 유출된 데이터에서 남편의 이메일 주소를 발견했다. 출근해서 일하는 중이던 사만다는 할 말을 잃은 채 그 즉시 지갑과 차 열쇠를 챙겨 집으로 돌아왔다.

남편이 주방에 있다가 저를 보고 깜짝 놀라더군요. 뭔가가 잘못되었다는 걸 알아차린 거죠.
"내 얼굴의 고통과 슬픔을 봐요. 보고 있어요?" 제가 말했어요.
"보고 있소. 무슨 일이오?"
"애슐리 매디슨에서 당신 이름하고 이메일 주소를 봤어요."
"아니야, 그럴 리 없소."
"내가 무슨 말 하고 있는 건지 잘 알잖아요."
남편 얼굴이 창백해지더군요. 자꾸 침을 꿀꺽 삼켰어요. 전 남편을 잘 알아요. 패닉에 빠진 거였어요.[2]

패닉, 목이 콱 막힌 듯한 느낌, 영혼에 구멍이 뻥 뚫린 기분. 자기 마음의 음험한 의도를 단지 '실수'라거나 클릭을 잘못한 거라고 설명할 수 없을 때 많은 이들이 느끼는 기분이 바로 이렇다. 이들의 의도는 이제 만천하에 드러났고 설마 내 남편이, 설마 내 아내가, 하던 사랑하는 사람에게도 드러났다. 데이터 유출 한 차례에 간음한 자(혹은 간음하고 싶어 안달이던) 3200만 명의 신상이 드러났다. 군인도 있었고, 이름만 대면 알 만한 유명인사도 있었고, 심지어 목회자와 교계 지도자도 있었다. 56세의 목사 겸 신학교 교수를 포함해 자살이 잇달았다.

가장 비극적인 사실은, 애슐리 매디슨이 사실은 그저 순진한 남자들을 겨냥한 거대한 사기극이었다는 점이다. 수사 결과를 보면, 3200만 건의 회원 프로필 중 활성화되어 있는 진짜 여성들의 계정은 겨우 12,000개밖에 안 된다. 유출된 데이터를 좀 더 연구한 결과, 자신의 메시지함을 적극적으로 확인한 회원들의 도표가 작성되었다. 남성 회원 2030만 명에 여성 회원은 1,500명으로, 남성 13,000명 당 여성 한 명의 비율이었다. "수치를 보면, 애슐리 매디슨을 이용하는 남성들의 압도적 다수가 바람을 피우지 않았음을 부인하기 어렵다. 이들은 환상에다가 돈을 지불하고 있었다."[3] 애슐리 매디슨은 사기였고, 수백만 남성들이 익명성이라는 그릇된 엄호물 아래서 백일몽을 즐기다가 현실이라는 단검에 뱃속까지 깊이 찔렸다.

테크놀로지는 이런 짓을 한다. 익명으로 악에 탐닉할 수 있다 생각하게 만들고, 심지어 개념적으로는 그에 따른 후환도 전혀 없을 것이라 생각하게 만든다. 익명성의 그늘 아래 죄가 번성한다. 익명성은 디지털 시대에 가장 널리 퍼져 있는 거짓말이다. 손가락 끝으로 어디를 클릭하느냐가 우리 마음속 음험한 의도를 보여 주며, 모든 죄, 곧 화면을 더블 탭하거나 마우스를 클릭해서 짓는 모든 죄에는 책임이 뒤따를 것이다.

값싼 호기심의 대가

애슐리 매디슨의 데이터 유출 사건은 정말 가슴 아픈 비극인 한편 디지털 시대에는 누군가를 속이며 사는 게 간편해졌다는 점을 보여 준다. 과거에는 불편함이라는 벽 때문에 악을 행하기가 어려웠지만, 디지털 시대에는 이 벽의 높이가 낮아지거나 아예 제거되었다.

첫째, 앞에서 지적했다시피 스마트폰은 좀 더 용의주도하게 성적인 죄를 저지르게 만들며, 프라이버시라는 장막 뒤에서 이 죄가 곪아터질 여지를 준다. 해커를 제쳐 두면, 불륜은 이제 스마트폰이 등장하기 전 시대에는 도무지 상상하기 힘들었던 다양한 수준의 익명성과 비밀의 보호 아래 일선된다. 독신자의 경우, 즉석 만남 문화가 데이트 앱을 만나면 손쉬운 섹스기 유용한 편의용품이 된다. 틴더Tinder 같은 '연애 앱'은 GPS 테크놀로지를 활용한다. 앱을 켜고 GPS가 알려 주는 대로 근처에 있는 적당한 사람들의 프로필을 검색한 뒤 마음에 드는 여성의 사진을 바로 터치하고는 예쁘다고 '말할' 수 있다. 그 여성이 응답을 해오면, 두 사람은 공개적으로 대화를 틀 수 있고, 두 사람만 개인적으로 만날 수도 있다. 데이트 앱이 점점 단순화되고 점점 더 시각에 기반을 두며 지리적으로 안정화되어감에 따라 이 앱은 어쩌다 만난 사람과 아무렇지도 않게 섹스를 하는 즉석 만남 문화를 조장하고 더 나아가 남녀가 애초에 이 앱에서 찾고자 하는 게 무엇인지 혼란스

럽게 만들기도 한다.⁴⁾

둘째, 스마트폰 덕분에 무료 음란 동영상 찾기가 일기예보 찾기보다 더 쉬워졌다. 음란 동영상은 언제나 시각적 디지털 커뮤니케이션의 주된 동인動因이었다. 음란 동영상은 사방에 퍼져 있는 문젯거리다. 그리스도인 8,000명을 대상으로 조사했을 때, 신앙을 고백한 신자들이 직면하고 있는 큰 문제 중 하나가 바로 음란 동영상을 계속 찾아서 본다는 것이었으며, 이들은 대부분 청년들이었다. 비록 어떤 연령대든 이 문제에서 예외는 아니지만 말이다.⁵⁾ 60세 이상 그리스도인 남성의 15% 이상이 습관적으로 음란 동영상을 본다고 털어놓았다. 50대 남성에서는 그 비율이 20%가 넘었고, 40대 남성은 25%, 30대 남성은 30%였다. 그런데 18세에서 29세 사이 그리스도인 남성들은 거의 50%가 지속적으로 음란 동영상을 본다고 기꺼이 고백했다. 조사 결과를 보면 여성들 사이에서도 비슷한 동향이 있는 것을 알 수 있지만, 비율은 남성들에 비해 적다. 18세에서 29세 사이 여성의 10%, 30대 여성의 5%가 지속적으로 음란 동영상을 본다고 했고, 40대와 50대, 60대 그리고 그 이상으로 갈수록 비율은 점점 줄어들었다. 스마트폰으로 접속하는 무료 음란 동영상은 이제 문화적으로 '전례 없이 심각한 공공의 위험 요소'다.⁶⁾ 그리고 그보다 더 염려스러운 것은, 그리스도인들 사이에서도 스마트폰으로 무료 음란 동영상에 접속하는 행태가 교회 역사상 전례 없이 엄중한 영적 유행병이 되고 있다는 점이다. 그 대가로 이제 젊은 그리스도인 세대는 그리스도 안에서 기쁨을 누릴 줄 모르게 되었고, 무절제한 정욕이라는 산성 물질이 젊은 영혼들을 부식시키고 있다.

셋째, 스마트폰의 악덕은 우리의 무한한 호기심을 이용한다. 잉글랜드와 웨일스에서는 스마트폰과 소셜 미디어 도입 이후 18세 이하의 임신율이 뚝 떨어졌다. 이유가 뭔지 사실 아무도 모르지만, 일부 연구자들은 피임에 대한 새로운 접근법이나 공립학교 성교육에 급작스런 변화가 있었다는 사실만으로는 스마트폰과 임신율의 이런 상관관계를 설명할 수 없다고 본다.[7] 동일한 문화 현상이 일본에서도 주목받아 왔다.[8] 다른 많은 요인들 가운데서도, 과거에는 십대 청소년들이 호기심 때문에 성 체험을 시도했다면 이제는 온라인에서 음란 문자를 주고받거나 음란 동영상을 보면서 그 호기심을 충족하기 때문이 아닐까 한다.

브래드 리틀존Brad Littlejohn은 2016년 한 강의에서 이 현상을 탐구했다. "음란 동영상은 그걸 보는 사람의 정욕에 불을 지펴서 테스토스테론의 지배를 받는 섹스 괴물을 만들어 낸다기보다, 오히려 활력을 거세해서 수동적이고 무력하게 만드는 것 같다"라고 그는 말했다. "그리고 여기서 내가 '무력하다impotent'고 하는 것은 비유적 의미만이 아니라 임상적 의미에서도 그렇다는 뜻이다. 강박적으로 음란 동영상을 보는 증상은 발기부전과 기타 성 장애에 대한 불만만큼 널리 드러나 있지 않다. 음란 동영상 중독자들 중에는 또래에 비해 성경험이 없는 상태를 훨씬 오래 유지하면서, 이성과 의미 있는 관계를 형성하기 위해, 혹은 성 활동에 더 열정이 생겨나도록 하려고 발버둥 치는 경우가 많은 것 같다." 결국, 디지털 세상에서 음란 동영상에 접근하는 것은 "주로 호기심, 새로운 것에 대한 갈증에 따른 행위로서, 이 행위를 통해 시선은 그 상대를 즉각 대상화하여 삼켜 버리고, 절대 만족하지 못한 채 끊임없이 다른 대상으로 옮겨 다닐 수밖에 없다."[9]

　만족을 모르는 포르노화 세대에서 수많은 젊은이들이 이 속박에 기꺼이 자기 자신을 맡기며, 그에 따라 사람과의 사이에 친밀한 관계를 맺을 수 있는 능력을 잃어 가고 있다. 언제 어디서든 손가락으로 화면만 몇 번 두드리면 아름다운 여성이 나를 위해 옷을 홀딱 벗고는 내가 그 어떤 선정적 행위를 요구하든 이에 응해 주며, 그렇게 쉽게 욕구가 충족되면 건강한 결혼 생활을 빚어 가는 데 다소 필요한 난관들은 회피하게 된다. 음란 동영상을 마음대로 볼 수 있다는 것은 장차 결혼 생활과 관련해 엄청난 대가를 치르게 만든다.

　넷째, 호기심이 바로 폰에서 선정적인 것을 찾아서, 보고, 읽게 만드는 충동이라면, 어쩌면 우리는 인간의 오래된 충동이 디지털 시대에도 발생하는 것을 목격하고 있는 셈이다. 창조 때 하나님께서는 아담과 하와에게 한 나무의 열매 먹는 것을 금하시면서, 알고 싶고 경험하고 싶은 것을 스스로 제한할 것을 명하셨다. 그런데 이들은 자제력 발휘에 실패하고 금지된 지식을 향해 나갔다. 이 죄, 즉 금지된 호기심을 충족하려는 행위는 다른 모든 죄의 이면에 있는 범죄이며, 소비자 주도형 경제에서 그야말로 담대하게 나타난다. 우리는 이 타락한 세상에 대한 자기 제한적 지식에 코웃음을 친다. 하지만 하나님께서는 어떤 지식은 금지된다고 말씀하셨다. 충족될 줄 모르는 호기심 때문에 더욱더 선정적인 형태의 포르노에 점점 더 깊이 중독되는 것처럼 어떤 앎은 우리를 파멸시킬 것이기에 말이다. 스마트폰 덕분에 사용자들은 어느 날 어느 순간에라도 신선한 금단의 열매를 마음대로 따먹을 수 있게 되었으며, 그렇게 해서 아무도 모르게 자기 자신을 파멸시킨다.

하나님은 모든 것을 보신다

디지털 포르노는 우리 영혼에 주어진 대재앙이다. 사용자들을 타락시키기 때문이기도 하고 ('망욕'의 거울처럼) 우리 마음속 보이지 않는 호기심과 우상, 욕망을 폭로하기 때문이기도 하다. 그렇게 해서 우리는 하나님께서 모든 것을 내내 보고 계셨다는 것을 알게 된다.

우리는 익명성으로 자기 자신을 속인다. 하지만 신발장 가득 사 들인 구두든, 지저분한 유머든, 남모르게 음란 문자 주고받든, 불법 음란 동영상이든, 혹은 묻지 마 외도든, 우리 삶의 그 어떤 중독도 하나님의 시선을 피할 수 없다. 우리의 창조주는 개인정보보호법을 존중하지 않으신다. 창조주의 편재는 수많은 사람들을 스마트폰으로 향하게 하며 죄를 짓거나 방탕하게 살아도 아무 후환이 없으리라고 믿게 만드는 익명성이라는 신기루를 산산조각 낸다.

그렇다고 해서 우리가 자기 행동의 결과에 대해 전혀 걱정하지 않는다는 말은 아니다. 걱정은 하되 뭔가 잘못될 경우만을 두려워한다. 우리는 온라인에 올라오는 정보를 제어하고 싶어 한다. 그러나 온라인에서 자신의 존재를 통제하지 못하기 때문에 혼자 불안해 하게 된다. 우리가 제일 싫어하는 것 중 하나가 전혀 꾸미지 않고 보정하지 않은 내 사진을 누군가가 온라인에 게시하는 것이다. 우리는 자기 삶에 관한 특정한 사실을 보호하려고 보안에 신중을 기한다. 그런데 온라인에서 나와 관련해 어떤 사실이 드러날 수 있다는 두려움은 애슐리 매디슨 사건에서처럼 남모르는 죄 된 행실을 덮어 가리려는 시도 가운데 저절로 드러나기도 한다.

포르노는 웹 최대 사업으로, 매체 자체가 그 악습에 딱 들어맞는다.

그러나 정신이 번쩍 드는 사실은, 우리의 은밀한 성적 행습을 보면 우리가 하나님께 얼마나 가까이 있는지를 가늠할 수 있다는 것이다.[10] 그래서 온라인에서 우리를 유혹하는 것, 심지어 누구나 다 하고 게다가 공짜인 것들 앞에서 우리가 어떤 행동을 취하느냐에는 더할 수 없이 크고 중한 것이 걸려 있을 수 있다.

게다가, 실오라기 하나 걸치지 않은 포르노 배우를 은밀히 뚫어져라 바라보는 남자는 이미 마음으로 다 간음했다. 그러므로 만약 오른쪽 눈이 범죄하게 만들거든 빼내서 멀리 던져 버리라. 온 몸이 다 지옥에 던져지는 것보다는 눈 한 쪽 잃는 것이 낫다. 폰 화면을 스크롤하는 손이 범죄하게 만들거든 잘라서 멀리 던져 버리라. 온 몸이 지옥에 던져지는 것보다는 음란 동영상 화면을 스크롤하는 기능을 잃는 게 낫다.[11] 싱클레어 퍼거슨Sinclair Ferguson은 "욕망하는 모든 것을 다 클릭하면서 지옥으로 들어가기보다는 다시는 인터넷을 하지 않겠다고 마음먹고 천국에 들어가는 것이 더 낫다"고 경고한다.[12]

이것이 궁극적으로 무엇이 걸린 일인지는 오직 성경만이 말해 준다. 해커들이 데이터를 유출시키고, 유출된 데이터에서 아내나 남편의 정보를 발견하고 배우자들이 충격 받고 상처 입으며, 바람피우기를 갈망하다가 자기 정보가 유출된 것을 보고 자살을 하는 등, 은밀한 죄의 비극적 부산물 하나하나는 그저 임박한 응보에 대한 예언적 암시 역할을 할 뿐이다. 언젠가는 이른바 '익명'으로 사는 모든 죄인들이 다 하나님 앞에 설 것이다. 거기엔 익명성 같은 것이 없다. 이는 오직 시간문제다. 선정적 묘사, 싸구려 판타지, 무익한 말, 무익한 클릭 행위는 창조주의 법정에서 널리 폭로될 것이다. 비밀리에, 어둠 속에서 행한 모든 일이 빛 아래 드러날 것이며, 마음속의 모든 의도도 다 드러날 것이다.[13] 이는 궁극의 수치일 것이다. 이는 우리 마음속 의도가 궁극적으로 드러나는 일일 것이다. 이는 궁극적 패닉을 불러일으킬 것이다. 이는 그 사람의 영혼에 궁극적 난관을 초래할 것이며 죄의식과 모든 것이 다 드러난 데 대한 수치감으로 곧 도망가 숨거나 죽어 버리고 싶은 궁극적 욕구를 불러일으킬 것이다.

디지털 발자국을 다 깨끗이 표백해서 씻어내리려고 해봤자 모두 헛일이다. 트위터나 인스타그램이나 페이스북에서 나의 가장 미숙한 모습을 다 삭제할 수는 있다. 그러나 폰에서 내가 하는 일, 폰에서 단 한 번이라도 한 일, 혹은 폰에서 앞으로 한 번이라도 할 일은 절대 비밀이 아니다. 지금 이 순간 은밀하게 스마트폰 화면을 터치하는 행동에는 영원한 후회가 뒤따를 것이다. 하나님 앞에서, 우리의 검색 이력은 죄와 수치의 영구한 기록으로 남는다. 하나님께서 자비를 보이시지 않는 한 말이다. 하나님의 전지한 시선 앞에서 우리의 검색 기록은 오직 그리스도의 피로써만 깨끗이 씻길 수 있다.[14]

보는 것으로써 by sight가 아니라 믿음으로 by faith

디지털 소비주의는 복음이 주는 확신과 직접적으로 대립각을 세운다. 영적 진정성은 보이지 않는 하나님의 진리에 대한 믿음으로써 가늠되는 것이지 우리 시대의 가시적 소모품에 대한 확신으로써 측정되지 않는다. '믿음으로 by faith'라는 위대한 말은 보이지 않는 영적 현실에 대한 확신과 동의어다.[15] 내 마음이 사랑하는 것에 내 시선도 머물 것이다.[16] 이는 사진 혁명 전에도 사실이었고 비디오 혁명 전에도 사실이었다. 메가픽셀로 측정되는 디지털 카메라와 기가픽셀로 측정되는 스마트폰 화면이 등장하기 오래전부터, 성경은 우리가 보이지 않는 것에 관심을 집중할 수 있도록 부단히 경계했다.

- "그러므로 너희가 그리스도와 함께 다시 살리심을 받았으면 위의 것을 찾으라 거기는 그리스도께서 하나님 우편에 앉아 계시느니라 위의 것을 생각하고 땅의 것을 생각하지 말라"(골 3:1-2).
- "우리가 주목하는 것은 보이는 것이 아니요 보이지 않는 것이니 보이는 것은 잠깐이요 보이지 않는 것은 영원함이라"(고후 4:18).
- "이는 우리가 믿음으로 행하고 보는 것으로 행하지 아니함이로라"(고후 5:7).
- "우리가 소망으로 구원을 얻었으매 보이는 소망이 소망이 아니니 보는 것을 누가 바라리요 만일 우리가 보지 못하는 것을 바라면 참음으로 기다릴지니라"(롬 8:24-25).
- "믿음은 바라는 것들의 실상이요 보이지 않는 것들의 증거니"(히 11:1).
- "예수께서 이르시되 너는 나를 본 고로 믿느냐 보지 못하고 믿는 자들은 복되도다 하시니라"(요 20:29).
- "예수를 너희가 보지 못하였으나 사랑하는도다 이제도 보지 못하나 믿고 말할 수 없는 영광스러운 즐거움으로 기뻐하니 믿음의 결국 곧 영혼의 구원을 받음이라"(벧전 1:8-9).
- "그러므로 너희 마음의 허리를 동이고 근신하여 예수 그리스도

께서 나타나실 때에 너희에게 가져다주실 은혜를 온전히 바랄지어다"(벧전 1:13).
- "이는 세상에 있는 모든 것이 육신의 정욕과 안목의 정욕과 이 생의 자랑이니 다 아버지께로부터 온 것이 아니요 세상으로부터 온 것이라 이 세상도, 그 정욕도 지나가되 오직 하나님의 뜻을 행하는 자는 영원히 거하느니라"(요일 2:16-17).

이 말씀들을 소홀히 해 보라. 그리스도인의 삶은 아무 의미가 없어질 것이다.

확신컨대, 이 말씀을 단순하게 생각해서는 안 된다. 보이지 않는 것을 보이는 것으로 바꿔봤자 무의미하다. 그렇다. 아무 의미 없다. 신실한 시선으로 하나님의 보이지 않는 영광을 지각하며 거듭난 마음으로 그 모든 영광을 포용해야 이 세상에서 눈에 보이는 하나님의 영광이 실제로 농밀해진다. 우리가 더 간절히 하나님을 껴안을수록 하나님께서 창조하셔서 우리에게 선물로 주신 것들에 대해 더 큰 감사를 표현하게 되며,[17] 제멋대로인 죄의 악한 왜곡과 공허한 약속을 더 분명히 분별하기 시작한다.

그럼에도, 반짝거리며 우리의 시각에 호소하는 것들은 우리 삶에 특별히 잠재적 위력을 지닌다고 알레스테어 로버츠Alastair Roberts는 설명한다. 왜냐하면 눈은, 온라인에서 보는 근사한 사진의 '즉각적 화려함'에 특히 민감하기 때문이다. 귀는 이런 식으로 산만해지는 경향이 훨씬 덜하다. 왜냐하면 가장 강력한 청각적 현실도 시각적 현실에 비하면 깜짝 놀랄 만큼의 화려함이 덜하기 때문이라고 로버츠는 주장

한다.[18]

　다시 말하거니와 그리스도인이 보이지 않는 것에 우선순위를 둔다고 해서 눈에 보이는 창조 세계가 무가치해지지는 않는다.[19] 이는 우리가 눈으로 보는 것이 볼 수 없는 것에 의해 완전한 의미를 부여받는다는 뜻이다. 우리가 눈으로 보면서 향유하는 물질적 선물은 그 선물을 주신 보이지 않는 분을 깨닫고 소중히 여기는 능력에 의해 가치의 농도가 '짙어진다.'

　이 모든 것이 세상 사람들에게는 신비일지라도, 보이지 않는 현실은 실제 우리의 소비 행위를 지배한다. 우리는 다 우리 외부에 있는 자양분에 굶주리고 목마르며, 그래서 그 자양분을 필요로 한다. 우리는 스마트폰이라는 꼭지에서 아주 쉽게 따라낼 수 있는 상품과 악습으로 이 본질적인 갈망을 충족시키려 애쓰느라 우리의 관심과 부를 허비한다. 소비하고 소유하는 것으로는 결코 우리를 치유할 수 없다. 우리는 절대 우리를 고쳐 주지 못할 신상품들을 박스로 주문하고, 힐링이라고는 하지만 절대 우리를 위로해 주지 못할 음식들을 사들인다. 이는 하나님께서 자기 아들 안에서 우리에게 값없이 주시는 선물들을 우리가 보지 못하기 때문이니, 그분은 자기 몸과 피를 우리에게 주사 영생을 유지하게 하시고 그치지 않는 기쁨이 무성히 자라게 하셨다.[20] 예수께서는 소비주의로는 결코 충족시키지 못할 깊은 갈증을 풀어 주신다.

　소비주의 복음과 그리스도의 복음은 화물기차가 정면충돌하는 것처럼 부딪친다.

- 소비주의 복음은 이렇게 말한다: 이 땅에서의 행복과 위안을 위해 우리가 상상할 수 있는 모든 것을 갖가지 크기와 색상, 가격대 별로 손에 넣을 수 있다.
- 예수 그리스도의 복음은 이렇게 말한다: 최고의 행복과 영원한 위로를 위해 우리가 필요로 할 수 있는 모든 것이 지금은 인간의 눈에 보이지 않는다.

그리스도 안에서, 우리 삶 가운데 있는 어떤 것의 중요성을 저울질할 때마다 우리는 눈에 보이는 쪽의 무게를 재지만, 다른 편에 있는 '영원한 영광의 중한 것'이 이보다 더 무겁다.[21] 생생한 신학 용어로 표현하자면, 믿음의 삶이란 놀라운 영적 현실을 깨달아가는 삶이며, 이를 위해서는 "건전한 종말론적 상상, 아직 완료되지 않은 일, 즉 우리의 구원을 그리스도와의 연합 덕분에 이미 완성된 일로 지각하는, 믿음에 근거한 시선이 요구된다. 이는 지금은 부분적인 일을 장차 완벽히 완성될 일로 보는 시신의 문제다."[22] 흔히 쓰는 말로 표현하자면, 믿음의 삶이란 부분만 볼 수 있을 때에도 전체를 파악하는 삶이다. 이는 상상력이 하는 일이다.

시각적 악습이 넘쳐나는 CGIComputer-generated imagery 기반의 시대에 그리스도인의 상상력은 견실한 신학적 자양분에 굶주려 있다고 신학자 케빈 벤후저Kevin Vanhoozer는 경고한다. "이미지는 그저 상상력이라는 케이크에 올라간 달콤한 장식일 뿐이며 여기에는 영양학적 가치가 거의 없다"고 그는 말했다. '상상력이 진짜 영양가 있는 부분으로서, 여기엔 언어가, 특히 스토리와 은유가 수반된다. 은유를 이해한다는

것, 혹은 스토리를 따라간다는 것은 개념과 개념을 연결해서 마침내 하나의 세계를 구축하는 일이다.'²³⁾

비디오로 읽고 쓰기

시각적 장식이 우리 삶 속으로 폭포수처럼 쏟아져 들어온다. 2015년 말 경에는 1분마다 500시간 분량에 가까운 새 비디오 콘텐츠가 매일 유튜브에 업로드되었다. 1분마다라니! "이전 시대 사람들이 구술orality 문화에서 기술literacy 문화로 이동해 간 것처럼, 우리는 비디오로 읽고 쓰는videocy 시대로 문화가 지각 변동하는 것을 목도하고 있는 것인지 모른다. 프로그래머는 아닐지라도 우리는 디지털 중심주의digitality라고 일컬을 만한 것을 만들어 낸다. 우리는 화소 인간people of pixels이다."²⁴⁾

또한 우리는 수동적으로 비디오를 소비하는 데 그치지 않고 능동적으로(과잉이라 할 정도로) 비디오를 찍고, 편집하고, 공유하는 추세로 사회가 극심한 변화를 겪는 것을 목도하고 있다. 게다가 이 모든 활동이 다 폰으로 이뤄진다.²⁵⁾ 비디오로 콘텐츠를 읽고 쓰는 문화가 발흥하고 있으며, 이런 활동에는 설득력 있는 문화적 힘이 동반된다.²⁶⁾ 많은 그리스도인이 유튜브 채널을 통해 팔로워들의 영적 필요를 채워 주는 데 도움이 되는 유익한 콘텐츠를 새로이 발견해가고 있다. 우리는 이 점에 대해 하나님을 찬양한다. 그러나 하나님의 영광을 위해 비디오라는 콘텐츠 전달 방식을 세상에서 가지고 오는 그리스도인도 많지만, 단순히 비디오를 이용해 세상의 피상적 외관을 반영하기만 하는 그리스도인도 많다.

우리가 지니는 소망의 실체는 폰 화면에 선명하게 뜨는 최신의 구경거리에서 발견되지 않는다. 그보다 우리의 마음은 그리스도를 기뻐하고 즐거워하며, 이 그리스도는 우리 눈으로 볼 수 없는 그리스도, 믿음으로 받아들이는 그리스도, 우리에게 지극히 참되고 지극히 현실적이어서 이생의 순간순간마다 주기적이고 의미 있는 기쁨, 영광으로 가득한 기쁨으로 충만케 해주시는 그리스도시다. 우리의 상상력은 그리스도에 대해 살아 움직여야 하며, 그리하여 우리가 그분 안에 산다는 사실을 '볼' 수 있고, 우리 눈길을 사로잡는 시각적 악습에서 고개를 돌릴 수 있으며, 그분의 임재라는 상상불가의 기쁨을 내다보면서 믿음으로 살며 현재의 기쁨을 다른 이들과 나눌 수 있다.[27]

소망과 지루함

결국, 필요 이상으로 많이 먹는 것에서부터, 염려하고, 다투고, 과소비하고, 아침에 눈뜨자마자 제일 먼저 핸드폰을 찾는 것에 이르기까지 우리 삶의 자멸적 패턴은 대부분 우리의 상상력이 말라비틀어지고 소망이 영양실조에 걸린 결과가 아닐까 하는 생각이 든다. 눈에 보이는 것을 위해 살고 보이지 않는 것을 소홀히 한다는 것이 바로 믿음이 없다는 게 무엇인지 보여 주는 한 예일 것이다. 참 믿음은 보이지 않으며 나타나지 않는 것을 위해 산다. 교회의 모든 세대는 하나님, 보이지 않는 것에 초점을 맞추려는 독특한 싸움에 저마다 직면한다. 싸움의 상대가 최신 아이폰이든 집안에서 대대로 전해 내려오는 우상이든, 이 싸움은 아주 현실적 싸움이다.

그리스도가 점점 지루해지면 삶에 대해서도 지루함을 느끼게 된다. 그리고 그런 일이 생길 때 나는 대개 폰으로 시선을 돌려, 한 번 쓰고 버릴 수 있는 새롭고도 짜릿한 흥분제를 찾는다. 그것이 나의 기본 습관이다. "아이폰에 습관을 들인다는 것은 은연중에 세상을 내가 필요할 때마다 '이용'할 수 있고 내 마음대로 해도 되는 것으로 대한다는 뜻이다. 즉, 세상이 내가 아무 때나 고르고, 재고, 살피고, 도움을 청하고, 즐길 수 있도록 늘 '대기 상태'에 있다고 보는 것이다."[28] 우리의 폰을 통해 디지털 시대와 소비자 중심주의 시대가 하나로 융합하며, 폰 화면은 우리가 눈으로 보고 욕망할 수 있는 모든 것, 심지어 '이름을 알 수 없는' 강박적 충동과 선정적 환상까지 제공한다.

악습에서 벗어나다

디지털 악습과 씨름하던 한 청년은 이 모든 디지털 유혹의 속도를 고려해 이렇게 물었다. 스마트(똑똑이)폰을 버리고 '멍청이폰'으로 돌아가야 하는 거냐고. 이에 존 파이퍼는 지혜로운 전략을 적용해 답변한다. "추측건대 어떤 이들은 말할 겁니다. '자, 이것 봐요, 파이퍼, 폰이 문제가 아니라 마음이 문제이므로 폰을 바꾸는 건 무의미해요.' 그러면 나는 이렇게 응수합니다. '아니지요, 폰을 바꾸는 건 무의미하지 않습니다.'" 디지털 시대에는 우리가 두 전선에서 성결을 위한 싸움을 벌인다고 파이퍼는 설명한다. "우리는 마음이라는 내부 전선에서 싸우고 있습니다. 마음 전선에서의 싸움은 예수 안에서 만족하고, 예수를 선명하게 보고 예수를 끔찍이 사랑하며 예수를 가까이 좇음으로써 그 무엇도, 심지어 스마트폰도 우리를 제어하지 못하게 하려는 싸움이지요. 동시에 우리는 외부 전선에서 우리 믿음에 장애가 되는 걸림

돌을 치우거나 피해 가려는 싸움도 합니다."

그리고 나서 파이퍼는 이렇게 결론 내렸다. "테크놀로지 속박에서의 진정한 자유는 스마트폰을 던져 버리는 게 다가 아니라 스마트폰이 주는 쾌락으로 채우려 하는 빈 공간을 예수의 영광으로 채우는 데서 옵니다."[29]

디지털 시대에 우리에게 주어지는 도전은 두 가지다.

1. 외부 전선에서: 스마트폰과 관련해 우리 자신을 지키며 자기 부인을 실천하고 있는가?
2. 내부 전선에서: 그와 동시에 거룩한 영광, 즉 지금은 거의 보이지 않는 그 영광으로 우리 마음을 충족시키려 노력하고 있는가?

온라인은 값싼 유혹과 성적인 이미지, 선전적 광고의 물결을 타고 계속 우리를 호릴 것이다. 우리는 그런 것들 대신 영광으로 우리 마음을 찰랑찰랑 채워야 한다. 그래야 우리가 안목의 정욕에 자연적으로 naturally 들어오는 생명 없는 이미지들을 초자연적으로 supernaturally 스크롤해 넘기는 법을 배우게 된다. 만족을 모르는 이 소비자 사회에서 풍요로운 삶을 살려면, 폰에서 끝없이 주어지는 디지털 쓰레기에서 눈을 돌려 우리가 성경에서 '보는' 초월적 아름다움으로 우리를 영원히 매혹시키는 숭고한 메아리를 들을 수 있도록 하나님께서 능력 주시기를 간구해야 한다.[30]

잃어버린 의미를
되찾다

이메일과 소셜 미디어의 매일 평균 텍스트 산출량은 3조 6000억 개 단어, 혹은 책 3600만 권 분량으로 추산된다! 미 의회 도서관에 3500만 권의 장서가 있는 것을 감안할 때 이는 엄청난 수치다.[1]

지금 우리는 디스토피아 소설가들이 예견했던 정보의 홍수 시대에 살고 있다. 닐 포스트먼Neil Postman은 자신의 획기적 작품 『죽도록 즐기기Amusing Ourselves to Death』(굿인포메이션, 2009) 서문에서 두 가지의 매우 다른 문화적 경고를 대조시킨다. 하나는 조지 오웰George Orwell이 쓴 『1984』의 경고이고, 또 하나는 올더스 헉슬리Aldous Huxley가 쓴 『멋진 신세계Brave New World』의 경고다. 오웰은 검열 때문에 책이 사라질 것이라고 주장했고, 헉슬리는 데이터 범람 때문에 책이 주변으로 밀려날 것이라고 생각했다. 포스트먼은 이 대조적 주장을 다음과 같이 잘 요약한다. "오웰은 우리에게서 정보를 박탈해 갈 사람들을 두려워했다. 헉슬리는 우리에게 너무 많은 정보를 주어서 우리를 수동적이고 자기중심적으로 만들어 버릴 사람들을 두려워했다. 오웰은 진리가 우리 눈에 안 보이게 감춰질까 두려워했고, 헉슬리는 진리가 부적절성의 바다에 잠겨 버릴까 두려워했다."[2] 현재는 헉슬리의 예측이 맞아떨어진 것으로 보인다.

최근에는 프란치스코 교황이 지구 오염에 관한 회칙回勅에서 정보 과부하에 관해 다음과 같이 경고하며 헉슬리와 포스트먼을 떠올리게 했다. "미디어와 디지털이 무소부재하게 되면, 그 영향력 때문에 사람들은 지혜롭게 살고 깊이 생각하며 너그럽게 사랑하는 법을 더는 배우지 못하게 될 수도 있습니다. 이런 상황에서는 위대한 과거 현인들의 말이 정보 과부하의 소음과 산만함 가운데서 사람들에게 무시당할 수도 있습니다." 교황은 디지털 기기에 정신이 팔리는 현상을 억제해야 한다고 주장하면서, 그 이유로 참된 지혜란 깊이 있는 독서와 자기반성, 그리고 "사람과 사람 사이의 대화와 진득한 만남"의 결과물이기 때문이라고 했다. 단순히 데이터를 축적하기만 하면 "과부하와 혼란, 일종의 정신적 오염에 이르게 된다"라고 교황은 경고했다.[3]

영혼의 정크 푸드

포스트먼과 헉슬리, 그리고 교황 세 사람 모두 테크노 비관론을 공유하고 있지만, 나는 아니다. 디지털 시대의 정보 과부하가 문제라 해도 내가 생각하기에 이는 부차적 문제다. 완전한 설명이라 하기에는 뭔가 제한적이고 성에 차지 않아, 진짜 문제의 핵심에 이르지 못하는 것 같다.

첫째, 글을 읽고 쓸 줄 아는 사람의 비율이 점점 줄어드는 것은 페이스북이 등장하기 전부터 이미 두드러진 문제였다. 올리버 오도노번은 내게 이렇게 말했다. "내가 느끼기에 읽고 쓰기 능력이 손상된 것은 어느 정도 기정사실fait accompli(돌이킬 수 없는 현실)인데, 이에 대해 우리는 대체적으로 전자 미디어에 책임을 묻습니다. 하지만 여기엔 다른 요소들도 작용합니다. 글을 읽고 쓰는 활동은 1990년대 이전에도 그다지 활발하지 않았습니다."[4] 스마트폰 전 세대는 읽고 쓰기 능력이 뛰어났고 그래서 궁극적 진리를 능숙하게 분석해낼 수 있었다고 짐작해서는 안 된다.

둘째, 디지털 시대를 사는 우리에게 더 큰 문제는 정보 과부하로 인한 정신 오염이 아니라, 우리의 식욕을 불러일으킬 의도로 생산된 콘텐츠가 마치 달고 짜기만 한 간식처럼 아무 영양가가 없다는 점이다. 온라인의 정보는 점점 맛 과잉 상태가 되어, 우리 입맛을 유혹하는 정크 푸드와 비슷해지고 있다. 브레이킹 뉴스, 선정적 가십, 유행하는 짤방, 스포츠, 정치, 연예계의 최신 이슈 등 이 모든 것이 마치 시장에서 파는 달고 기름진 간식처럼 우리를 끌어당긴다. 디지털 진미珍味는 우리의 눈길을 사로잡고 흥미를 끌지만, 이 음식에는 영양가가 없다.

셋째, 알레스테어 로버츠의 말에 따르면, 폰은 우리가 서로 연결되어 있다는 느낌을 준다는 것 말고는 아무 의미도 없는 정보를 꾸준히 공유하고 소비하게 만든다. 이는 교감 커뮤니케이션으로서, 여기서 오가는 정보는 개념 전달을 위해서가 아니라 모종의 사회적 유대를 유지하기 위해 공유되는 사소한 지식이다(디지털 '잡담'의 찬반론에 대해서는 12장에서 자세히 다루겠다). 소셜 미디어는 암묵적 계약, 즉 시간이 지나면 우리가 공유하는 정보의 가치가 점점 떨어질 수 있다는 모종의 오락가락형 승인코드와 더불어 다가온다. 나는 당신을 팔로우할 것이며 당신의 게시물에 '좋아요'를 누를 것이다. 단, 당신도 나에게 똑같이 해준다면 말이다. 필연적으로 우리의 게시물에는 점차 알맹이가 없어질 것이다. 사회적 상호성에 따라 의무적으로 '좋아요'를 누르거나 공유를 하므로 굳이 좋은 콘텐츠를 만들기 위해 신경을 쓰지 않기 때문이다.[5]

이렇게 우리의 문제는 정보 과부하보다 더 뿌리가 깊다. 우리의 문제는 "우리 사회의 '크고 수다스러운 드라마'에 즉시, 긴급하게, 늘 연결되어 있고자 하는, 제어되지 않는 욕구"다.[6] 폰이 우리를 건전치 못한 습관으로 몰아가는 것은 우리가 무제한의 정보를 원하기 때문이 아니라 우리가 그날그날의 일들을 늘 다 알고 싶어 하고 빠짐없이 그걸 즐기고 싶어 하기 때문이다. 우리는 사람들과 보조를 맞추고 싶어 하고 사람들이 나를 좋아해 주기를 바란다. 이런 사회적 현실을 생각하면 정보 과부하에 대한 염려는 상대적으로 작아 보인다.

'브레이킹 뉴스'

타인과 연결되고자 하는 우리의 욕구를 추동推動하는 것은 새로운 것에 대한 갈망이다. 요점을 말하자면, 한때 각자의 지역에 고루 자리를 잡고 텔레비전 송신탑, 라디오 발신기, 잡지와 신문 꾸러미를 통해 사람들에게 뉴스를 배포하던 매체들을 생각해 보라. 디지털 시대에는 뉴스가 큰 성곽 요새(웹)에 점점 감금되며, 정보 유출을 통제하는 힘 있는 문지기들이 성문 앞에 버티고 서서 뉴스를 언제 내보낼 것이며 누가 그 뉴스를 볼 것인지를 결정한다(소셜 미디어 플랫폼이 점점 이 역할을 맡아 가고 있다). 소셜 미디어는 매스 미디어를 대체하지 않는다. 소셜 미디어는 매스 미디어가 생산한 콘텐츠가 대중에게 도달하기 위해 반드시 통과해야 하는 거름망이 되어 가고 있다.

어떤 일이 뉴스 가치가 있으면 트위터와 페이스북이 분명 우리에게 알려줄 것이다. 2013년에서 2015년 사이, 미국인들은 소셜 미디어 플랫폼에서 뉴스를 접하는 비중이 점점 늘어난다고 말했다. 트위터 사용자(52%에서 63%로 증가)와 페이스북 사용자(47%에서 63%로 증가) 사이에 이런 추세가 비약적으로 두드러졌다.[7]

'브레이킹 뉴스' 공지로든, 혹은 쪽지나 새로 나온 앱 알림으로든, 폰은 과거 세대와 문화는 전혀 알지 못했던 방식으로 우리 삶을 취약하게 만든다. 폰 화면에서 소셜 미디어와 모바일 웹에 접근할 수 있게 됨에 따라 세계 전역에서 일어나는 사건들이 실시간으로 우리 삶 속으로 몰려들어온다. 그 결과 우리는 네오매니아neomania, 즉 지난 5분간 등장한 모든 새로운 것에 중독되는 병을 앓는다.

소셜 미디어에 쫓기는 모든 미디어들은 저마다 최신 뉴스의 현장으로 달음박질한다. 그래서 뉴스는 '방금 도착한 소식'이라는 속성을 키워가게 되었다고 오도너번은 말한다. 이 긴급 '브레이킹 뉴스'는 소셜 미디어에서 지나치다 싶을 만큼 우리 입맛을 만족시켰는데, 이것이 바로 트위터나 페이스북 같은 주요 플랫폼들이 사용자들의 관심을 사로잡는 데 성공할 수 있었던 핵심 열쇠다. "(트위터나 페이스북은) 파도처럼 연이어 밀려드는 브레이킹 뉴스에 몰두하면서 그 파도의 포효가 우리에게 메아리치게 한다. 우리는 마치 어제 같은 것은 없었다는 듯 매일 아침 새로운 세상을 보여 달라고 그들에게 요구한다." 과거에는 뉴스가 흔히 새롭고 시원한 것으로 여겨졌다고 오도너번은 잠언을 흉내 내서 말한다.[8] 이따금 들려오는 좋은 뉴스는 우리를 시원하게 해 줄 수 있다. 하지만 폰을 끼고 있으면 비극적 뉴스까지 실시간으로 우리에게 쏟아져 들어온다. 그리고 우리는 그 뉴스를 반갑게 맞이한다. "현대 뉴스의 신속하고 광범위한 커뮤니케이션과 관련해 주목할 만한 점은, 우리가 그렇게 전달되는 뉴스에 얼마나 안절부절못하는지 모른다는 것이다. 나와 아무 관련 없는 오만 가지 최신 정보를 다 꿰고 있지 않으면 마치 세상이 내 등 뒤에서 돌연변이라도 일으키지 않을까 늘 두렵기라도 한 양 말이다. 이는 우리의 형이상학적 불안증을 재는 척도로서, 자신이 상황을 지배하고자 하는 현대인들의 강한 욕구를 움직이는 엔진이다."[9]

달고 짜기만 할 뿐 아무 영양가 없는 정크 푸드 뉴스든 아니든, 우리는 단 하나의 뉴스도 놓치기 싫어한다(이에 대해서는 다음 장에서 자세히 이야기하겠다). 세상의 '주인이 되고자 하는' 욕구 때문에 우리는 새로운 것과 갖가지 알림에 특히 민감해진다. 그래서 우리는 폰으로 문자를 받고, 트위터를 읽고, 공지를 보며, 그러기 위해서는 우리 삶의 모든 것이 순간순간 중단되어야 한다. 하지만 이런 긴급함이나 순간순간을 전하는 브레이킹 뉴스와 대조적으로, 성경은 "여호와의 인자와 긍휼이 무궁하시므로 우리가 진멸되지 아니함이니이다 이것들이 아침마다 새로우니 주의 성실하심이 크시도소이다"(애 3:22-23)라고 말한다. 아침은 "분별력 있게 어제를 돌아보고 소망을 품고 내일을 바라보는" 시간이라고 오도노번은 말한다. 그런데 "미디어의 '아침마다 새로움'(순식간에 순간순간 새로움이 되어 버리는)은 날마다 은혜가 주어지는 것과 완전히 상충된다고 감히 말할 수 있다. 미디어의 '아침마다 새로움'은 찰나의 현재에 우리의 감각을 고정시켜서, 반성을 가로막고 신중한 사고를 단념시킨다. 이로써 마치 지옥처럼 미래와 과거를 잃고 현재라는 가상의 세계에 넋을 잃게 만든다."[10]

이와 같은 강력한 경고가 우리에게 꼭 필요한 것은 우리가 매일의 뉴스에 매여 사느라 시간의 흐름에서 동떨어져 있고 하나님의 이야기 가운데 영원한 존재로서 원래 있어야 할 우리의 위치와 단절되어 있기 때문이다. 우리는 역사 속에서 우리의 자리를 잃는다(이에 대해서는 나중에 살펴보게 될 것이다). 그리하여 우리는 궁극적 의미를 손에서 놓쳐 버린다.

지혜를 소중히 여긴다

우리의 가장 큰 문제가 정보 과잉이든 콘텐츠가 지나칠 만큼 우리 입맛에 맞다는 사실이든, 우리는 그냥 어깨 한 번 들썩해 보이고 말아서도 안 되고(수동적 태도), 폰에 비치는 내 모습만 들여다보고 있어도 안 되며(나르시시즘), 과거와 미래를 경시함으로써 실존적 절망이라는 함정에 빠져서도 안 된다(허무주의).

이 세 가지 핵심 문제에 대해서는 솔로몬 왕이 해법을 준다. 그가 결코 상상하지 못했을 정보 시대에 대한 예언적 경고로 말이다. 그 시대에 솔로몬은 세상 모든 현인들 사이에 지혜 문헌이 널리 확산되는 것을 바라보면서 이런 현상의 유익과 가치를 보는 한편 이 문헌이 범람하는 것도 목격했다. 현인들은 계속 책을 써낼 것이라고 솔로몬은 말했다. 그리고 우리는 계속 그 책들을 따라잡고 싶어 할 것이라고 했다. 하지만 쏟아져 나오는 책들을 늘 다 꿰고 있으려 하다 보면 점점 고단해질 것이다. 지혜를 말하는 책들을 쌓아 놓는 일은 끝이 없고, "많이 공부하는 것은 몸을 피곤케" 한다.[11] 데이터 섭취량을 스스로 제어하지 못하면 몸이 감당할 수 없는 무게가 되고 만다.

바로 그 지점에서 솔로몬의 세 가지 해법이 등장한다.

첫째, 모든 소음 가운데서도 그리스도인은 지혜를 분별하고 소중히 여겨야 한다. 끝없이 책을 지어 내는 일과 많은 공부의 고단함에 대해 아들에게 경고하기 전 솔로몬은 이렇게 말했다. "지혜자의 말씀은 찌르는 채찍 같고 회중의 스승의 말씀은 잘 박힌 못 같으니 다 한 목자의 주신 바라 내 아들아 또 경계를 받으라"(전 12:11-12a). 우리는 자신이 받아들이는 모든 정보에 대해 가치 판단을 해야 한다. 우리가 디지털 콘텐츠에 관심을 쏟는 것은 단순히 정보를 따라잡기 위해서나 뭔가를 알기 위해, 혹은 세상 사람들과 관계를 맺기 위해서가 아니다. 우리는 그 속에 있는 의미를 확인하고 진선미眞善美를 포용하기 위해 늘 새로운 소음에 귀를 쫑긋 세운다. 우리는 지금 유익한 온라인 콘텐츠가 넘쳐나는 황금시대에 살고 있으며 게다가 그 콘텐츠는 무료로 이용가능하다. 우리는 속도를 늦춰 이런 사이트들이 표방하는 가치를 충분히 흡수하고 있는가, 아니면 유효기간이 짧고 영양가 없이 맛만 좋은 콘텐츠 속에서 유익한 가치를 잃고 마는가?

읽고 쓰며 교양을 쌓는 것은 지혜를 소중히 여기는 훈련 중의 하나다. "읽고 쓴다는 것은 현상에 대해 질문하는 능력을 뜻했다. 여기엔 숫자도 포함된다. 이 현상의 의미는 무엇인가? 그 이면에서 사람은 어떤 경험을 하며 살았는가?" 읽고 쓰기를 통해 교양을 쌓은 사람은 이렇게 묻는다. 요점이 무엇인가? "우리 앞에 있는 가장 큰 위협은, 어떤 일에 짧게 놀라움을 폭발시켰다가 곧 다른 일에 또 놀라워하기 바빠 집중력을 유지하는 시간이 점점 짧아진다는 사실이다. 지식은 사실 절대 그런 식으로 주어지지 않는다. 잠언 서두의 지혜에 관한 경이로운 시에서 말하는 것처럼, 지식은 추구해야 하는 것이며 찾아나서야 하는 것이다."[12] 지혜가 없으면 우리는 새로운 것이 폭발적으로 늘어나는 세상에서 목적도 없이 길을 잃는다. 지혜가 없으면, 어리석게도 우리는 과거와 미래를 잃어버리고 지금 이 순간 속에 갇힌다.

둘째, 모든 소음 가운데서 그리스도인은 허접한 정보보다는 두려운 마음으로 순종하기에 힘을 쏟아야 한다. 책의 궁극적 하등下等함에 대해 말하고 나서 솔로몬은 또 이렇게 말했다. "일의 결국을 다 들었으니 하나님을 경외하고 그의 명령들을 지킬지어다 이것이 모든 사람의 본분이니라"(전 12:13). 정보 축적보다 더 중요한 일, 소셜 미디어에서 두각을 나타내는 것보다 더 가치 있는 일은 하나님께 대한 순종이다.

셋째, 모든 소음 가운데서도 우리는 그리스도 안에서의 자유를 소중히 지키면서 온라인 게시물의 맹공격과 디지털 현인들이 범람하는 현상에서 한 발자국 뒤로 물러나야 한다. 은혜로 우리는 뉴스 화면을 망설임 없이 종료할 수 있고 우리 삶을 난도질하는 앱을 종료할 수 있으며, 폰의 전원을 끌 수 있다. 인간 실존의 신비와 장엄함과 '농밀함' 가운데 친구들과 함께 있는 시간을 그저 마음껏 즐기고 배우자와 가족들을 즐거워하기 위해서 말이다.[13]

테크놀로지와 지혜

이 책 서두에서 말했던 정의로 다시 돌아가 말하자면, 테크놀로지는 우리의 스마트폰 그 이상을 포괄한다. 아담과 하와는 동물들로 가득한 땅에서 살기 위해 창조되었고, 벌거벗었다. 테크놀로지 진보를 향한 최초의 귀띔으로 하나님께서는 최초의 직물과 최초의 검을 발명하셨다.[14] 그 최초의 의복과 최초의 검을 비롯해 직조되고, 채굴되고, 제련되고, 가공되고, 손질되고, 대량 생산될 다른 모든 것들이 다 테크놀로지의 범주 아래로 들어가게 된다.

욥기 28장은 인간의 테크놀로지 혁신을 찬미하는 시詩다. 우리는 철과 구리 같은 원료를 얻으려고 온 땅을 샅샅이 뒤질 수 있다. 우리는 새와 짐승, 심지어 여행가들도 가보지 못한 곳까지 갈 수 있다. 우리는 소리가 울리는 어두운 갱도를 파고, 로프 끝을 잡고 왔다 갔다 하며 더 깊이 더 깊이 내려가 금 조각과 다이아몬드를 캐내기도 한다. 우리는 산을 뿌리째 뒤집어엎을 수도 있다.

욥기 28장은 인간의 혁신을 찬미하는 영광스러운 찬가지만(1-11절), 인간이 갖가지 방책으로 발견해낼 수 있는 지혜의 한계에 관해 경고하는 노래이기도 하다(12-28절). 우리의 모든 테크놀로지를 다 동원해도 우리는 실존의 의미를 발견할 수 있을 만큼 깊이, 혹은 높이 가지 못한다. 참된 지혜는 우리의 곡괭이와 전문기술이 닿을 수 있는 곳 너머에 있다. 우리가 땅속 깊이 어두운 갱도로 기어 내려갈 수는 있지만, 지혜는 거기 없다. 우리가 바닷속으로 들어갈 수는 있지만 지혜는 거기에도 없다. 많은 금을 햇빛 아래 캐어 올린다 해도 지혜를 드러내 보여 주지는 않는다. 우리는 테크놀로지에 정통한 바보들일 수 있다.

기가 질릴 만큼 콘텐츠가 넘쳐나는 이 시대에, 우리는 무저항이나 자기중심주의에 우리 자신을 내어 맡겨서는 안 된다. 또한 당치 않은 뉴스나 가십의 바다에 빠져들어서도 안 된다. 그보다 우리는 우주에서 가장 귀한 것을 소중히 여기는 법을 배워야 한다. 그것은 바로 하나님이다. 하나님께로 돌아설 때 우리는 가장 가치 있는 지혜와 지식은 산 밑에 감춰져 있거나 최신 디지털 기기에 내장되어 있지 않고 예수 그리스도 안에서 발견된다는 사실을 알게 된다.[15] 예수 그리스도께서 모든 생명의 목적과 의미를 규정하신다. 디지털 시대에, 그리고 모든 시대에 우리에게 참으로 중요하고 가치 있는 것이 무엇인지 예수 그리스도께서 올바르게 판단해 주신다.

그리스도 안에서
발견되다

미래의 배우자를 놓치면, 완벽한 취식자리를 놓치면, 황금주golden stock 정보를 놓치면, 친구들과의 흥겨운 모임 기회를 놓치면, 우리 모두가 질색하는 뼈아픈 후회가 남는다. 예측은 흐릿하지만, 뒤늦은 깨달음은 2.0 시력으로 보듯 또렷하다. 이는 우리가 과거에 놓친 아까운 일들을 선명하게 기억한다는 뜻이다. 너무 여러 번 기회를 놓치면 다음번에도 또 놓칠까 터무니없이 두려워하기 시작한다.

우리의 폰과 소셜 미디어는 내 삶이 다른 사람의 삶과 어떻게 대비되는지 실시간으로 환기시키면서, '놓칠까 하는 두려움fear of missing out, FOMO'을 자꾸 부추긴다. FOMO와 소셜 미디어는 서로 병행한다. 『옥

스퍼드 영어 사전Oxford English Dictionary』에 새로 등재된 항목도 이 둘의 상관관계를 확인해 준다. "FOMO: 놓칠까 하는 두려움, 다른 어디에선가 흥분되거나 재미있는 일이 벌어질 수도 있다는 불안감으로, 흔히 소셜 미디어 웹사이트에서 보는 게시물에 의해 촉발된다."[1]

FOMO는 '단절 불안disconnection anxiety'이라고 하는 좀 더 근본적인 증상을 통해 진단될 수 있으며, 단절 불안은 '노모포비아nomophobia: no-mobile-phone phobia', 즉 폰이 없는 상태에 대한 공포증으로도 알려져 있다. 다시 말해, 폰이 없어서 디지털 세상에 접근할 수 없으면 초조함을 느낀다는 것이다. FOMO라는 이 긴장감은 아주 전염성이 높고 빠른 속도로 진행된다. 한 예로, 아미쉬Amish• 마을에서 18년 동안 오프라인 상태로 자란 한 젊은 여성이 온라인 세상으로 들어오자 곧 단절 열병에 걸렸다. 비非아미쉬 생활 방식과 디지털 미국식 생활에 적응하게 된 이 여성은 그 뒤 오프라인 미션 트립에 나섰다가 이런 말을 했다. "테크놀로지에 연결되어 세상에서 벌어지는 일들을 다 알 수 있는 미국으로 다시 돌아가고 싶은 마음이 간절하다. 세상이 어떻게 돌아가고 있는지 계속 정보를 갱신할 수 없다는 것은 마치 벌거벗고 있는 것과 비슷한 기분이다."[2]

성인이 될 때까지 아이폰을 한 번도 접해 본 적 없고 비교적 건강한 온라인 사용 습관을 유지하고 있던 전前 아미쉬 교도 여성이 이 두려움에 이 정도로 민감하다면, 나 자신에게서 볼 수 있는 최악의 폰 사

• 17세기 메노파 야코프 암만 추종자들로, 미 동부 펜실베이니아에서 17세기 유럽 농촌의 생활 방식을 유지하며 대규모 집단을 이루어 살고 있다. 전화나 전등을 쓰지 않으며 자동차보다는 말이나 4륜 마차를 이용한다. -옮긴이

용 습관도 대부분 FOMO에서 비롯된 건 아닌가 하는 생각이 든다. 나는 알기를 원하고, 보기를 원하고, 뒤처지고 싶지 않다.

사회적으로 절대 뒤처지고 싶지 않다는 내 바람은 문자 알림음과 카톡 소리와 끊임없이 새로고침 클릭하기라는 값을 치러야 이뤄진다. 아무것도 안 놓치고 있음을 확인하려고 나는 쉴 새 없이 폰을 체크한다. 하지만 나만 그런 것이 아니라 다른 사람들 역시 '검색 능력'을 위해 값을 치른다. 문화적 FOMO에 대해 말하자면, 우리는 서로 열심히 주거니 받거니 하며 상대에게 창피를 준다. 나는 이 영화도 알고 이 텔레비전 시리즈도 알고 사람들에게 회자되는 그 이야기도 다 들어서 아는데 너는 아직 그것도 모르냐면서 말이다. 이런 문화 상품을 바로바로 따라잡지 못하고 뒤처져 있음을 누군가 인정하기라도 하면 우리는 지체 없이 그 사실을 까발린다. "죄책감을 안기는 쪽이 아니라 받는 쪽이 되는 게 싫기에, 우리는 당한 만큼 똑같이 돌려준다."[3] 그렇다. 우리는 손에 피를 묻힌다. 이 심술궂은 FOMO 병을 지니기도 하고 남에게 옮기기도 하면서 말이다. 남들은 시대에 뒤져 있는데 나는 시대를 잘 따라잡고 있다고 과시하면 정말 기분이 좋다.

FOMO 때문에 우리는 '방금 도착한 소식'이라는 유형의 뉴스에 빠져들게 되고, 이는 앞 장에서 설명한 문제점을 심화시킨다. 하지만 이것들은 이 세상에 대한 우리의 두려움에 불을 지필 뿐이다. "나는 그리스도인들이 뉴스 마니아라는 생각을 그 어느 때보다 많이 한다"고 상담가 폴 트립Paul Tripp은 말했다. "소셜 미디어와 웹사이트, 그리고 24시간 뉴스 사이클을 통해 우리는 주변 세상에서 무슨 일이 일어나고 있는지 그 어느 때보다도 많이 알게 됩니다. 내가 생각하기에 이는 우리들 대다수에게 두려움을 증폭시킵니다."⁴⁾ 그렇다. 스마트폰이 있다는 것은 놀라운 일이다. 하지만 폰으로 인터넷을 한다는 것은 세상의 큰 비극과 슬픔, 돌발사건, 테러 행위 등 이 모든 것을 즉시 접하게 된다는 뜻이기도 하다. 우리는 이런 무거운 짐을 감당할 준비가 되어 있는가?

핵심 FOMO

온라인에서 겪는 핵심적인 두려움은 두 가지로 요약될 수 있다고 신학자 케빈 벤후저는 말한다. "하나는 지위 불안(사람들이 나를 어떻게 생각할까?)이고 또 하나는 단절 불안(나는 접속한다, 고로 나는 존재한다)입니다." 우리는 무엇에, 그리고 어떤 대가를 치르고 접속할까? "많은 이들이 흔히 이렇게 답변하지 않을까 염려됩니다. 연예 산업 단지 제국에 접속한다고 말이지요. 우리는 '관심 경제attention economy'라고 일컬어져 온 시대에 살고 있으며, 그래서 주일 아침 설교는 인터넷 서핑 시간과 비교할 때 힘이 약해 보입니다. 인터넷 서핑은 대중문화와 여론의 파도를 탈 수 있게 해주니까요." 이 책 전체의 다른 강조점들과 마찬가지로, 이 문제 역시 의미의 문제다. "그리스도의 제자의 입장에서 정신이 번쩍 드는 질문은, 우리의 관심이 정말 관심을 쏟을 만한 가치가 있는 것을 향하고 있느냐는 것입니다. 눈에 보이는 구경거리는 단명하며, 그것이 바로 FOMO를 앓는 이들이 또 다음에 있을 중요한 일 The Next Big Thing을 계속 기대하는 이유입니다. 현실에 대해 깨어 있는 제자들은 궁극적으로 중요한 브레이킹 뉴스, 즉 하나님의 나라가 예수 그리스도 안에서 밝아왔다는 뉴스에만 관심을 집중합니다. 이 브레이킹 뉴스는 우리의 지속적 관심을, 그리고 사방을 향해 늘 깨어 있는 상상력을 요구합니다."[5)]

우리는 매일의 뉴스와 유행하는 동영상, 정치, 연예계 가십에 늘 촉각을 세우려고 하며, 그리스도인들에게 이는 아마 전에 없는 유혹일 것이다(앞 장에서 살펴본 것처럼). 과잉 접속 상태는 FOMO 때문에 더 가열된다. 우리는 뒤처지기를 싫어하고, 그래서 다음번에 있을 흥미로운 일, 이를테면 곧 개봉할 블록버스터 영화 같은 것에 관심을 집중한다. 그래서 하나님의 새로운 창조와 같은 크고 영광스러운 현실은 망각한다.

슬픔과 침묵

스마트폰 FOMO는 보편적 경험이며, 여러분도 알 수 있다시피 그리스도인도 예외가 아니다. 작가 앤디 크라우치는 40일간 컴퓨터나 스마트폰 화면을 보지 않고 소셜 미디어에도 접속하지 않는 오프라인 상태로 지낸 후 이것이 아주 유쾌한 체험이었다고 말했다. "하지만 이 말은 해야겠다. FOMO, 즉 '놓칠까 하는 두려움'은 현실적 두려움이다. 놓칠까 봐 가장 두려웠던 것은 정보가 아니라 사람들의 지지였다. 사람들이 내 게시물에 '좋아요'를 눌러 주고 내 글을 '팔로우'해 주는 것을 날마다 하루치의 약을 복용하듯 확인하는 일에 내가 얼마나 집착했는지, 아니 얼마나 중독되었는지 깨달았다…. 그 흡인력이 얼마나 강한지 정신이 번쩍 들었다."[6)]

이 인정 욕구는 아마 스마트폰의 가장 강력한 미끼일 것이며, 우리가 살아가면서 외로움을 느끼거나 고통을 당할 때 이 유혹의 힘은 더 증폭된다. 뭔가 조금 불편한 기미가 들기만 해도 우리는 본능적으로 폰을 움켜쥐고 사람들의 지지를 받음으로써 통증에 약을 바르려고 한다. 세상에 이보다 더 해로운 습관이 있을까.

소셜 미디어 화면을 스크롤할 때 우리가 자주 잊는 것은, 우리가 아주 '전문적으로' 미디어 게시물을 관리한다는 점이다. 현재와 미래의 고용주들이 내가 트위터와 페이스북과 인스타그램에 올린 게시물을 볼 가능성이 있다는 점을 우리는 대개 알고 있다. 고용주의 이 전지성 omniscience을 생각하면 정신이 아찔해지고 때로는 겁이 나기도 하지만, 이는 우리가 공개 피드에 어떤 게시물을 올리든 전문가 못지않은 실력으로 편집하고 윤색하고 '유행을 따르는' 경향이 있다는 뜻이다. 즉, 우리가 그 게시물을 관리하고 있고, 그 게시물에 대해 자신과 확신이 있다는 뜻이다. 우리의 사회적 인격은 집단의 기대에 점점 더 좌우된다.[7] 그런데 뭔가 고통스러운 일이 닥치면 우리는 전문성을 잃어버린다. 소셜 미디어에 자아를 투사할 때는 일차원적으로, 세심하게 손질된 모습을 투사해야 한다는 사실을 잊어버리고 만다. 그리고는 딱하기 짝이 없는 모습으로 터덜터덜 소셜 미디어로 향해 간다. 내 삶은 이렇게 불행한 데 비해 다른 모든 이들은 함께 얼마나 행복한지 확인하기 위해!

달리 말해, 우리의 슬픔이 오래갈 때 FOMO는 우리의 마음을 상대로 방심할 수 없는 술수를 쓴다. 괴로움이나 고통스런 느낌이 닥칠 때, 우리는 폰을 집어 든다. 그리고 폰을 집어 듦으로써 고통을 악화시킨다고, 뇌암을 이기고 살아 남은 맷 챈들러 목사는 설명한다. 긴 시간 고통이나 우울을 겪고 있는 어떤 사람이 파자마 차림으로 집에 앉아 있다고 가정해 보자. "그 사람은 침대 속으로 파고들어 폰을 켠다. 그리고 자신의 인스타그램 계정을 스크롤하기 시작한다. 이때 그 사람은 알게 된다. 모두가 멋진 결혼 생활을 하고 있다는 것을. 남의 집 자녀들은 말도 잘 듣고 공부도 잘 한다. 남들은 돈도 잘 번다. 그들은 힘들게 애쓰지 않는다. 고통 따위는 없다. 슬픔도 없다. 그런데 나는 여기서 시련을 당하고 있다. 나는 넷플릭스에서 연속극을 보며 아이스크림 한 통을 다 먹고 말았다. 나는 그들에게 화를 내기 시작한다. 그들에게 점점 더 분노가 치밀기 시작한다. '정말요? 내가요, 주님? 나는 이 시련을 겪고 있잖아요. 저 사람들은요?' 시련을 겪으면 나의 음험하고 악한 마음이 드러날 것이고, 남들과 비교하는 게 바로 그 악한 마음이 저절로 드러나는 방식이다."[8]

FOMO 시기심

남과 비교하기는 사회경제적으로 수준이 비슷한 사람들 사이에서 성행하는 악습이다. 그렇게 수준이 비슷한 사람들 사이에서의 시기심이란 그냥 남이 가진 것을 탐내는 것이 아니라, 그것을 그 사람이 가졌기 때문에 탐내는 것을 말한다. 또 이 시기심은 내가 가질 수 없는 것은 그들도 가지지 않기를 바라는 마음으로 표출되기도 한다. 이 죄는 교활하게도 나 자신의 손실과 결핍에 비추어 타인의 재화와 은사를 부숴 없애는 것을 목표로 한다.

달리 표현하자면, 시기심은 구체적 비교 표적에 의해 무성히 자라난다고 브레드 리틀존Brad Littlejohn은 말한다. 우리는 폰을 켜서 소셜 미디어 세상으로 이 시기심을 가지고 들어간다. 거기서 우리는 "친구들의 상태 표시, 사진, 트윗, 게시물이 '좋아요'를 얼마나 많이 받았고, 얼마나 많은 댓글이 달렸으며, '즐겨찾기'가 얼마나 많이 되었고, 리트윗은 얼마나 많이 되었는지 살펴보고 이를 나의 그것과 비교해 즉시 도표를 만든다. 남을 시기하는 사람에게는 이 사소한 인정의 기호들 하나하나가 다 벌겋게 달아오른 부지깽이가 되어 분함과 시샘이라는 불길이 뜨겁게 타오르게 만든다"라고 그는 말한다. "시기하는 사람은 타인의 성공을 고통스럽게 떠올리면서 그것들을 자학적으로 기억 속에 차곡차곡 쌓아 두고, 그 기억을 일람표로 만들어 곱씹고 또 곱씹는다. 온 세상이 다 작당해 자신을 적대하는 것처럼 보일 때까지."[9] 이는 극단적인 예일 수 있으나, 이보다 덜한 유형일지라도 시기심은 나를 남과 비교해서 그 무게로 우리의 기쁨을 박살내고 우리 영혼에서 생기를 쥐어짜낸다. 공유 수, 좋아요 수, 친구 수가 늘어나는 것을 보면서 우리는 꼼짝없이 비교를 하는 처지가 된다. "페이스북은 시기심의 CNN, 근사한 사람이 누구이고 그렇지 않은 사람은 누구인지, 누가 상승세이고 누가 하강세인지 휴일도 없이 24시간 내내 전해 주는 일종의 뉴스 사이클"이라고 말할 날도 어쩌면 멀지 않았다.[10] 결과적으로, 소셜 미디어는 시기심이라는 내면의 불길에 계속 바람을 불어넣어 주는 풀무가 된다. FOMO가 주도하는 시기심, 개인의 고통 때문에 촉발되어 사람의 인정과 지지라는 유혹이 부추기는 이 시기심은 온통 가연성의 왕겨더미와 같다.

FOMO가 생겨나는 곳

FOMO는 독특하지도 않고 최신 현상도 아니다. FOMO라는 약어는 2004년에 등장했지만 발생은 그보다 앞선다. FOMO의 발생은 와이파이보다 먼저이고, 스마트폰보다 앞섰다. FOMO는 오래된 공포증으로, 우리가 엄지손가락 두 개로 가십 문자를 주고받기 훨씬 이전에 시작되었다. FOMO는 인간의 원시적 두려움, 뱀Serpent이 스르륵 미끄러져 와서는 너무 좋아서 도저히 놓칠 수 없는 단 한 번의 기회에 대해 달콤한 말을 늘어놓았을 때 우리 마음에 지펴진 최초의 두려움이다. "금지된 한 나무 열매를 먹으라, 그러면 너희가 하나님처럼 될 것이다."[11]

아담과 하와가 무얼 더 원할 수 있었겠는가? 그 열매만 먹으면 피조물 신분에서 벗어날 수 있고, 두목처럼 될 수 있고, 나름의 독립성을 유지할 수 있고, 무엇이 진리인지 스스로 규정할 수 있고, 모든 것을 다 알 수 있고, 독자적 왕권을 누릴 수 있다는데. 이들은 각자 신神이 되어 모든 영광을 다 자기 것으로 삼을 수 있었다! 한 입만 베어 물면 신처럼 될 수 있다며 사람의 마음을 녹이는 그 기회를 누구라고 물리칠 수 있었겠는가?

뱀의 이 말—이 거짓말!—에는 사실이라고 하기엔 너무 좋은 흥미진진한 약속이 실려 있었다. 이는 감언이설이었다. 이는 하나님의 형상을 지닌 자들에게 헛바람을 불어넣어 반란을 일으키게 함으로써 하나님을 보좌에서 끌어내리려는 사탄의 시도였다. 달리 말해, FOMO는 우리와 하나님의 관계를 파괴하려는 사탄의 첫 번째 작전이었고, 이 작전은 효과가 있었다. 그리고 지금도 여전히 효과가 있다.

인간이 저지른 최초의 죄 이면에는 '다른' 삶에 대한 욕구가 자리 잡고 있다. 누구나 더 좋은 삶을 상상할 수는 있다. 좋다. 그러나 한 소설가의 말을 빌리자면, "살아 보지 않은 그 모든 삶의 무게 아래 내 뼈가 뒤틀리는 소리가 이따금 들린다"[12] 단 하나의 삶을 사는 긴장만으로도 충분한데, 내가 살아볼 수도 있었을 다른 모든 삶에 대해 한번 생각해 보라. 그 가능성들의 무게가 나를 짓누를 것이고, 아담과 하와의 경우가 그랬듯 현실 도피라는 신기루가 나를 향해 손짓할 것이다. 이것이 바로 FOMO다.

하지만 FOMO는 에덴동산의 금지된 나무 아래서 끝나지 않았다. 오히려 거기서 시작되어, 그 이후 인류 역사에서 단 한 번도 꺼진 적 없는 산불을 일으켰을 뿐이다. 어느 정도의 자충족성에 이르게 해주겠다는 공허한 약속으로 죄인들은 지금도 여전히 날마다 기운을 얻는다. 하나님께서 결국 그 정도의 자충족성마저도 불필요하게 만드실 텐데 말이다.

날마다 우리는 나 자신은 살 수 없는 삶, 타인만이 살 수 있는 삶, 하나님께서 우리에게 명백히 금지하신 삶들을 만난다. FOMO의 거짓말은, 하나님의 피조물인 우리가 뭔가를 놓치고 있다고 주장함으로써 우리를 광고주들의 손쉬운 표적으로 만든다. 청년기의 고뇌와 중년기의 위기를 심화시킨다. 그리고 문화적 '놓침'의 현실이 가장 분명하게 드러나는 노년의 날들을 우중충하게 만든다.

무덤 속의 FOMO

FOMO와 관련해 가장 오래 계속된 실물 교육으로 손꼽히는 것은 우리 구주께서 누가복음 16장 19-31절에서 가르치시는 내용이다. 영원한 손실과 영원한 영광을 대조하고 있는 이 이야기는 한 부자(사회적인 면에서나 재정적인 면에서 아무것도 놓치는 게 없는 것 같은 사람)와 가난한 사람 나사로(상상 가능한 모든 면에서 많은 것을 놓치고 있는 것 같은 사람)로 시작된다. 둘 사이의 이런 대조는 잠시 동안이다. 왜냐하면 두 사람 다 죽어서 영원 세상을 마주하기 때문이다.

부자와 나사로 이야기는 역할 반전에 관한 장대한 스토리다. 이야기의 결말에서 우리는 전에 부자였던 사람(모든 것을 다 잃은)과 전에 거지였던 사람(모든 것을 다 얻은 사람)을 보게 된다. 전에 부자였던 사람은 심판의 고통을 덜어줄 시원한 물 한 방울을 간청하는 거지로서 영원한 고통에 직면한다. 전에 거지였던 사람은 이제 모든 것을 회복시키시는 하나님의 임재의 영원한 기쁨 가운데 슬픔과 두려움이 다 씻겨진 구속받은 죄인으로서 영원한 즐거움을 발견한다.

이 지점에서 부자(이제 영원한 거지가 된)는 놓친 적 없었던 것들을 놓치고 있으며, 사랑하는 사람들이 자기처럼 될 것을 두려워한다(FOMO). 그래서 그는 아브라함에게 간절히 청한다. 거지 나사로를 부활시켜 세상에 있는 자신의 다섯 형제에게 보내서 영원한 생명에 대해 증언하게 하여 형제들이 듣고 믿게 해달라고, 그렇게 해서 그들은 자신처럼 영원히 모든 것을 놓치는 이 비참한 상황을 당하지 않게 해달라고 말이다. 이는 부자의 절박한 부르짖음이다.

예수께서는 이 스토리에 어떤 교훈이 담겼는지를 분명히 밝히신다. 하나님의 말씀이 선포되고, 듣는 자들이 이를 받아들이면 영원한 두려움이 없고, 이생에서 놓친 모든 것이 영원히 회복되리라는 약속만 있다는 것이다.

단 하나의 정당한 FOMO

이 스토리가 강조하듯이, 단 하나의 정당한 FOMO가 인생의 다른 모든 FOMO를 무색하게 만든다. 그것은 바로 영원한 놓침에 대한 두려움이다. 하나님의 진노는 현실이다. 그리스도가 아니면 영원한 멸망만 있을 뿐이다. 예수의 비유에 등장하는 부자는 인생 최대 비극의 초상이다. 헛된 쾌락으로 주머니와 배와 인생을 채우는 사람 말이다. 이 사람은 사탄이 하와에게 했던 오래된 거짓말을 받아들여, 하나님을 무시하고 자기 자신만으로 충분하다 여기는 길을 선택하고는 한 번도 하나님을 자신의 가장 귀한 보화로 받아들이지 않았다. 이 사람은 방종이라는 마취제로 심판의 사실성을 둔화시켰고, 그렇게 해서 스스로 영원히 파멸했다.

이 불신앙 상태에서 부자는 가장 두려워하던 한 놓침, 영원한 놓침, 어두운 바깥에서 슬피 울며 이를 가는 고통에 직면했다. "그러므로 우리는 두려워할지니 그의 안식에 들어갈 약속이 남아 있을지라도 너희 중에는 혹 이르지 못할 자가 있을까 함이라"(히 4:1). 영생을 놓칠까 하는 두려움이야말로 밤에 잠을 못 이룰 만한 유일한 FOMO다. 우리 자신을 위해, 친구를 위해, 가족을 위해, 그리고 이웃을 위해서 말이다.

그러나 그리스도 안에 있는 사람에게는 놓침의 고통이 영원히 제거된다. FOMO로 애태우는 죄인들이 예수 그리스도의 복음을 받아들이면 영원히 무엇을 잃는 일은 없을 것이라고 그분은 우리에게 약속하신다. 잃는 것은 다 그리스도 안에서 발견될 것이다. 우리가 잃는 것은 다 그분 안에 계수되어 쌓여 있을 것이다. 영생이 우리가 이 유한한 생에서 겪은 다른 모든 고통과 손실을 다 벌충해 줄 것이다. 천국

교리가 이 사실을 증명한다. 새 창조는 이생에서 죄에 의해 손상된 모든 것의 회복이다. 이 세상에서 우리가 잃은 모든 것에 대한 보상이다. 소셜 미디어 피드에서 우리가 놓친 모든 것이 변제되는 것이다.

나사로는 이 복된 진리를 배웠다. 천국은 이생의 모든 FOMO에 대한 하나님의 영원한 응답이라는 것을. 천국은 우리가 '놓친' 모든 것을 영원 세월에 걸쳐 수천 배로 회복시켜 줄 것이다.[13] 이렇게 보면 디지털 시대의 유혹을 제어하는 좌우명이 사도 바울의 말에 약간 수정된 표현으로 새겨져 있다 하겠다. 그리스도 예수 나의 주님을 영원히 안다는 탁월한 가치를 절대 놓치지 않는다는 사실에 비추어 나는 이생에서 내가 박탈당한 것, 그리고 상상 속에서 두려워하는 모든 손실을 전혀 손해로 여기지 않는다고 말이다.[14]

사랑으로
침묵하라

당신의 추문을 내가 들어 알고 있을 땐 어떻게 해야 할까? 살다 보면 누구나 이런 문제에 직면하게 된다.

성경에는 "서로one another"라는 말이 많이 등장하지만, "서로 비교하라compare one another"라는 말은 없다. 그런데 온라인에서 우리는 이 방향으로 기울어진다. 우리는 유명 인사들을 찬미한다. 이름 없는 사람들은 멸시한다. 나와 비슷한 수준에 있는 대다수 사람들에게는 자꾸 시기심을 품으며 모질게 대한다. 온라인에서 우리는 엉성한 무대 장치를 닮은 자신감의 허울을 쓰고 살아간다. "지금처럼 숫자와 돈이 지배하는 시스템으로서의 소셜 미디어는 진정한 삶이 아니다"라고 앞에서 만났던 전직 인스타그램 모델 에세나 오닐은 말한다. "소셜 미디어에서는 그저 꾸며낸 이미지와 편집된 영상을 가지고 서로 경쟁하며 순위를 매겼다. 소셜 미디어는 사람들의 인정, 좋은 것과 싫은 것, 자기 견해를 검증받는 것, 많은 팔로워 숫자에 기반을 둔 시스템이다. 소셜 미디어는 완벽하게 연출된 판단이다."[1)]

우리는 서로 비교하려고 온라인으로 간다. 우리는 서로 꾸짖는다. 우리는 서로를 질투하게 된다. 그리고 서로의 흠결을 알게 되면 서로에 대해 완벽하게 연출된 판단을 내린다. 그리고 그 일에 안성맞춤인 앱도 존재한다.

피플PEEPLE

소름 끼치는 이름을 가진 앱, 피플Peeple은 원래 사용자들이 친구나 동료, 전 애인 등 자기가 아는 사람들을 별 하나에서 별 다섯까지 등급을 매길 때 쓰는 앱이었다. 맛이나 서비스가 나쁜 식당 혹은 결함 있는 상품에 관한 비판적 후기를 말하는 게 아니다. 개인적으로 아는 사람들을 앱을 통해 공개적으로 평가를 한다는 것이다.

이런 앱은 무엇이 문제일까? 물론 많은 것이 문제일 수 있다. 『워싱턴 포스트The Washington Post』는 피플을 가리켜 "태생부터 주제넘다", "사람을 대상화한다", "환원주의적이다"라고 했고, "약간이라도 자의식이 있는 사람"에게는 이 앱이 스트레스와 불안의 근원이 될 수 있다고 했다. 더 심각한 것은 피플이 프라이버시를 침해하고 심지어 희롱까지 조장하는 플랫폼을 발생시켰다는 점이다. 최소한 이 앱은 "내 동의 없이 나를 대상화하는 어떤 시선이 나를 항상 지켜보고 판단한다"는 기

분이 들게 만들었다.[2]

그래서 피플 앱 개발자들은 처음으로 돌아가, 이 사이트가 나쁜 사람들을 폄하하기보다는 선한 사람들을 널리 알리는 기능을 할 수 있도록 개발 정책과 절차를 재고했다. 우리가 본능적으로 알다시피, 개방형 플랫폼에서의 평가는 언제나 파괴적인 경향을 띤다.

피플 같은 앱 외에도, 우리의 폰은 이 가혹한 현실을 들여다볼 수 있는 여러 가지 창을 제공한다. 우리는 갖가지 기사에 달린 짐짓 정중한 체하는 댓글들을 본다. 페이스북에서는 짜증 섞인 비판적 언급을 본다. 트위터에서는 말로써 거친 줄다리기를 하는 것을 본다. 블로그에서는 복음주의권 지도자들을 고발하는 글을 본다. 충돌이 어디에서 시작하든, 이는 흔히 끝없는(그리고 사랑 없는) 전쟁에 대한 증거다. 옆으로 물러나 이 논쟁을 구경만 하든, 혹은 최전선에 나가 있든, 우리는 한 가지 중요한 질문에 직면한다. 우리 주변 사람들의 죄와 약점을 어떻게 대해야 하는가?

감사하게도, 마태복음 18장 15-20절에 처방이 주어져 있다. 그것도 아주 명쾌하게. 만일 그리스도 안에서 형제나 자매가 나에게 심각한 잘못을 저질렀을 때는 은밀하게 찾아가서 그가 무엇을 잘못했는지 알려 주라. 그 사람이 회개하면, 하나님께서 보시기에 믿을 수 없을 정도의 회복 과정이 전개되고, 화해가 이뤄진다. 그러나 그 가해자가 회개하지 않으면 두세 사람의 증인을 데리고 가서 그 사람을 대면하게 하라. 그것도 효과가 없으면 그 사람이 저지른 잘못을 교회 지도자들에게 알리고, 최종적으로 온 교회에 다 알리라. 가해자가 그래도 회개하기를 거부할 경우, 그 사람은 이제 더는 그리스도 안의 한 형제로 대접받지 못한다.

치리에는 이렇게 절차가 있으며, 이 절차는 게릴라전이 아니라 형제 사랑에 바탕을 두고 있다. 마찬가지로, 교회 지도자들이 범죄했을 때도 이를 처리하는 과정이 있으며, 이 과정은 먼저 일정한 방식으로 고발 내용을 입증하는 것으로 시작되고, 그런 다음 교단에서 정한 절차와 재판 제도에 따라 죄를 처리할 것이 요구된다.[3] 어떤 경우든, 세상의 도구가 아니라 성경이 이 절차를 인도해야 한다.

부름

우리가 살아가면서 만나는 어떤 신자나 목회자의 죄든, 비공개적으로 성경의 절차를 존중해서 처리해야 한다. 비록 진전이 느리더라도 말이다. 전 과정의 핵심은 부름calling이다. 가까이 있는 소수 사람들이 부름을 받고 특정 사건을 처리한다는 것이다.[4] 죄와 실책을 처리할 때는 반드시 가해자와 피해자가 증인들과 함께 얼굴을 맞대고 해야 하며, 모든 과정은 해당 교회의 신중한 판단 아래 진행되어야 한다.

이 상황에 '부름 받지' 않은 사람들(우리들 대다수)에게 성경이 요구하는 것은, 문제가 되는 죄에 대해 떠벌리지 말고, 스스로 말을 삼가는, 우리 시대 문화와 정반대되는 자세를 취하라는 것이다.[5] 형제의 죄를 덮어 주는 것은 침묵 가운데 죄가 곪아터지게 하려는 것이 아니라, 그 상황을 처리하도록 부름 받은 사람들이 하나님께서 처방하신 말씀에 비추어 그 죄를 처리할 수 있도록 하기 위해서다. 실제로, 성경이 분명히 밝히고 있다시피, 특정 상황에 부름 받은 두세 신자의 결론은 페이스북 댓글에서 분노에 사로잡혀 서로 게거품을 무는 사람들 이삼백 명보다 하나님 보시기에 훨씬 더 큰 무게를 지닌다.

이런 문제에서 우리가 하나님의 원래 계획을 존중하는 데 우선순위를 두면, 누군가와 관련해 추문이 될 만한 일을 알게 되더라도 그것을 냉큼 친구에게 문자로 보내거나 하지 않을 것이다. 그렇게 스스로 말을 삼가는 자세는 누구에게나 있는 직관이 아니라 명령이다. 그렇게 해서 우리는 이웃과 그리스도 안에 있는 형제자매의 명예를 보호한다.

고자질

스마트폰 사회에서 소셜 미디어는 가짜를 폭로하고, 독재자를 무너뜨리며, 범죄를 고발하고, 인종 차별을 기록하고 폭로하는 강력한 도구 역할을 계속할 것이다. 그리스도인에게 이런 도구는 우리의 주장을 옹호하고 사회 정의를 외칠 수 있는 수단이 되어 줄 것이며,[6] 필요한 경우, 교회와 교단의 침묵 가운데 썩어 문드러질 수도 있었을 그릇된 교리와 지속적 죄를 폭로해야 할 순간에 중요한 역할을 하기도 할 것이다. 그러나 처음에는 과거의 죄를 폭로하는 고상한 시도로 보였던 것이 점점 정도가 지나쳐 온라인 집단 보복으로 귀결되는 경우가 많으며 그리스도인들도 이런 일에 예외가 아니다.

어떤 상황에 부름 받지 않은 사람에게 아주 현실적인 유혹거리가 있다. 바로 원격으로 사건을 판단하려 하고, 섣불리 결론을 내리려 하며, 그렇게 해서 온라인에서 사람들의 여론을 고조시켜 지지를 끌어모으려 하는 것이다. 하지만 온라인에서 대중을 상대로 평결을 이끌어내고 근거 없는 결론을 확산시키는 행위는 한 그리스도인의 명예를 훼손시킬 수 있다. 성경의 지침이 사탄에 의해 오도될 때 이런 일이 발생한다.

스마트폰만 있으면 다른 누구에게든 오물을 뒤집어씌울 수 있는 시대에 우리가 알아야 할 것은, 어떤 상황을 해결하려는 마음 따위는 없이 그저 적대감만 불러일으킬 생각으로 반목적 메시지를 확산시키는 행위가 바로 세상이 말하는 "낚시글trolling"이며, 신약성경은 이를 가리켜 "비방"이라[7] 한다는 사실이다. 신약성경에 쓰인 이 헬라어 단어의 동사형은 문자적으로 '~의 욕을 한다'는 뜻이다. 타인에 대해 그릇된 정보나 소문을 퍼뜨리는 행위도 온라인 비방에 해당된다. 그런데 성경에서 말하는 비방은 타인의 명성을 손상시키겠다는 최종 결과를 염두에 둔 행위이다.

야고보서 4장

그리스도인이 타인의 추문을 들어 알게 되었을 때 이를 대하는 법에 관한 지혜를 다룬 장에서 우리는 비방slander이란 말을 보게 된다. 비방이란 "초기 기독교의 계명을 어기는 죄로서, 내용이 거짓이기 때문이라기보다 사랑이 없는 행동이기 때문에 죄가 된다."[8] 그것이 핵심이다. 팀 켈러Tim Keller와 데이비드 폴리슨David Powlison은 비방을 이렇게 정의한다. "반드시 잘못된 평評이어야 하는 건 아니다. 그저 적대적인 평으로서 상대를 비하하려는 것이다. 멸시를 퍼부으려는 것이다. 조롱하려는 것이다. 상처 입히려는 것이다. 해를 끼치려는 것이다. 말살하려는 것이다. 나쁜 소문을 기뻐하려는 것이다."[9]

비방은 어떤 개념들에 대한 공개 토론도 아니고 그릇된 가르침에 대한 공개 질책도 아니다(이에 대해서는 나중에 더 자세히 알아보도록 하겠다). 자세가 공정하고 일정한 원칙만 있다면 다른 사람의 생각이나 교리에 대해 공개적으로 논쟁할 수 있고, 사랑을 바탕으로 명료하게 상대편의 입장에 대해 말할 수 있다.[10] 야고보서 4장 11-12절이 경계하는 것은, "어떤 사람의 마음속 동기와 성품을 공격해서, 듣는 이들이 그 사람에 대해 품고 있는 존경과 사랑을 훼손시키려 하는 것"이다.[11]

아이폰이 등장하기 훨씬 전 야고보서 4장 11-12절을 설명하면서 R. 켄트 휴즈Kent Hughes 목사는 이렇게 말했다. "개인적인 생각으로, 일반적으로 받아들여지는 관습[비방]에 이보다 더 배치되는 명령은 별로 없는 것 같다. 대다수 사람들은 부정적인 정보일지라도 그게 사실이기만 하다면 다른 사람에게 옮겨도 괜찮다고 생각한다. 거짓말이 부도덕하다는 것은 우리가 다 안다. 그런데 당사자에게 피해를 주는 진실을 남에게 전하는 행위는 부도덕하지 않은가? 사람들은 그런 행동을 거의 도덕적 책무로까지 생각하는 것 같다!" 이것이 바로 성경이 정의하는 비방이 스마트폰 세대에게 반문화적인 이유다. "그런 논리에 의해, 등 뒤에서 어떤 사람을 비판하는 말도 그 비판이 사실이기만 하다면 아주 정당한 비판으로 간주된다. 마찬가지로, 인격 모독적 뒷공론(물론 절대 뒷공론이라고들 하지 않지만!)도 전달되는 내용이 사실이기만 하다면 오케이다. 이렇게 많은 신자들이 진실을 타인의 명성을 정당하게 깎아내리는 면허증으로 활용한다."[12] 명목은 '진실 드러내기'지만 사실 누군가의 인격을 손상시키려는 목표로 하는 모든 일은 다 비방의 한 표현이다.

흠잡기 좋아하는 사람, 남의 허물을 퍼뜨리는 사람과 대면하여 이를 바로잡지 않으면 이들은 결국 법을 내려다보는 불한당 같은 재판

관으로 자리를 잡는다고 야고보서 4장 11-12절은 경고한다. 흠잡기 좋아하는 사람과 남의 허물을 퍼뜨리는 사람은 허물의 기준과 그것을 처리하는 절차와 관련해 참을성이 없고 냉소적이기에, 잘못을 저지른 사람에게 유죄를 선언하고 징벌을 시행하기 위해 그 자신이 법과 재판관, 배심원이 되려 한다. 그런 충동이 온라인 야유꾼들의 마음을 끌어, 잘못을 저지른 사람의 수치를 순식간에 집단적으로 쌓아올릴 수 있다. 누군가의 허물을 드러내는 행위는 잘못을 고발하거나 폭로하는 데 그치지 않고 대개 집단적 응징으로 자연스레 이어지며, 이것이 지렛대 역할을 해서 그 당사자에게 기록에 남을 만한 위해를 가하고자 하는 대규모 사이버 폭력이 자행된다.

하나님께서는 피해자가 거꾸로 가해자가 되지 못하게 막으신다. 이를 위해 하나님의 처방은 흔히 관례적 지혜와 결을 달리 할 때가 많으며, 이 처방은 우리 육신의 충동과는 언제나 역방향으로 간다. 겸손은 위키리크스Wikileaks* 세대에 반하는 답안에 따를 것을 우리에게 요구한다. 피플 앱으로 사람에 대해 등급을 매기고, 허물을 고발하고, 덮어 감춘 것을 폭로하는 이 시대에, 우리에게는 타인의 추문을 처리할 때 우리가 따라야 할 반문화적 처방이 주어져 있다.

제9계명

야고보서 4장은 사실 제9계명을 재언명한 것일 뿐이며,[13] 이 계명은 법정에서 이웃에 대해 거짓말하는 것을 금하는 필수적 계명인 동

● 내부 고발을 통해 정부나 기업의 비리와 불법 폭로를 전문적으로 하는 인터넷 사이트.-옮긴이

시에 법정 밖에서는 "이웃의 흠을 사람들 앞에서 떠벌리기보다는 덮어 가려 주도록 하라"고 요구하는 과감한 계명이다.[14] 웨스트민스터 대요리문답이 설명하는 것처럼, 이 계명은 "사랑으로 이웃을 존중할 것, 이웃의 명예를 사랑하고 바라고 기뻐할 것, 이웃의 약점을 슬퍼하고 덮어 줄 것, 이웃이 받은 은사와 은혜를 거리낌 없이 인정할 것, 이웃의 무죄를 옹호해 줄 것, 이웃과 관련해 좋은 평판은 곧 받아들이고 나쁜 평판은 인정하기 꺼려할 것, 고자질하는 사람과 아첨하는 사람과 험담하는 사람을 말릴 것"을 요구한다.[15] 즉, 이 계명은 타인의 행동 동기와 의도를 함부로 추측해서 말하는 것을 제지한다.[16] 온라인에서도 이웃의 흠결에 관해서는 지극히 조심하고 삼가는 태도가 요구된다.

하나님께서는 (필요할 경우) 우리가 사랑으로 이웃의 죄를 덮어 주는 훈련을 하되[17] 이웃에게 연단과 개인적 회개의 여유를 주기를 바라신다.[18] 우리는 성령께서 세상 가운데 흔히 우리 눈에 보이지 않게 일하사 우리의 죄를 깨닫게 하신다는 사실을 인정한다. 그래서 우리는 하나님께서 자기 자녀들 안에 역사하신다는 것을 알고 믿음으로 행한다.

나는 이 목표를 위해 찰스 스펄전의 솔직한 고백을 자주 떠올리는 게 도움이 된다는 사실을 깨달았다. "세상에서 가장 쉬운 일은 남을 흠잡는 일이다."[19] 그렇다. 게다가 그렇게 찾아낸 남의 흠결을 널리 퍼뜨리는 수단이 우리 시대만큼 간단하고 강력했던 적도 없다. 갈등에 불을 붙이고 바람을 불어넣어 싸움의 불길이 일어나게 만드는 "다툼을 좋아하는 사람"은 소셜 미디어라는 불쏘시개에 이르는 길을 찾아낼 것이 분명하다. "소셜 미디어가 있기에 이제 우리는 인간 역사상 그 어느 때보다 큰 위력으로 사람들을 해치고 창피하게 하며 낙인을 찍을 수 있다"고 레이 오틀런드Ray Ortlund 목사는 경고한다. "스스로 삼가는 태도가 그 어느 때보다 중요하다."[20] 사람에게는 저마다 내면의 괴물, 내면의 비방자가 있다. 남의 추문을 친구에게 문자로 알리고, 온라인에 게시하고, 온라인에서 익명으로 그 추문을 소비하고 싶어 하는 욕망이 우리를 구성하는 한 부분으로 우리 안에 자리 잡고 있다. "'남의 말하기를 좋아하는 자의 말이 별식과 같다'면, 온라인에서의 댓글은 먹고 싶은 대로 다 먹을 수 있는 뷔페 식당 같다."[21] 뷔페 음식을 앞에 두고 금식할 수 있는 사람이 어디 있겠는가?

두 눈에 불을 켜고 남의 잘못을 파헤치며 재미있어 하는 우리 모습은 소셜 미디어가 생기기 훨씬 전부터 있어 왔다. 남 흠잡기는 인간의 오래된 취미로, 자만이라는 겉치레를 떠받쳐 주는 기둥이었으며, 이는 그리스도인들 사이에서도 예외가 아니었다. 흠잡기는 타인에 대한 사랑을 파괴한다. 흠잡기는 긍휼과 반대 방향으로 간다. 사함 받은 우리 죄는 그리스도 안에서 무덤 속으로 던져진다. 하지만 비방하는 자는 한밤중 여전히 이웃의 죄를 파헤치러 다닌다. 무덤 속에서 분해되기 시작한 그 허물들을 도성 광장 밝은 곳으로 끌고 나오려고 말이다.[22] 이것이 바로 청교도 리처드 백스터가 당대 교회에 비방이 유행병 수준에 이르렀다 여기고 그 죄에 정면으로 맞선, 그리고 그에 대해 값을 치른 이유다. "뒤에서 험담하는 자들[비방하는 자들]은 꾸짖는 게 관례라고 내 양심이 내게 일깨워 주기에, 보통 나는 그 일에 대해 질책을 받는다. 죄와 사악함을 옹호하는 자라고."[23] 아이쿠. 흠잡

	지역 교회 안의 죄*	지역 교회 밖의 이단†	
○	지역 교회 내부 사람이나 지도자에게서 볼 수 있는 중대한 교리적 오류, 중대한 도덕적 실책, 끈질기게 분리를 조장해 불화를 일으키는 행동이 이런 죄에 포함된다.‡	설득력 있게 쓰인 책, 유력한 필자가 쓴 글, 대중 설교, 신학교 강의, 교단의 신학적 입장에 공표된 그릇된 가르침 등 한 지역 교회 너머로 영향이 미치는 오류들이 이 죄에 포함된다.	
○	개인적 질책이 요구됨	공개적 질책이 요구됨	○
○	이 죄로 인해 피해를 당한 사람으로부터 시작해서, 다른 교인들, 교회 지도자들이 차례로 개입하여 대응하고, 최종적으로 해당 교회 전체가 참여한다(필요할 경우).	그릇된 가르침에 능숙하게 대응하는 것은 자격을 갖춘 교회 지도자의 필수 역할이지만, 이 경우 이 일은 폭넓게 권위를 인정받는 지도자가 맡는 게 최선으로 보인다.	○
	무죄가 선고되거나, 당사자의 회개, 혹은 교회 차원의 질책으로 문제가 종결되며, 출교 조치가 취해질 수도 있다.	해당 가르침이 대중에게 공개됨으로써 문제가 해결되는 것으로 보인다.	

* 마 18:15-20; 딤전 5:19-20; 딛 1:9.

† 갈 2:7-14.

‡ D. A. 카슨, "Editorial on Abusing Matthew 18," *Themelios*, themelios.thegospel coalition.org (May 2011). 카슨은 마태복음 18장이 가르치는 방식으로 해결해야 할 문제를 다음 세 가지 범주로 나눈다: 중대한 교리적 오류(딤전 1:20), 중대한 도덕적 실책(고린도전서 5장), "끈질기게 분리를 조장해 불화를 일으키는 행동"(딛 3:10-11).

기 좋아하는 자들을 견책하라. 그게 자기 자신일 수도 있는 위험을 감수하면서라도.

우리는 온라인에서 남을 비방하는 행태에 고개를 돌릴 용기, 혹은 비방을 비방이라고 말하며 맞설 용기를 가져야 한다. 누군가가 근거 없이 남을 고소할 때 침묵한다면 이는 죄가 제멋대로 폭주하게 허용하는 수동적 자세임을 깨닫는 눈이 있어야 한다. 하나님께서는 우리가 다른 사람에 대해, 다른 그리스도인에 대해 뒷공론을 하라는 것을 알고 계신다. 그것이 바로 성경에서 우리에게 행동 지침을 주시는 이유다. 하나님의 말씀은 우리에게 말한다. 비방은 나쁘다고, 비방을 일삼는 것은 나쁘다고, 그리고 온라인에서 그 죄가 유행하는 현상에 맞서는 게 옳다고(설령 그렇게 함으로써 비방을 받게 될지라도!).

그리스도인이 온라인에서 짓는 죄도 대면해서 해결해야 할까?

심각한 개인적 죄와 그릇된 가르침 문제를 다룰 때 우리는 성경에서 두 가지의 독특한 시나리오를 보게 된다. 하나는 지역 교회 내부의 죄이고, 또 하나는 지역 교회 밖의 이단이다. 이 두 가지를 왼쪽과 같이 함께 제시해 보겠다(220쪽 도표 참고).

내가 생각하기에 위의 두 범주는 성경에서 가장 선명한 두 가지 범주다. 하지만 디지털 세상에서 들리는 목소리가 집단화될 수 있는 소셜 미디어 시대에는 세 번째 범주가 등장한다. 이 목소리는 교회가 뭔가를 은폐했다는 의혹들을 폭로하고 소문으로 들리는 저명한 교회 지도자들의 도덕적 실책을 꾸짖는 데 쓰인다. 이 세 번째 범주는 지역 교회나 교단의 권한을 대체하는 공공의 책임 구조를 요구하기도 한다.

공개적 추문에는 공개적 질책이 요구되며, 성경은 추문을 일으키는 목회자가 존재해 왔고 앞으로도 존재하리라는 불편한 사실을 굳이 우리에게 감추지 않는다. 추문이 발생하면, 권한을 가진 지도부가 적극적으로 개입해서 적시에, 공정하게, 편견 없이 진상을 조사해야 하며, 그리하여 혐의를 풀어 주든 처벌을 하든 해야 한다. 어떤 부수적 결과가 나오든 말이다.[24] 단순한 스캔들이 아니라 범죄 혐의까지 있어 고발을 당할 경우에는 교회 지도부가 아니라 사회의 관계 당국이 개입해 피해자 보호와 수사를 맡아야 한다. 교회는 하나님을 두려워하는 마음을 가지고 비공개로(야고보서 4장의 원리를 존중해) 초동 절차를 이행할 필요가 있다. 그런 다음 관계 당국과 협조해 두 번째 단계가 진행될 수 있게 해야 하며, 진상을 밝히는 과정을 방해해서는 안 된다(제9계명을 존중해). 하지만 타락한 세상에서는 이 두 과정 모두 결함이 있으며, 때로 교회와 관계 당국이 혐의를 알아차리고 개입할 때 그리스도인들 사이에 분열이 생기는 것을 막을 수 없다. 좀체 풀리지 않는 의문, 해결되지 않은 불만이 여러 해 동안 그 상황에 잔존하면서 상처와 긴장을 남길 수 있는데, 이는 강하디 강한 믿음, 하나님의 주권적 뜻과 하나님의 완벽한 타이밍, 그리고 하나님께서 장차 내리실 판결에 대한 깊은 신뢰가 요구되는 문제다.

이 일을 트위터에 올려야 할까?

그러면 교회에서 추문이 발생할 때 소셜 미디어에서의 내 역할은 무엇인가? 상황이 얼마나 복잡한지를 이해함과 동시에[25] 뒤에서 험담하기 좋아하는 나 자신의 성향을 의식한다면, 폰을 집어들기 전 나 자신에게 다음과 같이 신중하게 물어봐야 한다.

- 내 행동이 야고보서 4장의 가르침이나 제9계명을 범하는 것은 아닌가?
- 내 행동이 하나님께서 지역 교회에 세워 두신 책임 구조를 무용하게 만들거나 이미 이 상황을 예의 주시하면서 천천히 조심스럽게 속도를 조정하고 있는 교단에게 무례를 범하는 것은 아닌가?
- 나는 이 상황을 가까이에서 지켜보는 사람일 수도 있고 이 상황에서 멀리 떨어져 있는 사람일 수도 있는데, 그런 내 입장을 고려할 때, 하나님께서 과연 나를 부르사 온라인에서 이 일에 대해 글을 쓰거나, 댓글을 달거나, 소문을 퍼뜨리라고 하셨는가?
- 사람들이 알아차리지 못하고 있는 사이 지금 어떤 죄가 그 사람들의 안녕을 적극적으로 위협하고 있다고 할 때, 내 행동은 다른 방법으로는 사람들 눈에 보이지 않는 그 죄를 드러내는 데 과연 도움이 되겠는가?[26]
- 누군가를 흠잡느라 그 사람의 마음속 의도에 대해 억측을 하거나, 그 사람의 삶 속에서 역사하고 있는 하나님의 은혜를 보지 못하거나, 혹은 그 사람 앞에서 나만 의로운 척 거드름을 피우게 되지는 않는가?
- 내가 목소리를 낸다고 할 경우, 어느 순간에 결단을 해야 하는가? 내가 공개적으로 이런 행동을 했을 때, 정해진 답도 없고 해결할 수도 없는 공론만 일으켜 불가피하게 적대적 화해불능 상

황을 만들어 서로 보복을 부르게 되지는 않겠는가?
- 어떤 사람이나 특정 상황을 (소급해서) 이야기하기보다는 교회 안에 등장하는 특별히 약한 모습들에 대한 핵심 해법과 해결책을 주창함으로써 교회를 더 잘 섬길 수 있지 않겠는가?

소셜 미디어가 편리하다 함은, 세상의 권력 구조를 지나치게 우선시하는 태도를 피하고,[27] 해당 상황에서 그리스도인이라 '불리는' 두세 사람이 갖는 초자연적 힘을 무시하지 않도록 조심하며, 순수한 동기에서 행동하려 애쓴다는 의미다. 화평하고, 온유하고, 열린 마음으로 추론하고, 자비를 베풀기를 힘쓰며, 모든 복잡한 상황을 편견 없이 볼 수 있도록 도와주시기를 하나님께 기도해야 한다.[28]

그렇다. 소셜 미디어는 중대한 죄 패턴과 공공연한 이단 문제를 정면으로 마주해 해결하는 데 쓰일 수 있다. 서로의 허물 문제에 관한한 우리는 최대한 조심스럽게 행해야 한다. 특히 그리스도인은 불필요하게 남의 허물을 퍼내어 대중의 시선 앞에 내놓는 일이 없도록 누구보다도 경계해야 한다.[29]

늘 개혁하기

나는 시간이 흐름에 따라 디지털 공간이 좀 더 인간적인 공간이 되기를 바란다. 그런 한편 뒤에서 남을 험담하는 죄는 쉬이 사라지지 않으리라고 확신한다. 이 죄는 죄인의 피와 살 속으로 너무 깊이 엮여 있고, 걸핏하면 비방하기 좋아하는 죄인의 마음속에 너무 뿌리 깊게 자리 잡고 있다. 우리는 자신의 죄 된 본능적 반응을 신용하지 않고 대신 하나님께서 교회에 정해 주신 기관을, 그리고 필요하다면 세상 법 집행을 존중하는 자세를 배워야 한다.

한 걸음 뒤로 물러나 우리의 디지털 시대를 바라보노라면, 우리의 스마트폰과 소셜 미디어가 우리 세대의 무도함을 조장한다는 것을 알 수 있다. 남을 비방하는 일에 동참한다는 게 어떤 건지 우리들 대다수가 직접 경험해 알고 있다. 가장 전염성 강한 감정은 분노이고 가장 쉽게 확산되는 이야기는 추문이다.

목회자들의 삶에 발생한 죄를 고발하고 처리하는 과정과 관련해 하나님께서 성경에 절차를 정해 주신 사실에 비춰 볼 때,[30] 이따금 목회자가 추문을 일으키거나 교회 안에 그런 상황이 등장하더라도 크게 놀랄 일은 아니라고 생각한다. 이런 일에는 적절한 절차가 있으며, 바라기는 목회자들에게 이런 절차가 자주 필요하지는 않았으면, 이런 절차를 필요로 하는 사람이 목회자 열두 명 중 한 명 이하(열두 사도의 실패율)였으면 한다. 비율이야 어떻든, 우리는 슬퍼하기는 하되 놀라시는 말아야 한다. 교회와 교회 지도자들도 때로 심각한 죄를 짓는다. 이런 일이 발생할 경우 사실을 취합하고, 꾸며낸 이야기를 배격하고, 고발 내용을 심리하며, 죄인들과 대면하고, 피해자를 돌보는 일이 중요한데, 이는 너무 중요하고 너무 복잡하고 너무 민감한 일이라서, 소셜 미디어의 테크닉으로 '간편하게' 다뤄질 수 없다. 하지만 이런 일이 필요하다는 사실에 놀라서도 안 된다. 우리 내면의 연약함에 진리의 빛이 비춰도록, 우리가 서로에게 지은 죄를 회개할 수 있도록, 책망을 통해 끊임없이 성숙을 추구하는 과정에 하나님의 은혜가 임하기를 함께 기도할 수 있도록 서로 도울 필요가 있다. 에클레시아 레포르마타,

셈페르 레포르만다Ecclesia reformata, semper reformanda, 즉 개혁된 교회는 늘 개혁될 필요가 있다. 자기를 꾸짖는 이 중요한 일은 교회가 복음을 들고 세상을 향해 계속 힘 있게 나갈 때 일어난다.[31]

'까발려서 망신주기' 시대의 낙관주의

야고보서 4장과 제9계명은 '까발려서 망신주기'에 대한 우리의 욕망을 꾸짖는다. 이 욕망은 "남을 비판하고 벌하며 의로운 분노로 우리 모두를 열 받게 만들려는 충동"에[32] 영합하는 키보드 워리어들이 조장하는 문화적 욕망이다. 하나님께서는 우리가 서로 존중하고 사랑하며 돌보는 데 도움이 되는 지침을 기록해 두셨다. 왜냐하면 우리는 서로 기대를 어기기도 하고 서로를 필요로 하기도 하는 죄인들이기 때문이다. 하나님의, 그리스도 예수의, 그리고 택함 받은 천사들의 두려운 임재 앞에 겸손히 고개 숙인 우리는 서로의 도덕적 상태에 관한 '선부른 판단'을 멈춰야 할 책임이 있다. 이런 섣부른 판단을 내리게 되는 것은 다른 무엇보다도 개인적 편견과 걸핏하면 유발되는 패거리 정신 때문이다.[33]

개입하라고 부름 받지 않는 상황이라면 우리는 침묵해야 한다. 부름 받은 상황에서는 당사자가 비공개로 회개할 수 있도록 발언하며 상황에 대처해야 한다. 언제 어떤 상황에서든, 그리스도의 사신으로서 우리는 갈등을 해소하여 화평을 이루는 이들이 되려고 애써야 한다. 우리의 목표는 "존경하기를 서로 먼저" 하는 것이다(롬 12:10). 모욕을 당하면 우리는 축복한다. 비방을 받으면 부드럽게 대해 준다. 말로 박해를 당하면 견뎌 낸다.[34] 어떤 대가를 치르고서라도 우리는 화해

할 수 없는 자가 되지 않는다. 치유와 시기적절한 화해를 추구하려는 의도가 아닌 한 우리는 교회 안에 다툼을 불러일으키는 사람이 되지 않는다.[35]

이 난폭하고 공격적인 세상에서 바울과 실라는 그리스도를 중심으로 하는 낙관주의의 모범을 보여 준다. 이 두 사람은 이들의 명성을 해치려는 자들이 뒤집어씌운 혐의로 비방 당했고, 이들의 몸을 상하게 하려는 자들에게 물리적 폭력을 당하기도 했다. 그러나 감방에 앉은 이들은 한밤중의 어둠과 온몸이 욱신거리는 통증 가운데서도 하나님께 기도할 수 있고 찬양의 노래를 부를 수 있음을 알았다.[36]

"우리 시대 문화는 뭔가 화낼 일, 좌절할 일, 폭주할 만한 일을 찾아 헤맨다"고 맷 챈들러Matt Chandler 목사는 페이스북 토론에 관해 말했다. "우리는 비관론 위에서 살아간다. 우리는 세상과 사람들의 아프고 상한 상태를 속속들이 알고 싶어 하며, 이 사실은 우리에 관해 뭔가를 보여 준다. 하나님께서 우리를 도우신다는 것을 말이다. 이 점에 비춰 볼 때 그리스도인은 성가시리만치 낙관적인 사람이어야 하지 않겠는가? 우리는 애통해 하는 이와 함께 애통해 한다. 우리는 우는 사람과 함께 운다. 우리는 쉽게 마음 상하는 사람들이다. 하지만 쉽게 격분하지는 않는다." 이것이 참임은, "우리 하나님은 절대 자제를 잃고 허둥대는 분이 아니기" 때문이다.[37] 하나님은 주권적으로 상황을 제어하신다. 우리는 '까발려서 망신주기' 시대에 살고 있을지 모르나, 주권적 왕이신 분, 곧 우주에서 절정의 승리를 이미 거두신 분의 자녀인 만큼, 비관론에 빠질 이유가 없다. 기쁘고 낙관적으로 '성경의 처방에 충실'해야 할 이유가 우리에게는 차고 넘친다.

시간을 헛되이
흘려보내지 말라

우리가 의식하든 못하든, 깨어 있는 모든 순간마다 우리는 자기 자신에게 이렇게 묻는다. 어떻게 해야 할까? 무슨 말을 해야 할까? 무얼 그만두어야 할까? 무얼 시작해야 할까? 우리는 시간과 공간 속에 존재하며, 우리 앞에 주어진 값을 따질 수 없는 순간들을 포용해야 한다. 지금 이 순간 여러분은 이 책을 읽고 있지만(나로서는 감사한 일이다) 여러분이 책을 읽고 있을 때 나는 이 책을 쓰고 있지 않다. 내가 이 문장을 쓰고 있었을 때, 여러분은 아마 내가 책을 집필하고 있다는 것을 알지 못했을 것이다. 과거에 내가 내린 인생의 결단과 현재 여러분이 내리는 인생의 결단은 바로 이 문장으로 수렴된다. 생生은 이처럼 순간순간을 투자하는 가운데 교차된다.

우리는 다 하나님께서 만드신 피조물로, 끝없이 자각을 가지고 실존하는 영원한 존재다. 여러분과 나는 무한히 존재하며, 하나님을 실제 그대로 납득할 만한 분으로 보이게 만들기 위해 영원히 부름 받았다(6장을 보라). 순간순간이 그리스도께 대한 믿음과 순종과 신뢰를 위해 선물로 주어진다는 뜻이다.

하지만 우리는 테크놀로지가 주도하는 문화에 살고 있다. 과거를 반성하며 그 과거를 우리의 무한한 미래와 연결짓기보다는 소셜 미디어 피드에 올라오는 '브레이킹 뉴스'에 반사적으로 반응하는 게 습관이 되었다(9장을 보라). 조정이 잘못된 이 타임 스탬프는 스마트폰이 우리를 변화시키는 마지막 방식을 소개한다. 소셜 미디어 피드를 스크롤하면서 순간순간 명멸하는 갖가지 이미지에 집중하려 애쓸 때와 마찬가지로 우리는 삶을 조각조각 잘게 나눈다. 이메일 토론이라는 새로운 조각 하나, 문자 대화라는 새로운 조각 하나, 트위터 문답이라는 새로운 조각 하나, 하는 식으로 밀이다. 이 모든 새로운 조각들을 추적해 다니느라 우리는 시간 속에서의 우리 자리를 잃고 만다.

트위터를 해야 할 때

지금처럼 기분전환거리를 일상생활 속으로 기쁘게 맞아들이고 다양한 곳에 관심을 쏟고 다수와 동시 대화를 잘 나누는 세대는 역사상 없었다. 짤막한 생각을 나누기 위한 트위터의 140자 체제는 그 영향이 디지털 시대에 얼마나 확장되었는지를 잘 보여 주는 문화적 은유다. 전도서 3장 1-8절의 정신으로 말하자면, 만사에는 트윗을 해야 할 때가 있다.

    탄생을 알리는 트윗이 있고
    죽음을 알리는 트윗이 있다.
    비판하려는 트윗이 있고
    힘을 북돋으려는 트윗이 있다.
    울려는 트윗이 있고
    웃으려는 트윗이 있다.
    애통해 하려는 트윗이 있고
    춤추려는 트윗이 있다.
    껴안으려는 트윗이 있고
    내쫓으려는 트윗이 있다.
    찢어서 상처 내는 트윗이 있고
    상처를 깁는 트윗이 있다.
    전쟁을 위한 트윗이 있고
    평화를 위한 트윗이 있다.

무의미한 때, 즐거운 때, 바람직한 때 등 이 모든 때가 끝없는 한 수직 피드의 직선형 목록에 차곡차곡 쌓인다. 폰에 딱 들어맞게 압축된 이 트윗들은 스크롤 한 번이면 볼 수 있는 연대기가 되어 우리와 조우한다. 우리는 어느 순간에는 우는 사람들과 함께 울어야 하고 바로 다음 순간에는 기뻐하는 사람과 함께 기뻐해야 한다.

온라인에서의 삶은 깊은 슬픔, 예기치 않은 기쁨, 시시한 웃음, 깊은 사상, 멍청한 짤방 사이를 오가는 삶이다. 우리의 소셜 미디어 피드는 때로는 떠들썩한 일을, 때로는 놀라운 일을, 때로는 현기증 나는 일을, 그리고 때로는 울적한 일을 보여 준다. 그러나 우리는 이런 뒤죽박죽 상태를 반갑게 맞아들인다.

솔로몬왕은 우리 영혼이 이랬다저랬다 하는 상황을 제어해야 함을 예리하게 관찰했다. 삶이란 이런 때도 있다 저런 때도 있다 하는 변화의 연속이고 그에 따라 우리의 대응도 계속 변화해야 하기 때문이다. 우리를 창조하실 때 하나님께서는 여러 가지 복잡한 감정, 이를테면 기쁨과 슬픔 같은 감정을 동시에 지니는 존재로 창조하셨다.[1]

그런데 디지털 시대에는 기쁘거나 슬픈 때가 너무 순식간에 찾아왔다가 또 곧 가버리기 때문에 우리는 그 감정들의 무게를 제대로 느끼지 못한다. 안전한 폰 화면 뒤에 있으면 "타인의 고통과 두려움, 기쁨, 그리고 타인의 복잡한 개인적 체험과 직접 접촉"하지 않고 우리 자신을 좀 더 쉽게 지킬 수 있다. 그렇다고 해서 우리가 감정을 억누른다는 뜻은 아니다. 다만 "부자연스러운 감정"을 표현할 뿐이다.[2]

우리는 감정을 표현하는 일과 점점 거리가 멀어진다. 엄지손가락 두 개로 "ㅋㅋㅋ"를 표시하거나 "ㅜㅜ"를 사용해서 슬픔을 표현하는 데 만족하게 된다. 진짜 슬픔의 눈물을 흘리는 일에 우리 자신을 쏟아부을 시간이 없기 (내려 하지 않기) 때문이다. 우리는 폰을 이용해 우리 감정을 다중으로 처리한다. 스마트폰 시대에 우리는 감정을 회피하려고도 하고 "부단한 관심이라는 마약으로 접촉에 대한 욕구를 틀어막으려" 하기도 한다.[3] 이런 모순된 병렬은 필연적으로 폭넓게, 그러나 정서적인 면에서 피상적으로 타인과 접촉하게 만든다.

시간 감각을 잃다

수많은 트윗, 개인적으로 업데이트하는 글, 뉴스 피드의 파편화된 패턴이 과연 우리에게 얼마나 유익할까? 삶의 속도를 늦춰 때와 장소에 맞는 감정을 느껴 보기를 거부하고 간단한 감정 표현을 주고받는 연예오락 기반 문화에 사는 그리스도인은 한 가지 불편한 질문을 받게 된다. 나는 온라인에 올라오는 파편화된 시시껄렁한 일들을 들여다보며 살 자격이 있는가? 달리 말해, 나는 잡다하고 진기한 일들을 훑어보느라 한 달에 몇 시간씩 허비할 자격이 있는가?

성경을 보면 답이 "아니다"라는 게 분명하다. 나는 내 것이 아니다. 나는 내 주님의 소유다. 주께서 나를 값 주고 사셨으며, 이는 내가 내 엄지손가락, 내 귀, 내 눈, 그리고 내 시간으로 그리스도를 영화롭게 해야 한다는 뜻이다.[4] 그리고 이 사실을 알면 한 가지 결론에 이르게 된다. 나에게는 '헛되이 흘려보낼 시간'이 없다. 속량redeem해야 할 시간만 있다.

그런데 스마트폰 남용은 소중한 시간을 허비하게 만들고, 세 가지 면에서 시간 속 우리 위치에서 우리 존재를 거의 지워 버린다.

첫째, 가장 일반적으로 우리는 시간이 흐르고 있다는 사실을 잊는다. 래퍼이자 목회자인 트립 리Trip Lee는 내게 이렇게 말했다. "인정하겠습니다, 문득 고개를 들어보니 내가 15분 동안 폰을 들여다보고 있었고 그 동안 아들은 바로 내 앞에서 놀고 있었더군요. 혹은 아내에게 집중하고 싶은데 그러지 못했음을 깨달을 때도 있습니다. 의지가 필요해요. 이것은 내가 계속 싸워나가야 할 싸움입니다."[5] 우리는 가상 세계에서 길을 잃고, 피와 살로 이뤄진 우리 주변 세상을 소홀히 하며, 시간 감각을 잃고 만다.

둘째, 역사의 흐름 가운데서 궁극적 목표를 잃게 만든다. 원리적으로 "테크놀로지를 대하는 우리 마음의 습관은 반反목적론적이다. 그 습관은 최종적 인과관계나 궁극적 목적 개념에 거의 관심도 없고, 게다가 그 개념을 인식할 능력도 없다"고 크레이그 게이Craig Gay는 말한다.[6] 우리의 디지털 기기는 우리를 이끌지 못하고, 우리 시대의 역사 지도를 만들지 못하며, 우리의 우선순위를 조정해 주지도 못한다. 이 모든 목표들은 시시각각 갱신되는 '지금'이라는 순간에 비해 하찮은 것이 되어 버린다.

마지막으로 가장 중요하게는 죄 지을 거리를 찾으려고 폰을 이용할 때 우리는 하나님의 타임라인에서 옆길로 샌다. 성경에서 우상숭배의 해악이 가장 두드러지게 나타나는 곳은 기억remembering과 관련된 부분이다. 문화적 우상이야말로 우리가 하나님을 망각했다는 사실을 가장 가슴 아프게 보여 준다.[7] 우상은 하나님께서 과거에 베푸신 자비에 대한 기억을 차단시키고, 장차 입을 은혜에 대해 눈멀게 만든다. 우상숭배는 창조주께서 기록하신 역사 속에서 나 자신을 보는 방식을 온통 왜곡시킨다.

음란 동영상은 무너지고 파편화된 성性—정욕이 우상이 되는 한 별개의 순간—이 어떻게 인간으로서의 우리 정체성을 좀먹고 우리를 역사에서 단절시키는지에 대한 하나의 구체적 예다. "그렇다. 음란 동영상은 인간의 몸을 대상화하고 상품화한다"라고 역사가 칼 트루먼Carl Trueman은 말한다. "그렇다. 음란 동영상은 신경 경로를 바꿔 놓는다. 그렇다. 음란 동영상은 건전한 관계를 훼방한다. 뿐만 아니라 우주에서 개인, 그리고 그 사이의 모든 지점에 이르는 역사의 맥락에서 심히 단절된, 인간 자아에 대한 이해를 키운다."[8] 인간의 성은 하나님께서 계획하시고 창조하신 하나의 현실로서, 원래는 인간 실존의 구조 속으로 짜여 들어가, 새로운 가족 단위를 발생시키고 미래 세대를 생산해야 한다. 그런데 음란물은 성을 이런 창조의 맥락과 역사적 의미에서 찢어낸다.

이 모든 망각과 파편화가 바로 우리가 부단히 그리스도 안에 있는 우리의 정체성으로 돌아가야 하는 이유다. 그리스도 안에서 죄의 권세는 깨졌다. 우리는 이제 더는 안목의 정욕에 순종하지 않아도 되고, 인간에게 인정받기를 추구하지 않아도 되며, 유행하는 짤방을 빼놓지 않고 보면서 시류에 뒤지지 않으려 애쓸 필요도 없고, 레딧Reddit˙ 동향에 중독되지 않아도 된다. 기분전환이 될 만한 것, 날마다 새로 등장하는 진기한 구경거리에 대한 내 욕구는 그리스도와 함께 십자가에 못 박혔고, 이제 온라인에서 사는 것은 나의 옛사람이 아니라 내 안에 계신 그리스도이시며, 내가 지금 온라인에서 사는 삶은 그리스도를 믿는 믿음으로 사는 삶이니, 그분은 나를 지극히 사랑하사 나를 위해 자기 피를 흘리시기까지 했다.[9] 이 모든 사실에는 역사상의 의미가 있다. 왜냐하면 나에게는 그리스도 안에서 과거, 현재, 미래가 있고, 이제 나는 "말세를 만난"(고전 10:11) 사람으로서 내 정체성을 찾았기 때문이다.

● 소셜 뉴스 웹사이트. ‐옮긴이

달려라!

태양은 물리적 태양계의 중심이다. 땅은 영적 우주의 중심이다. 이는 인간으로 산다는 것, 시간과 공간 안에서 도덕적 존재로 살아 있다는 것은 지금 벌어지고 있는 가장 중요한 경주 한가운데 영적으로 실존한다는 뜻이다. 우리는 감히 느릿느릿 흐느적거리며 무기력의 그늘 속으로 들어가지 못한다. 모든 시선이 여러분과 나에게 고정되어 있다. 영적 아드레날린이 솟구친다. 온라인 팔로워라는 가상의 무리는 잠시 잊고, 믿음으로 나의 영적 조상이 된 이들이 관중석에서 모두 지켜보고 있다고 상상해 보라. 이들의 시대는 전설이고 나의 시대는 현재다. 내가 예상했든 안 했든, 믿음의 바톤은 세대에서 세대로 전해져서 이제 내 손에 턱 주어졌다.[10]

달려라!

부지런히 달려라. 정신을 산만하게 하는 모든 것을 버리고, 발목을 감은 차꼬에서 내 삶을 풀어놓고, 그리스도를 따르는 자유와 기쁨과 더불어 내달리라. 바로 지금 여기서 성령께서 지칠 줄 모르고 일하신다. 바로 지금 여기서 그리스도의 역사는 세상에서의 승리를 입증한다. 갈보리에서 패배한 통치자들과 권세자들의 모습을 교회가 연합하여 자랑하고 있는 곳도 바로 지금 여기다.[11] 달리기는 지금 진행 중이다. 이것은 우리의 경주다! 우리에게는 한 번의 기회, 한 번의 승부, 곧 한 번의 생이 있을 뿐이다. 모든 죄 된 습관은 물론 쓸데없이 정신을 산만하게 하는 것들은 털 한 오라기까지 다 털어 버려야 한다. 우리는 달려야 한다.

디지털 잡담

시간 속량하기, 그리고 시간 속에서 우리의 위치 인식 회복하기는 마침내 디지털 공간에서 쓸데없이 잡담하기와 관련해 문제를 제기한다. 솔직하게 말한다면 우리가 폰에서 소비하는 시간은 대부분 친구와 가족들을 상대로 농담을 나누거나 GIF, 이미지, 영상 등을 주고받고, 스포츠나 날씨, 유머, 연예인 이야기하는 데 들어가는 시간이다. 디지털 '잡담'은 폰의 일반적 용도이며, 그래서 이 문제에 대해 세심하게 따져 보는 게 중요하다.

디지털 잡담의 떠오르는 예는 스냅챗이라는 아주 적절한 이름의 플랫폼이다. 이 플랫폼은 소셜 미디어가 우리 삶의 이미지들을 과도하게 편집해 모은 스크랩북과 같은 장소라는 고정관념을 무너뜨린다. 스냅챗은 그 대신 좀 더 공개적이고, 솔직하고, 걸러내지 않고, 편집하지 않은 원래 그대로의 사진들을 보여 주는 공간을 제공할 의도로 만들어졌다. '순간 표현'과 '한 번 보여 주고 버리는 셀카'를 공유하려고 만들어진 스냅챗은 사용자들이 삶의 한 순간을 즉석에서 카메라로 포착할 수 있게 한다. 사진이나 영상이 공유되고 일단 공개되면 이는 겨우 몇 초 정도 그 공간에 존재한다. 스냅챗 앱의 의도는, 시간 속의 한 순간을 별개의 것으로 구분하고, 사용자의 좀 더 광범위한 온라인 역사에서 그 순간을 구별하며, 좀 더 큰 삶의 정황에서 그 순간을 빼내어 타인과 공유될 수 있게 하고 그런 다음 영원히 삭제될 수 있게 하려는 것이다.[12]

스냅챗은 디지털 잡담에 대한 우리의 논의를 확장시키지만, 친구나 가족들과의 접촉점을 제공할 수 있는 폰의 능력을 알 수 있게 하기도

한다. 폰의 그 능력에는 누구도 이의를 제기할 수 없다. 삶을 살짝 들여다보는 어떤 순간, 사소한 유머 한 마디로 서로 안부를 전할 수 있다는 건 멋진 일이며, 폰 덕분에 그 일은 놀라우리만치 간편해진다.

스냅챗 같은 앱은 스마트폰을 이해하는 데 중요하다고 알레스테어 로버츠는 말한다. "인터넷과 모바일폰이 주로 정보를 전달하는 일에 쓰일 것이라 생각하는 이들이 있을지 모르지만, 대다수 사람들의 삶에서 인터넷과 폰은 존재를 전달하는 장치로서 주된 의미를 지닌다. 인터넷은 '정보 고속도로'보다는 가상의 마을을 더 많이 닮았다는 느낌이 들며, 이 마을에서는 서로 뒤얽힌 무수한 관계의 선을 통해 모든 이들이 다른 모든 이들의 일에 마음을 쓴다."[13]

맞는 말이다. 이 현대적 현상에 한 마디 보탤 것은, 우리가 날마다 서로에게 하는 말에 관한 예수님의 오래된 경고다. "내가 너희에게 이르노니 사람이 무슨 무익한 말을 하든지 심판 날에 이에 대하여 심문을 받으리니 네 말로 의롭다 함을 받고 네 말로 정죄함을 받으리라"(마 12:36-37).

이 맥락에서 "무익한 말"이란 문자적으로 "이 말이 다른 사람에게 끼칠 영향 같은 것은 전혀 생각하지 않고 내뱉은 말"이다.[14] 우리는 게으르고 생각 없는 디지털 잡담 문자, 익살맞은 트윗, 페이스북에 우스운 게시물 올리기를 기꺼이 그만두어야 한다. 그러나, 만약 스마트폰 잡담에 어떤 목적이 있다면 어떻게 해야 할까?

C. S. 루이스는 우리가 하는 말이 두 가지 영원한 궤적 중 하나를 따라 서로를 밀어 움직인다고 소름 끼칠 만큼 정확한 경고를 했다(5장). 루이스는 내가 던진 질문을 예측하고 있다. 예수의 경고가 본질적으

로 중요한 정보를 따라 움직여야 할 때 비교적 간단한 말만 주고받는 것으로 우리 대화를 제한할 것을 요구하는가? 서로 유쾌한 시간을 가질 수 있는 여지는 없는가?

맞다! "우리는 놀아야 한다"라고 루이스는 우리의 상호관계에 대해 말한다. "하지만 우리의 흥겨움은 처음부터 서로를 진지하게 대하는 사람들이 서로 간에 느끼는 흥겨움이어야 한다(그리고 이런 시간이야말로 가장 흥겨운 시간이다). 경솔하지 않고, 거만하지 않고, 주제넘지 않은 대화가 있는 시간 말이다."¹⁵⁾ 죄에 관해서는 절대 익살을 부리지 말아야 하고, 잘난 척하거나 다른 사람을 해코지하는 농담을 해서도 안 된다.

루이스의 조언에서 한 걸음 더 나아가 우리는 디지털 농담과 잡담에도 궁극적 목적이 있을 수 있음을 알 수 있다. "예수께서는 모든 말 한 마디 한 마디가 다 중요하다고 말씀합니다"라고 상담가 데이비드 폴리슨David Powlison은 말한다. 폴리슨은 잡담이라는 광범위한 주제에 대해 이렇게 말한다. "그냥 무심하게 한담을 나눈다 할지라도 그 대화의 핵심에는 상대와 일정한 거리를 두는 방식이 있거나 둘 사이에 다리를 놓는 방식이 있거나 둘 중 하나입니다. 잡담은 본질상 '나는 당신을 알고 싶지 않아요, 당신이 나를 알게 되는 것도 원치 않아요' 그러니 계속 이렇게 가볍게, 가능한 한 빨리 이야기를 끝내요, 그리고 나중에 봐요"라는 말일 수 있습니다. 반대로 잡담은 '당신에게 관심 있어요, 그리고 당신을 알아 가고 싶어요'라는 말일 수도 있지요. 축구 이야기, 날씨 이야기로 대화를 시작했을지 몰라도 그 대화는 서로에게 좀 더 정직한 어딘가를 향하고 있습니다"라고 폴리슨은 말한다. "우리가 나누는 잡담은 우리 마음 깊은 곳의 의도가 무엇인가에 따라 하나님의 판단을 받을 것입니다."[16]

여기에 드러난 폴리슨의 지혜가 핵심이다. 즉, 하나님께서는 우리 마음의 의도에 따라 우리의 디지털 대화, 사적으로 주고받은 문자, 공개 트윗을 판단하시리라는 것이다. 그래서 나는 나 자신에게 묻는다. 나의 디지털 잡담에는 목적이 있는가, 아무 목적이 없는가? 사려 깊은가 아니면 분별없는가? 다른 사람의 영원한 유익을 위한 전략인가 아니면 자기를 드러내는 데 허비하는 시간인가? 나의 디지털 잡담 스타일은 내가 온라인에서 나누는 모든 대화의 습관이 되어, 내 말을 그저 익살스런 놀이에 지나지 않는 것으로 만들어 버리지 않는가?

폰을 단지 내 삶을 "즉석에서 표현"하는 도구 정도로만 여긴다면, 그것은 폰을 헛되이 쓰는 것이다. 자기 자신에게 이렇게 물어야 한다. 나는 사람들의 영혼 문제와 관련해 게으르고 무신경하며, 내가 게시하는 글과 영상과 링크가 다른 사람에게 갖는 힘에 대해 무지하지 않은가? 나는 디지털 잡담을, 다른 사람과의 관계에서 덕을 세운다는 좀 더 큰 목표를 가지고 누군가의(혹은 온라인의 어떤 그룹) 삶으로 들어가는 길로 활용하고 있는가? 이 질문이 나의 문자와 트윗, 그리고 내가 보내는 영상이 아무 생각 없는 단편들인지 아니면 하나님 안에서 기쁨과 의미와 목적을 찾을 수 있도록 사람들에게 방향을 일러 주려는 전략인지를 결정한다. 이는 역사적(그리고 영원한!) 목적이 있는 디지털 잡담이다.

시편에 나타난 기억의(그리고 망각의) 신학

우리는 지금 시간과 역사, 그리고 하나님 안에서 우리의 기쁨과 의미와 목적을 찾는 것에 관해 이야기하고 있다. 그리고 사람들이 이 목적지를 향해 갈 수 있도록 돕는 것은 그리스도인의 삶의 목표일 뿐만 아니라 한 가지 아주 중요한 영적 훈련의 목표이기도 하다는 사실에 관해서도 이야기하고 있다.

시편은 '기억하기'라는 영적 훈련에 관해(그리고 '망각'이라는 영적 위험에 관해) 성경의 다른 어느 책보다도 많은 것을 가르친다. 시편 42편과 77편은 현재 우리의 현실이 어두워 보일 때 하나님께서 과거에 우리에게 보이신 자비를 조명해 주는 빛과 같다. 우리 삶에 고통이 임하고 이 세상이 주는 괴로움을 느낄 때, 우리는 하나님의 성실하심에 의지한다. 시편 78편은 모든 다음 세대 신자들을 가르쳐 하나님의 선함을 기억하게 하라는 탄원인 동시에, 이들이 살아가면서 정신을 산만하게 하는 일들에 사로잡혀 하나님의 능하신 역사를 잊어버리는 일이 있어서는 안 된다는 경고이기도 하다. '기억하기'는 좀 더 경쾌한 어조의 시편인 105편의 주제이기도 하다.

동전의 이면으로, 시편 74편에서 하나님의 백성들은 자신들을 기억해 주시기를 하나님께 간청한다. 시편 9편은 하나님께서 우리를 잊지 않으실 것이라고 우리를 안심시킨다.

구약성경 전체를 통해 신자들은 그저 하나님을 기억하는 행위에서 힘을 찾고 안전을 도모한다. "어떤 사람은 병거, 어떤 사람은 말을 의지하나 우리는 여호와 우리 하나님의 이름을 자랑하리로다remember"(시 20:7).

하나님의 구원 행위를 기억하는 것은 하나의 영적 훈련이다.

"내 영혼아 여호와를 송축하라
내 속에 있는 것들아
다 그의 거룩한 이름을 송축하라
내 영혼아 여호와를 송축하며
그의 모든 은택을 잊지 말지어다
그가 네 모든 죄악을 사하시며
네 모든 병을 고치시며
네 생명을 파멸에서 속량하시고
인자와 긍휼로 관을 씌우시며
좋은 것으로 네 소원을 만족하게 하사
네 청춘을 독수리 같이 새롭게 하시는도다"(시 103:1-5).

우리는 하나님의 귀중한 말씀을 소홀히 하지 않을 것이다. 이는 우리가 그 말씀을 즐거워하며 소중히 여기기 때문이다.[17] 몸에 밴 습관처럼 우리는 옛적에 행하신 하나님의 능한 일들을 기억하며, 이 훈련은 하나님의 귀한 아름다움을 더 많이 맛보고자 하는 우리 영혼의 바람에 불을 지핀다.[18]

하나님을 기억한다는 것은 우리 영혼을 만족시키는 것이요 늘 변하기 쉬운 우리의 현실 인식을 재조정하는 것이다. 반면에 하나님을 잊는다는 것은 곧 하나님을 버리는 것이다. 망각이라는 이 영적 재앙은 육체적 건망증이나 정신적 치매가 아니다. 영적 망각은 죄, 청년들이 잘 걸리며[19] 인구 전체에 창궐하는 죄다.

신약성경에 나타난 기억의(그리고 망각의) 신학

'기억하기' 훈련은 신약 시대로까지 이어진다. 어떤 면에서 그리스도인의 삶은 모든 차원이 다 기억하라는 명령에 의해 규정된다고 볼 수 있다. 예를 들어 보자.

- 우리는 성찬 때 떡을 떼고 잔을 마시면서 그리스도의 몸과 피를 기억하며, 이 모든 일을 그분을 "기념하여in remembrance" 행한다.
- 우리는 예수 그리스도의 완전한 권능, 완전한 선하심, 완전한 임재를 기억하며, 지상명령을 이행하기 위해 이 기억은 필수적이다.
- 우리는 우리의 어두운 죄의 역사를 기억함으로써 그리스도의 은혜의 아름다움이 우리가 지금 받은(그리고 장차 받을) 죄사함 위에 빛나게 한다.
- 우리는 롯의 아내를 기억하며, 그래서 이생의 무가치한 우상에게서 시선을 돌린다.
- 우리는 하나님의 백성들이 겪은 기나긴 박해의 역사를 기억하면서 우리가 이 시대 문화 속에서 느끼는 긴장은 전혀 이상한 일이 아님을 깨닫는다.
- 우리가 가장 가까운 형제자매의 삶에 주어지는 은혜를 기억하는 것은 그 은혜에 대해 하나님께 감사하기 위해서다.
- 우리가 바로 옆에 있는 형제자매들에게 필요한 게 무엇인지 기

억하는 것은 그 필요를 위해 진심으로 기도하기 위해서다.
- 우리가 아주 멀리 있는 그리스도인 형제자매들의 물질적 필요를 기억하는 것은, 그렇게 해서 먼 곳에서나마 그들을 돌볼 수 있기 위해서다.
- 우리는 하나님께서 우리를 징계하심이 우리를 사랑하기 때문이며 우리가 은혜와 겸손과 기쁨 안에서 자라갈 수 있도록 하기 위해서임을 기억한다.

성경은, 하나님은 불의하지 않으시기에 우리의 행위 및 우리가 성도를 섬김으로 사랑을 나타내 보인 것을 잊지 않으신다고 하며,[20] 그리스도 안에서 심지어 우리 죄를 더는 기억하지 않으신다고 말한다.[21]

구약에서 사실인 것은 신약에서도 사실이다. 하나님께서는 우리 삶을 위해 기록해 주신 말씀, 특히 자신의 구속 행위를 우리가 기억하기를 원하신다.[22] 이는 그리스도께서 역사를 시작하셨고,[23] 지금은 역사를 지탱하고 계시며,[24] 역사를 종식시킬 사건들을 전개할 주권적 권능을 갖고 계시기 때문이다.[25] 역사의 매 순간, 그리스도께서는 자신에 대해 이렇게 말씀하신다. "나는 알파와 오메가요 처음과 마지막이요 시작과 마침이라"(계 22:13). 그리스도는 모든 시간과 역사를 지키시는 분이며, 그리스도만이 나의 영원한 역사를 안전하게 지탱시키신다.[26]

절대 잊지 말기

디지털 시대에 다른 어떤 것이 나름의 역할을 하고 있든, 그리스도인은 기억하라고 거듭거듭 명령 받는다. 폰으로 매 순간 트윗과 문자를 보내고 받느라 우리의 과거와 우리의 미래를 잊어서는 안 된다. 하지만 여기서 말하는 '기억하기'란 먼지 쌓인 추억의 스크랩북을 사이사이 가볍게 털어내는 것과는 다르다. 성경은 디지털 시대 우리의 일상생활을 위해서 살아 움직이는 기억으로 우리 마음을 예리하게 베어 들어온다. 순종하기 위해 기억하라고 말씀은 우리를 부른다. 사도 베드로가 우리의 목표는 믿음에서 선함으로, 지식에서 절제로, 인내에서 경건으로, 그리고 마지막으로 우애에서 사랑으로 자라는 그리스도인의 성숙이라고 설명한 것처럼 말이다. "이런 것이 없는 자는 맹인이라 멀리 보지 못하고 그의 옛 죄가 깨끗하게 된 것을 잊었느니라"(벧후 1:9). 모든 영적 성숙은 그리스도께서 내 안에 이루신 일을 기억하는 데 뿌리를 두고 있다.

'기억하기'는 그리스도인의 삶의 핵심 단어다. 영원한 말씀에서 우리는 과거를 떠올리고, 멀리 보지 못하는 시선을 교정하고, 마음을 다잡고, 정신적 힘을 다시 얻고, 평강을 찾는다. 마음이 이리저리 나뉘게 만들고 과거를 잊게 하는 디지털 시대의 유혹 한가운데서, '기억하기'는 우리가 깨어 수호해야 할 핵심 영적 훈련 중 하나다.

결론

스마트폰, 일상이 예배가 되다

　지난 열두 개 장에서 나는 스마트폰 때문에 우리가 어떻게 변하는지, 이 변화가 우리의 영적 건강을 어떻게 좀먹는지 그 열두 가지 방식에 대해 경고했다.

- 폰은 정신을 산만하게 하는 것들에 대한 우리의 중독 증세를 확장시키며(1장), 그럼으로써 시간 속에서 우리의 위치에 대한 인식을 산산조각 낸다(12장).
- 폰은 실체를 지닌 존재의 한계를 벗어나라고 우리를 밀어붙이며(2장), 그럼으로써 서로를 가혹하게 대하게 만든다(11장).

- 폰은 즉석에서 인정받고자 하는 우리의 갈망을 조장하고(3장) 놓치는 게 없을까 하는 우리의 두려움에 울타리를 둘러 주겠다고 약속한다(10장).
- 폰은 읽기라는 핵심 기능을 손상시키며(4장), 읽기 훈련이 결핍된 탓에 궁극적 의미를 규명하기가 어려워진다(9장).
- 폰은 생산된 미디어라는 뷔페식 식사를 우리에게 제공하며(5장) 우리를 유혹해 시각적 악에 탐닉하게 만든다(8장).
- 폰은 우리의 정체성의 허를 찔러 왜곡시키며(6장) 건전치 못한 고립과 고독 쪽으로 우리를 유혹한다(7장).

하지만 이것이 단지 경고만은 아니다. 처음부터 끝까지 나는 스마트폰 시대에 우리의 영적 건강을 보존하는 데 필요한 열두 가지 생활 훈련을 권면하고자 했다.

- 우리는 불필요하게 정신을 산만하게 만드는 것들을 삶에서 최소화해서 하나님께서 말씀하시는 것을 들으며(1장) 하나님께서 전개하시는 역사 속에서 우리의 위치를 찾아낸다(12장).
- 우리는 피와 살을 지닌 실체적 존재들을 기꺼이 선택하며(2장) 은혜와 온유함으로 서로를 대한다(11장).
- 우리는 하나님의 최종적 인정을 목표로 하며(3장) 그리스도 안에서 하나님의 인정을 받으면 두려워할 만한 아쉬움 같은 것이 더는 없다(10장).
- 우리는 읽기 은사를 소중히 여기며(4장) 하나님의 말씀을 최우선

으로 여긴다(9장).
- 우리는 창조 세계에서 들을 수 있는 하나님의 음성에 귀 기울이며(5장) 보이지 않는 그리스도 안에서 기쁨의 샘을 발견한다(8장).
- 우리는 그리스도를 소중히 여겨 그분의 형상으로 빚어져 가며(6장) 우리 이웃이 도움을 필요로 할 때 마땅히 돕기를 힘쓴다(7장).

이 책은 교차 구조로 편성되어 모든 내용이 6장과 7장을 구심점 삼아 모이며, 6장과 7장은 우리 정체성의 틀을 이루고 이 땅에서 우리의 목적을 규정하는 두 가지 대계명에 초점을 맞춘다. 그 두 계명은 하나님을 사랑하고(6장) 이웃을 사랑하라는 것이다(7장). 성경은 우리가 디지털 시대에도 삶의 초점을 바로 맞출 수 있게 하는데, 예수께서 우리 삶의 목적과 뜻을 다음 두 가지로 요약해 주셨다. 먼저 우리의 전 존재로 하나님을 소중히 여기고, 그런 다음 하나님 중심의 내 기쁨을 이웃 사랑에 쏟아 부으라는 것이다.[1] 스마트폰과 관련된 다른 모든 법치은 다 이 두 가지 명령에 좌우된다.

사탄의 "아무것도 아님Nothing" 전략

어떤 시점이 되면 우리는 이 책을 덮고 밖으로 나가 실제 세상에서 이 법칙을 가지고 씨름해야 한다.

오늘, 하루 일을 마치고 지친 나는, 폰에서 페이스북을 열어 잠시 기분을 전환하고자 했다. 어린아이 울음소리를 내는 고양이 동영상을 터치해서 봤다. 이어서 총기 규제에 관한 새로운 연구 조사 결과가 나왔다는 글을 읽었다. 새로 나온 혁신적인 태블릿용 키보드도 구경했다. 유명인사의 최신 가십 기사도 읽었다. 흉하게 나이 들어가는 영화배우 사진 스무 장이 떴다(이 사진들은 그냥 넘어갔다). 오리건주의 과격 민병대에 관한 브레이킹 뉴스를 봤다. 북한이 시험용 원자 폭탄을 터트린 게 분명하다는 기사를 읽었다. 이어서 요즘 널리 돌아다니는 동영상에서 '괴물 절단기'가 커다란 강철 톱니로 냉장고, 소파, 자동차를 짓뭉개버리는 광경을 봤다. 그리고 한 친구가 아내와 함께 아이슬란드에서 휴가를 즐기고 있는 사진을 봤다. 그렇게 나는 서로 아무 관련 없는 파편화된 항목들을 줄줄이 터치해 내려갔다. 별로 중요하거나 흥미롭지도 않은 게 대부분이었다. 품성이 함양되지도 않았고 만족스러운 느낌도 없이 오히려 더 피곤해지기만 했다. 한숨 자야 하는데 못 자거나 산책해야 하는데 하지 못하고 조금만 더 조금만 더 하면서 자꾸 폰 속으로 빨려 들어갔기 때문이다. 그리고 그 순간, 오늘 아침 개인 경건 시간을 건너뛰었다는 사실이 떠올랐다. 내 마음속에서 스마트폰 사용 습성을 상대로 한 그 모든 나태한 싸움은 이제 시작일 뿐이었다.

 내가 깨닫게 되는 것은, 인터넷에 돌아다니는 콘텐츠라는 슬롯머신 레버를 무작위로 당겨보려는 충동은 사탄의 노회한 전략이라는 점이다. C. S. 루이스는 『스크루테이프의 편지Screwtape Letters』에서 이 전략을 가리켜 "아무것도 아님Nothing" 전략이라고 했다. 이는 결국 인간이 생의 마지막에 이르러 자기 삶을 돌아보며 이렇게 한탄하게 하려는 전략이다. "이제 보니 나는 해야 할 일도 좋아하는 일도 하나 못한 채 인생의 대부분을 흘려보냈구나."[2]

 이 "아무것도 아님" 전략은 "정말 강하다. 인생의 호시절을 훔쳐갈 수 있을 만큼. 달콤한 죄에 빠져 있는 사이에 뭔지도 모르고 왜 하는지도 모르는 일에 지지부진하게 마음이 흔들리거나, 너무 미미해서 있는지 없는지도 잘 모를 호기심을 채워 보거나…욕망이나 야망을 불어넣어 주지는 않지만 일단 우연히라도 발을 들여 놓으면 인간이 너무 연약하고 제 정신이 아닌지라 도저히 떨쳐낼 수 없는 길고 어둑한 몽상의 미로에서 헤매는 사이에 말이다."[3]

아무것도 아닌 일의 통상적 과정. 우리의 소명에 불필요한 습관들. 우리 영혼을 절대 만족시키지 못하는 것들의 다람쥐 쳇바퀴. 눈앞에서 "지지부진하게 (마음을) 흔드는 것"에 대한 루이스의 경고는 디지털 시대에 대해 큰 소리로 경종을 울린다. 우리는 언제나 분주하다. 그와 동시에 언제나 다른 데 정신이 팔려 있다. 진짜 본질적이고 진짜 충족감을 주는 것에서 시선을 돌리라고 지독하게 꼬임 당한다. 억제되지 않는 디지털 욕망에 이끌리는 우리는 삶의 중심을 잡아 주겠다고 약속하는 두 계명을 이러저러 다 범한다. 우리는 하나님을 즐거워하지 못한다. 우리는 이웃을 사랑하지 못한다.

아무것도 아닌 일에 정신을 파는 이런 습관 한가운데서 우리는 잠자는 것도 아니고 깨어 있는 것도 아닌 상태로 디지털 세상을 게으르게 어슬렁거리면서, 그 세상에서의 책무를 방치한 채 오지랖 넓은 디지털 참견꾼이 되곤 하는 우리 모습을 보게 된다.[4] 우리는 노골적인 죄는 아니지만 그렇다고 해서 기쁨을 주지도 못하고 자기희생의 각오를 갖게 만들지도 못하는 것에 우리의 시간을 내준다. 사탄의 "아무것도 아님" 전략은 우리의 감정을 무디게 만드는 수많은 글과 이미지와 영상을 쉴 새 없이 스크롤하게 만든다. 우리의 기쁨을 북돋고 사랑으

로 우리 자신을 내어 줄 수 있도록 준비시키는 것과는 거리가 멀다.[5]

우상?

테크놀로지는 삶을 더 간편하게 해주지만, 미숙하게 사용하면 우리를 파멸시킨다. 폰에 관한 한, 나는 유익한 효용과 의미 없는 습관 사이에서 늘 비틀거리는 나 자신을 본다. 폰은 여러 가지 용도일 수 있지만 장난감은 아니라는 사실을 나는 자주 상기한다. 마술사와 스마트폰 사용자는 사촌지간이며,[6] 이는 우리 시대의 테크놀로지가 해리 포터 판타지 시리즈의 마법과 마찬가지로 사람을 매혹시키는 힘을 제공하기 때문이라고 문학 비평가 앨런 제이콥스Alan Jacobs는 말한다. "대체로 재미있고, 대체로 놀랍고 흥미진진하지만, 그와 동시에 잠재적으로 늘 위험하다…. 이 세상의 기술 관료technocrat들은 알버스 덤블도어* 와 볼드모트** 의 권세보다 무한히 더 큰 힘을 손에 쥐고 있다."[7] 이 마법의 지팡이, 이 스마트폰, 우상숭배의 이 힘이 구속에 대한 기대를 가득 싣고 우리 손 안으로 들어와 자리 잡았다.

디지털 시대는 건전치 못한 방식으로 우리 마음을 매혹시키고 사로잡는다. 테크놀로지 발전은 하나님을 우리 세상 및 우리 삶과 점점 더 무관한 분으로 만든다. 이것이 바로 세속성worldliness이다.[8] 디지털 테크놀로지가 우리의 신, 신통한 마법 지팡이가 되면, 필연적으로 우리는 편의성이 판치는 죽은 세상의 지배권을 얻은 기술자들로 빚어져 간다. 아무 목적도 없이 몇 시간씩 소셜 미디어 피드와 갖가지 이미지

● 해리 포터 시리즈에 등장하는 마법학교 교장.-옮긴이
●● 해리 포터 시리즈에 등장하는 악당. 해리의 부모를 죽이고 해리의 숙적이 되었다.-옮긴이

를 터치하면서 우리는 자신이 스마트폰을 지배하고 있다고 생각한다. 사실 그 순간 우리는 꼭두각시일 뿐이고, 스마트폰으로 돈을 버는 산업이 뒤에서 우리를 조종하고 있다.

테크놀로지가 우리를 꼭 무신론자로 만들지는 않지만, 이 기술은 하나님을 우리 삶에서 점점 밀어내면서 예배 또한 우리 삶과 점점 무관한 것으로 만든다. 우리는 하나님 만나는 법은 잊으면서 스마트폰은 옹호한다. 주권적 권세로 우리의 호흡 하나하나를 지시하시는 하나님을 예배하기보다 우리 삶에 들어온 갖가지 기기들을 관리하고 제어하는 일에 더 관심이 많음을 인정하지 않으려 하면서 말이다.

우리의 예배가 경로를 벗어나고 있다는 징후를 주시해야 한다. 이제 우리는 오로지 하나님을 찬미하며 예배하거나 기도하지 못하고 예배 시간 내내 강박적으로 폰을 만지작거린다. 우리는 하나님께 이야기하기보다는 하나님에 관해 이야기할 때가 더 많다. 우리 마음은 성령과 조우하기보다는 공허한 예배 패턴을 따라가는 일에 더 관심이 많다. 우리의 주일 예배는 단조로워 보이는 데 비해 주중 시간은 끊임없이 우리가 알고 있는 게 틀렸다고 못 박기 위해 끊임없이 기독교의 진리를 추적하는 이들로 가득하다. 우리는 하나님과는 기계적으로 관계를 맺으려 하는 한편 우리 삶의 영적 공허를 메워 줄 새로운 기술을 추구한다. 이러한 징후들은 테크놀로지가 우리의 우선순위를 얼마나 타락시켰는지를 보여 준다. 하지만 예배는 우리 삶의 방향을 다시 정할 것을 요구한다.

거룩해지는 기술?

"백 년 전에는 그리스도인이 『힘들이지 않고 성령 충만해지는 세 가지 방법Three Easy Steps to Being Filled with the Spirit』 같은 책은 쓸 생각을 하지 못했을 것"이라고 팀 켈러 목사는 말했다. "알다시피, 또 한편으로 우리는 테크놀로지 사회의 심대한 영향으로 모든 것을 다 편의용품으로 만들고 싶어 한다. 우리는 만사를 일정한 절차 안에 집어넣으려 한다. 나 자신이 만사를 통제하려고 한다."9) 삶은 이제 그런 식으로 돌아간다.

켈러는 디지털 시대의 그리스도인 순례자들을 위해 경고를 보낸다. 기계 장치와 전문 기술과 권력을 좋아하느라 우리는 길을 잃는다. 하나님이 테크놀로지에 점차 밀려 2등이 되었기에 예배도 잃고 기도도 잃는다. 하지만 하나님은 우리 시대 기계 장치의 수위首位에 절대 고개 숙이지 않는 주권적 왕이시다. 각종 앱은 성경 읽기 계획에 계속 집중할 수 있게 도와주고 체계적으로 기도 생활을 하도록 도와줄 수 있지만, 그 어떤 앱도 하나님과의 교제에 생기를 불어 넣어 줄 수는 없다.

디지털 시대에 자기 비판은 꼭 필요한 훈련이요, 용기 있는 행위다. "비판을 함으로써 우리는 우리의 자유를 증명한다. 이는 우리가 지금도 여전히 갖고 있는 유일한 자유다. 최소한 손에 꼭 쥐고 있을 용기만 있다면."10) 개인적으로 테크놀로지 오용에서 자유로운지는 테크놀로지를 사려 깊게 비판할 능력이 있는지, 우리 삶에서 테크놀로지의 역할에 대한 기대를 제한하는 능력이 있는지로 가늠된다. 우리가 테크놀로지에 속박당하고 있다는 것은 우리가 우리 자신을 분별 있게 비판할 능력이 없다는 사실로 가늠된다. 사람이 최신 디지털 기기와 터치스크린에 숙달되는 모든 전문 기술을 다 얻는다 해도 자기 영혼을 잃는다면 무슨 이득이 있겠는가?

우리는 질문을 할 수 있을 만큼 담대한가?

사실 스마트폰에서 자동으로 들려오는 음성은 그 지역 맛집이 어디인지 알려 줄 수 있고 교통 체증을 피하려면 언제 출발해야 하는지도 말해 줄 수 있다. 하지만 폰은 내 삶의 가장 큰 필요는 절대 충족시키지 못한다. 폰은(여느 테크놀로지와 마찬가지로) 내가 왜 존재하는지 설명해 주지 못하며, 내 삶의 목적이나 목표를 규정해 주지 못하고, 내가 혹시 길을 잃은 건지도 알려 주지 못하고, 내 삶의 우선순위를 지시하지 못하며, 인생의 어떤 선택이 도덕적으로 옳고 그른지도 말해 주지 못한다.

우리는 용기 있는 자기 비판 행위로 다음 세 가지 질문을 해야 한다.

- 목적지: 나의 스마트폰 사용 행태로 보아 나는 하나님을 향해 가고 있는가, 아니면 하나님에게서 멀어지고 있는가?
- 영향력: 나의 스마트폰 사용 행태는 나를 비롯해 다른 사람들의 덕을 세워 주는가, 아니면 지속적 가치를 지닌 그 어떤 것도 구축하지 못하고 있는가?
- 예속 상태: 나의 스마트폰 사용 행태는 내가 그리스도 안에서 자유함을 보여 주는가, 아니면 기술에 속박당하고 있음을 보여 주는가?

겸손한 경청

그러면, 그리스도인은 스마트폰을 버리고 멍청이폰dumbphone을 써야 할까?

이는 우리가 저마다 자기 삶 가운데서 성령의 인도하심에 귀 기울이면서 결정해야 할 문제다. 우리는 성삼위의 세 번째 위격보다 우리 폰에 더 신경을 쓰지만, 그분께서는 우리가 우리 자신을 생각하는 것보다 더 세심하게 우리를 살피신다. 여러분은 어쩌면 폰을 잠시 멀리하는 것이 영적으로 유익하리라 생각할지 모르겠다. 혹은 디지털 생활에서 더 바람직한 경계를 정하는 것에 대해 다시 생각해 보고 싶은 마음이 들지도 모르겠다. 아니면 소셜 미디어가 좋기도 했다가 싫기도 했다가 그래서 비활성화하기도 했다가 삭제하기도 했다가 다시 활성화하기도 하는 이 관계에 넌더리가 났을 수도 있고, 그래서 스마트폰을 아예 삶에서 없애 버릴 각오를 했는지도 모른다. 스마트폰을 가지고 이렇게 해라 저렇게 해라 내가 말할 수는 없지만, 성령께서 깨우쳐 주시는 말씀에 귀 기울이라고 권면은 할 수 있다. 성령께서는 한 걸음 또 한 걸음 순종의 발걸음을 내디딜 수 있게 도와주실 것이다.

스마트폰 사용자들 중에는 이 책에서 설명한 강력한 유혹과 함정에 빠져들지 않고 균형 잡힌 스마트폰 사용 자세를 능숙하게 보여 주는 이들도 있다. 디지털 시대의 축복을 자기 삶과 조화시키는 이들, 그래서 건강한 디지털 명 기수騎手처럼 보이는 이들도 있다. 하지만 우리가 다 이런 균형감각을 지니지는 못한다.

우리 모두에게는 은혜를 서로에게 확장시키라는 도전이 주어진다. 테크놀로지를 병적으로 싫어하는 이는 교만하게 이렇게 말한다. "하나님, 제가 이 IT 기기 중독자들과 달리 폰 때문에 정신이 산만해지지도 않고 가짜 세상의 진부하고 사소한 이야기 거리를 즐기지도 않는 것에 대해 감사드립니다." 반대로 테크놀로지에 병적으로 빠진 사람도 교만하게 말한다. "하나님, 제가 이 테크놀로지 멸시자들과 달리 실제 세상에서 디지털 기분전환 거리들을 능숙하게 즐길 수 있도록 훈련이 되어 있는 것에 감사드립니다." 두 가지 태도 모두 교만하기는 마찬가지다.

스마트폰에 얽힌 다양성

교회에는 스마트폰을 쓰는 그리스도인도 있어야 하고 쓰지 않는 그리스도인도 있어야 한다. 이 책 머리말에서 말했듯, 스마트폰 사용 습관은 그 사람의 마음을 보여 주며, 이는 건전치 못한 스마트폰 사용 습관을 단순히 타자기와 레코드판을 쓰던 디지털 시대 전 유토피아로 돌아가는 것으로 해결할 수 없다는 뜻이다. 그리스도인들에게 스마트폰을 하수구에 던져 버리라고 말해 봤자 마법저럼 문제가 해결되지는 않는다. 진정한 겸손, 참된 죄 고백, 초자연적인 마음의 변화가 없으면, 하찮은 일에 정신이 산만해지는 습관에서 벗어나지 못하며 오프라인에서도 솜사탕같이 끝없는 유혹에서 자유로워지지 못할 것이다(이 스토리를 확인하라[11]). 성령의 깨우침으로 그런 담대한 조치를 취할 때, 그리스도인으로서 우리는 하나님의 은혜로 겸손해야 하며 건전한 새 우선순위가 건전치 못한 습관을 어떻게 대체할 수 있는지 볼 수 있는 복된 시각을 부여받아야 한다(이 스토리를 확인하라[12]).

앞에서 말했듯이 신학자 데이비드 웰스는 우리가 디지털 수도사가 될 수는 없다고 말했다. 그렇다. 우리가 다 그렇게 될 수는 없다. 하지만 교회에는 기꺼이 디지털 그물을 빠져나와 살고자 하는 젊은 그리스도인이 있어야 하며 그리하여 그 그물에 걸려서 사는 신자들이 그 청년들과 자신을 대비시키고 비교해 보며 개인적으로 깊이 고민할 수 있게 해야 한다고 내게 처음으로 말해 준 사람은 브루스 하인드마쉬 Bruce Hindmarsh였다. 브루스의 말이, 그물을 빠져나온 사람들은 대기권 밖 공간에 사는 우주인과 비슷한 기능을 한다고 했다. 이 사람들은 그 공간에서 돌아와, 전혀 다른 환경에서 산다는 게 어떤 것인지 우리에게 알려 줄 수 있다.[13] 비유를 살짝 뒤집자면('디지털 수도사'라는 말이 불편한 사람들을 위해[14]), 우주가 아니라 이 땅에서 디지털과 단절되어 사는 사람도 우리에게는 필요하다. 이런 사람들이 있어야, 우리처럼 디지털 시대에 연결되어 있고 이제 기술 혁신이라는 외계공간에서 흔들리고 있는 사람들이 자기 삶을 돌아보며 스마트폰이 정말로 우리네 삶의 속도를 높였는지, 아니면 우리가 그저 목적 없이 둥둥 떠다니는 것인지 확인할 수 있으니 말이다.

어느 쪽이든 우리에게는 그런 사람들이 필요하다. 최대한 오프라인 상태로 살 수 있는 그리스도인들 말이다(온라인과 오프라인이라는 이 별개의 용어도 이제 곧 옛날 말이 될 것이라고 많은 이들이 예측하고 있지만).

스마트폰 사용자들의 경우, 주기적으로 디지털 수도사로 살아보는 것도 건강한 그리스도인의 삶을 위해 꼭 필요한 훈련이 될 것이 분명하다. 나도 간간히 폰을 꺼 두지 않았다면 이 책을 쓰지 못했을 것이다. 집필 과정이 특히 강도 높아질 때면 컴퓨터로 연결되는 와이파이도 꺼버렸다. 처음엔 고립감이 매우 심했지만, 내 소명 중 하나인 일에 몰두하다보니 시간이 지나면서 뭔가 치유되는 효과도 있고 자유로운 느낌도 들었다.

프랜시스 쉐퍼의 도전을 자주 돌이켜 보는 데서 우리는 유익을 얻을 수 있다. 쉐퍼는 이렇게 말했다. "그리스도인에게는 일과 관련해 두 가지 조건이 있다. 하나는 인간이 할 수 있는 일이고, 또 하나는 인간이 해야 할 일이다. 현대인에게는 두 번째 영역이 없다."[15]

하루가 다르게 발전하는 디지털 테크놀로지 시대에 우리가 쉼 없이 자기 자신에게 던져야 할 본질적 질문은, 폰으로 무엇을 할 수 있느냐가 아니라 폰으로 무엇을 해야 하느냐이다. 지금까지 살펴보았다시피, 이 질문에 대해서는 애초에 우리가 왜 존재하는지를 앎으로써만 답변할 수 있다.

스마트폰을 팽개쳐 버려야 할까?

스마트폰의 역사에 우리가 스마트폰을 '쓰기로 선택'할지의 여부를 결정해야 했던 때가 있었다 해도 그 기간은 짧았고 또 이미 지나갔다. 이제 남은 문제는 우리가 스마트폰을 '쓰지 않기로 선택할지'의 여부다. 그렇게 해서 우리는 그 거대한 질문 앞에 당도한다. 스마트폰을 팽개쳐 버려야 할까?

첫째, 폰은 우리 시대의 디지털 메커니즘을 집대성한 것임을 알아야 하며, 그런 만큼 우리는 폰을 어떻게 쓸 것이며 폰에서 우리가 필요로 하는 게 무엇인지에 대해 자주 생각해 보지 않는다. 대신 우리는 스마트폰의 속성을 자주 해체해 보고, 비용과 특징과 기능 면에서 우리의 테크놀로지를 분석하는 작업에서 유익을 얻을 수 있다. 예를 들어 나는 나 자신에게 다음 열두 가지 질문을 자주 던진다.

1. 스마트폰 기기 가격·보험·커버와 케이스·월 사용 금액을 다 합하면 일 년에 얼마나 드는가?
2. 내 생업이나 사역 영역에서 소명을 이행하려면 모바일 웹 접근이 꼭 필요한가?
3. 문자는 내가 타인을 보살필 때 반드시 필요한가? 그 문자는 꼭 실시간으로 확인해야 하는 내용인가? 꼭 스마트폰이어야만 문자를 보낼 수 있는가?
4. 내가 진정하게 타인을 섬기려면 모바일 웹 접근이 필요한가?
5. 낯선 도시를 돌아다니려면 모바일 웹 접근이 필요한가? 폰은 여행 때 꼭 있어야 할 물건인가?
6. 가게에서 쿠폰을 이용하려면 스마트폰이 필요한가? 스마트폰 데이터 요금제를 안 쓰면 그 대신 돈을 얼마나 절약할 수 있는가?
7. 웹 접근을 잠시 미뤄둘 수 있는가? 모바일 웹 접근이 편리한 곳을 찾아다니며 하는 일이 나중에 랩탑이나 데스크탑을 이용해 할 수 있는 일은 아닌가?
8. 스마트폰 아닌 멍청이폰, 와이파이 핫스팟, 아이팟, 태블릿이 있으면 문제없이 생활할 수 있는가?
9. 오디오나 팟캐스트를 다른 방법으로 들을 수 있는가(예를 들어 아이팟을 통해)?
10. 솔직히 폰에 점점 중독되고 있지 않은가? 만약 그렇다면, 이

문제는 절제로 해결될 수 있는가? 아니면 스마트폰을 완전히 끊어야 하는가?

11. 폰의 갖가지 유혹 때문에 주변 사람들과 격리되거나 그 사람들의 현실적인 필요를 외면하게 되지 않는가?

12. 내가 폰을 받쳐 들고 화면을 응시하는 모습을 성장기의 내 아이들이 보았으면 좋겠는가? 이 습관은 내 아이들과 내 주변 사람들에게 나라는 사람을 어떤 모습으로 투사할까?

이는 의미가 큰 질문들이다.

스마트폰을 포기한다는 것은 오늘날 사람들이 행할 수 있는 가장 용감하고 가장 반문화적인 도전 행위 중 하나일 뿐만 아니라, 타인에게 주는 하나의 선물이기도 하다. 내가 소셜 미디어에 심취한 사람이라고 할 경우, 자제심 없는 내 모습은 다른 사람들의 소셜 미디어 중독 증상을 부추길 수 있다. 내가 문자와 트윗과 스냅챗을 많이 하면 할수록, 그것을 받거나 보는 사람도 그만큼 반응할 의무가 생기며, 그럼으로써 나는 주변 사람들을 디지털 소용돌이 속으로 끌어들이는 셈이다. 이것이 바로 거대 소셜 미디어 회사들이 자산 가치를 수십억 달러로 키우는 비결이다. 이들은 여러분을 끌어들이기 위해 나를 필요로 한다. 많은 사람 앞에서 스마트폰을 꺼내는 단순한 행위도 일종의 '하품 효과'를 불러일으킨다. 한 사람이 하품을 하면 옆 사람들도 연이어 하품을 하게 되는 것처럼, 내가 폰을 꺼내들면 내 옆의 다른 모든 사람들도 곧 폰을 꺼내 확인을 해야 할 것 같은, 확인을 하고 싶은 기분이 된다.[16] 우리는 자신의 디지털 중독 증세가 다른 이들에게(특히 자녀들에게) 어떤 영향을 끼치는지 좀처럼 생각해 보지 않으며, 스마트폰을 포기하는 일에서 이 중독 증상이 우리를 가장 주춤하게 만드는 난제임을 좀처럼 깨닫지 못한다. 지금 중독 증세가 어느 정도든, 스마트폰 없는 삶을 감행하고자 하는 이가 있다면 그 사람에게 박수갈채를 보낸다. 그 사람은 눈에 안 보이는 방식, 그래서 누구도 알아차리지 못하고 축하해 주지 못하는 방식으로 주변 사람들을 섬기는 셈이다.

슬기로운 스마트폰 생활

이제 집필을 마치고 사역으로 돌아가면 나는 다시 스마트폰을 쓸 것이다. 하지만 전과 달리 이제 나는 폰이 내 생활 대부분 영역에서 얼마나 불필요한지 알고 있다. 폰과 관련해 훨씬 더 절제해야 한다는 과제가 나에게 주어졌다. 내가 이런 마음을 먹게 되리라고는 상상하지 못했다. 이 책을 집필하는 일은 나와 디지털 테크놀로지와의 관계에서 신기원을 여는 일이었다.

이 책을 기획하고 집필해서 발간하는 목적이 무엇인지는 다음과 같은 말로 가장 선명하고 간단하게 표현할 수 있을 것이다. 즉, 폰에서 유익을 얻으려면 폰의 모든 기능을 노상 이용해서는 안 된다는 것이다. 이것이 왜 맞는 말이냐면, 폰은 열려 있는 플랫폼으로서, 개발자들이 생산성이나 재미를 약속하는 반짝이는 앱으로 그 열린 공간을 늘 채워 넣기 때문이다. 쉐퍼가 제안하는 지혜와 달리 우리는 폰으로 할 수 있는 일은 다 해야 한다는 가설에 아무런 이의도 없이 폰을 구입한다. 아니, 좀 더 개인적으로 표현하자면, 우리는 중요하지 않은 수많은 앱을 폰에 잔뜩 설치하는 경향이 있다. 우리가 미니멀리스트와는 거리가 먼 습관을 가지고 있다는 뜻이다. 내 폰이 제 역할을 다하는 데 정말 꼭 필요한 부분은 무엇인가?

우리는 다른 테크놀로지에 대해서는 이 질문을 한다. 내가 미니밴을 몰고 다닌다고 가정해 보자. 계기판 정보를 바탕으로 하면 내 차는 시속 220km로 달릴 수 있다(확인된 사실은 아니다). 따라서 나는 주말마다 지역 경주장에서 레이싱을 즐길 수도 있다. 하지만 레이싱은 밴의 용도가 아니다. 밴은 레이싱에서 이기려고, 혹은 속도 제한을 초과해 달리려고 만든 차가 아니다. 밴이 존재하는 것은 내 가족을 안전하게 태워 가지고 다니기 위해서다. 본전을 뽑겠다고 밴의 모든 기능을 최대한도로 높여서 쓸 필요는 없다. 내 밴이 정말 시속 220km에 이를 수 있다 해도(실제로 그럴지 의심스럽다!) 그건 그것이고 실제로는 시속 100km정도로 달리는 게 합법적이고, 안전하고, 편안하다. 말은 하지 않더라도 내가 밴에게 요구하는 일에는 한계가 있다. 어떤 기능은 내 가족에게 유익하시만 어떤 기능은 그렇지 않다.

스마트폰 시대에 우리 스스로 균형을 유지할 수 있는 비결은 경각심이다. 디지털 테크놀로지는 그 테크놀로지가 우리 삶의 어느 부분까지 들어올 수 있는지 우리 스스로 제한을 둘 때 가장 유익하다. 세상은 테크놀로지가 인간을 세상의 가장 암울한 두려움에서 구원하리라고 늘 기대할 것이며, 그 목표를 위해 획기적 혁신에 점점 더 전념할 것이다. 그러나 테크놀로지에 의한 구원이라는 이 오도된 갈망이 우리 삶을 과도하게 침범해 들어오는 것을 피하려면, 테크놀로지를 수용하되 원래의 용도대로, 즉 우리 삶의 정당한 필요를 충족시키는 유익하고 기능적인 도구로만 받아들이면 된다.

모든 테크놀로지에는 한계가 있어야 하며, 스마트폰도 예외가 아니다. 스마트폰이 내 삶과 소명을 위해 절대 필요하다고 생각한다면, 스마트폰 사용 속도를 확실히 조절해 주는 장치를 설정해 두라. 아래와 같은 열두 가지 경계를 고려해 보라.

1. 중요하지 않은 푸시 알림은 모두 꺼 두라.
2. 사용 기한이 만료되었거나 중요하지 않거나 시간을 낭비하게 하는 앱은 삭제하라.[17]
3. 밤에는 폰을 침실 밖에 두라.
4. 폰 알람 말고 실제 알람 시계를 사용함으로써 아침부터 폰을 손에 쥐는 일이 없도록 하라.
5. 잠자리에 들기 한 시간 전부터 아침 개인 경건 시간을 마칠 무렵까지(내 경우 밤 아홉 시부터 아침 일곱 시까지) 폰을 무음으로 설정해 둠으로써 아침 경건 시간과 밤의 수면 패턴을 지키라.
6. 자기 조절 앱을 이용해서 스마트폰 기능을 제한하고 각종 플랫폼에 투자하는 시간을 줄이는 데 도움을 받으라.
7. 서둘러서 쓰는 댓글이나 답 문자 대부분이 사실은 좀 미뤄두어도 되는 것들임을 인정하라. 조금 천천히, 좀 더 편한 시간에 응답하라.
8. 스마트폰으로 이메일을 읽어야 하는 경우에도 답장은 낮 시간에(내 경우는 오전 아홉 시에 한 번, 오후 네 시에 한 번) 컴퓨터로 쓰는 전략을 활용하라.

9. 배우자나 친구, 가족에게 부탁해 나의 스마트폰 사용 습관을 관찰해서 말해 달라고 하라(필자의 설문에 응답한 그리스도인의 70% 이상이 대답하기를, 자신이 온라인에서 얼마나 많은 시간을 보내는지 자기 말고는 아무도 모른다고 했다).

10. 가족이나 친구들과 식사할 때에는 폰을 안 보이는 곳에 두라.

11. 가족이나 친구들과 함께 있을 때, 혹은 교회에 갈 때에는 폰을 서랍에 넣어 두든지, 차 안에 두든지, 전원을 꺼 놓으라.

12. 전략상 중요한 순간들에는 자신의 삶을 대상으로 디지털 해독detox 작업을 실시하여 궁극적 우선순위가 되어야 할 일들에 다시 초점을 맞추라. 전략적 휴지기(매일 아침), 디지털 안식일(매주 하루씩 오프라인 유지), 디지털 안식 주(매년 2주씩 두 번)를 정해 두고 소셜 미디어를 멀리 하라.[18]

자신을 스스로 테스트해 보라

스마트폰이 우리 몸 전체에 끼치는 영향을 생각해 보지 않고는 이 책을 마무리할 수 없다. 폰을 충전하지 못할 때는 조바심치면서 우리 몸에 수면 시간이 얼마나 필요한지 따져보지 않는다는 것은 용납하기 어렵다. 우리는 피와 살을 지닌 피조물이며, 이는 우리가 디지털 테크놀로지를 어떤 방식으로 쓰느냐에 따라 우리의 모든 면이 달라진다는 뜻이다. 정신적으로, 육체적으로, 영적으로 말이다. 솔로몬은 정신을 몸에서 분리시키지 말라고 경고했는데, 정신을 몸에서 분리시키려는 것이 바로 터치스크린 시대의 유혹이다.[19]

수없이 이어지는 많은 연구들이 증명하다시피, 폰에 너무 많은 시간을 쏟으면 건강에 심각한 영향이 있다. 무기력증과 비만, 스트레스와 근심, 불면과 불안, 거기다 자세도 나빠지고 목이 뻣뻣해지며, 눈이 뻑뻑해지고 두통이 생기고, 긴장감과 스트레스 때문에 호흡을 깊이 하지 못하는 패턴이 유발된다(물론 이것이 전부는 아니다). 지혜롭지 못한 스마트폰 사용 습관이 우리 몸에 이런 결과를 낳는 것을 우리는 대개 알아차리지 못한 채 지낸다. 디지털 세상에서 우리는 우리의 몸, 자세, 호흡, 심장박동 등에 대해 감각을 잃기 때문이다.

폰에 투사되는 이미지에 너무 심하게 집중함에 따라 우리는 우리 몸을 소홀히 여기게 된다. 유튜브에서 "보행 중 문자 사고"를 검색해 보면 스마트폰 사용자들이 폰에 몰두하다가 자기도 모르게 차도로 걸어 들어간다든가, 벽에 부딪치고, 분수에 빠지고, 미끄러지고, 보도 가장자리 환풍구 철망에 걸려 넘어지는 영상이 점점 늘어나는 것을 볼 수 있다. 공공장소에서 폰에 몰두하느라 물리적으로 다른 이들을 염두에 두지 않게 되고, 그래서 "뒤에 오는 사람을 위해 친절하게 문을 잡아 주던 사람들이 이제는 다른 이들은 안중에 없이 문을 가로막고 서 있다."[20]

실체가 없는 가상 세계에서의 습관이 우리 몸에 어떤 결과를 끼치는지 집중해서 살펴봐야 하건만 우리는 이를 간과하고 있으며 이제 많은 이들이 이 점을 바로 잡으려 애쓰고 있다.[21] 이 책을 세상에 내놓으면서 내가 바라는 것 하나는, 테크놀로지가 나에게, 나의 모든 것에 어떻게 영향을 끼치는지 새롭게 자각했으면 하는 것이다. 여러분도 자각이 있기를 바란다. 그러나 내가 테크놀로지 시대를 사는 여러분에게 있을 수 있는 몇 가지 증상들을 대략 윤곽은 그릴 수 있지만, 여러분을 진단할 수는 없고, 폰을 완전히 없애라고 말할 수도 없다.

몸의 건강을 위해 규칙적인 식사를 하듯 자신의 테크놀로지 사용 행태를 시험해볼 필요가 있다. 음식을 먹고 나서 속이 좋지 않으면, 혹시 과식을 해서 그런 것인지 아니면 섭취한 음식에 내가 알러지 증세가 있는 것인지, 아니면 정크 푸드나 상한 음식, 혹은 독성이 있는 음식을 먹어서 그런 것은 아닌지 우리는 스스로 따져 본다. 스마트폰에 대해서도 비슷한 질문을 하라. 페이스북을 일주일 동안 멀리하면, 폰에서 원격으로 이메일 답장을 보내지 않으면, 폰을 머리맡에 두고 자지 않으면, 트위터 활동을 일정 시간으로 제한하면 내 마음과 몸에 어떤 일이 생기는가? 그리고 폰을 쓸 때 자신의 호흡, 불안감 정도, 자세를 눈여겨 관찰하라.

영적으로도 동일한 연습을 하라. 일상적으로 스마트폰을 쓰는 순서에 변화를 준 뒤 자신의 경건 생활에 어떤 일이 생기는지 확인하라. 아침 시간이 더 풍성해지고 더 집중력이 생기는가? 교회 갈 때 폰을 차 안에 두고 가면 어떤 일이 생기는가?

몸의 소리에 귀 기울이고 영혼의 소리에 귀 기울이라. 그 소리를 듣고 평가한 뒤 그에 따라 스마트폰 사용 습관을 정하라. 폰 사용에 따른 부정적 효과는 자신의 행동을 평가하는 데 활용하고, 긍정적 효과로는 앞으로의 스마트폰 사용 전략을 짜라.

스마트폰에 대해 우리가 하는 질문은 절박한 질문이다. 많은 이들이 스마트폰 사용 규칙 목록을 가지고 이 질문에 답변하려고 하겠지만, 단순히 목록 하나를 모든 이들의 삶에 복사해서 붙여넣기 할 수는 없는 노릇이다. 스마트폰 사용에 한계를 정해 두고, 규칙적으로 디지털 다이어트를 하고, 기도하고, 하나님의 지혜로 스마트폰을 이용하고, 사탄의 "아무것도 아님" 전략의 덫에 걸리지 않도록 필요한 모든 수단을 다해 늘 깨어 경계하라.

맺는 말

이제 이 연구를 마칠 때가 되니 아이폰을 남용한 것에 대해 나 자신을 질책하게 되고, 나 자신을 위해(그리고 우리 가족을 위해)[1] 좀 더 바람직한 제한을 걸어 두어야겠다는 마음을 먹게 된다. 폰이 어떻게 내 습관을 재구성하고 내 몸에 영향을 주는가를 생각하면 불안하기 짝이 없다. 내 습관이 재프로그램될 수 있을지, 아니면 이미 때가 늦은 건지 궁금하기도 하다. 그런 한편 폰이 내 생산성과 사역 범위를 얼마나 확대시켜 주었는지를 생각하면 감사와 경이를 동시에 느낀다.

존경 받는 윤리학자 올리버 오도너번과의 대화로 다시 돌아가 보자. 나는 그에게 이렇게 물었다. "그리스도인은 디지털 커뮤니케이션 테크놀로지의 발전에 대해 불편함을 느끼는 게 맞을까요?"

"불편함을 느끼는 것만으로는 충분하지 않지요." 그는 지혜롭게 주의를 주었다. "감사하는 마음으로 하나님에게서 받을 수 있는 것은 다 감사함으로 받아야 합니다." 그것이 바람직한 반응이다. 오도노번은 이렇게 이야기를 이어갔다. "최초의 퍼스널 컴퓨터가 세상을 휩쓸었을 때 우리 세대는 50세였고, 아주 분주했지요. 그래서 고도로 발전된 기술을 모두 다시 배워야 했을 때 우리는 컴퓨터가 초래한 급격한 동요와 소동 앞에서 느끼는 양가감정을 아마 극복하지 못했던 것 같습니다. 그리고 첫 번째 소프트웨어 물결이 지나가고 두 번째 물결이 다가왔을 때 우리는 그 모든 것을 다시 또 배워야 했지요." 오도노번의 말에 따르면, 해마다 소프트웨어가 업그레이드되고 변화함에 따라 헬라어 알파벳 타이핑하는 법을 대여섯 가지나 배워야 했다고 한다. 테크놀로지의 이런 문제점에도 불구하고 "나는 이 혁신이 나에게 안겨 준 몇 가지 선물에 대해 여전히 하나님께 감사하며, 내 손자 세대는 더 많은 것에 대해 하나님께 감사할 수 있었으면 합니다. 그런데 하나님께 감사하는 법은 어떻게 배웁니까? 이해할 수 없는 일에 대해서는 하나님께 감사할 수 없습니다. 이는 현실적이고도 어려운 질문입니다. 단순히 진보에 대해 가슴이 벅차거나 진보를 신뢰하는 문제가 아닙니다."[2]

그러면 스마트폰을 다스리는 법은 어떻게 배울 수 있을까? 어떻게 하면 스마트폰에 대해 하나님께 감사하면서도 자신의 폰 사용 습관에 대해서 기도하는 마음으로 자기를 비판하는 자세를 유지할 수 있을까?

이 시대의 경이

"내가 얼마나 나이가 많은가 하면, 전화가 발명되기 전 세상을 기억할 수 있을 정도"라고 G. K. 체스터턴G. K. Chesterton(1874-1936)은 생애 말년에 말했다.[3] 알렉산더 그레이엄 벨Alexander Graham Bell이 음성 재생 장치 특허를 획득했을 때 체스터턴은 아장아장 걸어 다니는 아기였는데, 체스터턴이 세상을 뜰 무렵에는 대서양 건너편으로 전화 연결이 가능했다. 스마트폰에 관한 책을 마무리하면서 전화 이야기를 하는 게 이상해 보일 수도 있지만, 체스터턴의 생애는 이 혁명적 장치가 발명될 때부터 그 장치가 급격히 확산될 때까지의 시기와 겹치기 때문에 그가 우리에게 뭔가 해줄 말이 있을 수도 있다.

우리 시대 디지털 테크놀로지의 맹공격은 거의 마법, 우리 영혼의 경외와 경이감을 확장시키는 일종의 마술 같아 보인다. 그러나 일반적으로는 그렇지 않다. 마법의 거품은 사라진다고 체스터턴은 경고했다.[4]

테크놀로지 혁명은 오히려 "급속히 이뤄져 신선함을 잃었고, 단조롭고 지루한 산문 세계로 하강 돌진했고, 서둘러 경이로운 것들을 만들어 내다보니 그 경이로운 특성을 잃었다. 경이를 소멸시키는 경이의 홍수. 이는 기계 장치의 진보일지는 몰라도 인간의 진보일 수는 없다."[5]

한 마디로, 우리가 이뤄낸 테크놀로지 기적은 우리의 찬탄을 자아내지 못하고 있다. 그 기적은 그저 일상생활 가운데서 아무 생각 없이 숙달되어 가는 기계화 과정 속의 차가운 톱니바퀴 장치가 되어갈 뿐이다. 자동차의 전자 시동 장치가 좋은 예다. 생각해 보라. 그 장치는 자은 금속 마법 지팡이를 돌려, 오래된 유기물 찌꺼기에서 정제해낸 폭발성 액체를 불꽃으로 점화시키는 것에 지나지 않는다. 그 찌꺼기는 어찌어찌 땅 속 깊이 가라앉아 흙으로 덮여 있다가 시간과 압력의 작용으로 액화되었고, 훗날 지하 공동空洞이 이 묘약을 빨아들여 가연성 연료로 만들었으며, 이것이 지상의 탱크로 뽑아 올려진 뒤, 마지막으로 강철을 깎아 만든 부드러운 실린더로 들어가 거기서 불꽃을 만나고, 이 불꽃이 춤을 추듯 펑 분출을 일으키고, 그 분출이 아주 강력하고 아주 완벽하고 아주 안정되어 있기에 우리는 그렇게 시동이 걸린 상태의 네 바퀴 달린 마법의 양탄자에 올라타서는 한쪽 발을 쭉 뻗어 가속기에 올린 채 미끄러지듯 도시의 거리를 헤치고 다닐 수 있는 것이다.

그런데, 우리가 그 마법 지팡이를 돌리고 그래서 오래된 유기물 찌꺼기의 산물이 일련의 불덩이로 분출할 때, 우리는 그저 도로를 따라 달리기만 한다. 물론 배터리가 방전되거나 맑게 걸러낸 그 액체가 소진되면, 그래서 마법 지팡이도 쓸모없어지면, 우리는 쌍소리를 하며 안달을 한다. 그러나 대부분 경우가 그렇듯, 우리는 만사가 제대로 돌아갈 때는 이를 알아차리지 못한다.

기적에 대한 우리의 무관심

우리는 이 경이驚異에 관심을 가져야 한다. 그래서 1935년 1월 체스터턴은 "기적에 대한 우리의 무관심"이라는, 우리 시대가 이룬 경이에 관한 칼럼에서 테크놀로지 건망증을 정면으로 다루었다.[6] 지금도 이 칼럼은 디지털 시대를 사는 그리스도인에게 가장 중요한 공헌으로 손꼽힌다. 이 칼럼에서 체스터턴은 날카로운 이교 사상으로 자신의 논지를 상세히 펼쳐나간다.

> 분주한 사업가가 전화벨만 울려도 마치 밀레Millet의 그림 속 농부들이 만종晩鐘 소리를 들었을 때처럼 자세를 바로잡고 기도를 한다고 해 보라. 공중전화 박스라는 유물로 다가갈 때 경건하게 고개를 숙인다고 해 보라. 기독교의 예식보다는 이교의 예식으로 그 앞에서 환호하기까지 한다고, 마치 델피의 신탁神託을 듣듯 수화기에 귀를 갖다 댄다고, 아

● 11세기 말 프랑스의 음유시 〈롤랑의 노래La Chanson de Roland〉 참조.-옮긴이

니면 증권거래소 사무실 의자에 앉은 젊은 숙녀를 마치 먼 신전의 청동 제단에 좌정한 여제사장처럼 생각한다고 해 보라. 언덕과 계곡을 지나 인간의 목소리가 들려온다는 개념을 마치 사람들이 롤랑Roland의 뿔피리 소리*나 트로이 전쟁의 영웅 아킬레스Achilles의 함성 소리를 대하듯 언제나 시적인 감상으로 대한다고 해 보라. 이렇게 찬탄하거나 흥분하는 모습은 전화를 응대하는 회사 사무실에서 흔히 볼 수 있는 광경이라고 해 보라. 그러면(당신이 하는 말을 내가 믿는다는 사전 추정에 근거해) 나는 실로 그 분주한 사업가와 담대하고 과학적인 발명가를 따라 신세계를 정복하고 별을 등정하는 일에 나설 것이다. 왜냐하면 이들은 원하는 것을 정말로 찾아낼 것이며 자기가 찾아낸 게 무엇인지 잘 알 것이기 때문이다. 이들이 우리 삶에 새로운 경험을 더해 주고 우리 영혼에 새로운 힘과 열정을 더해 줄 것이기 때문이다. 이들은 마치 새로운 언어, 새로운 기술, 새로운 건축학파를 발견해내는 사람들 같을 것이기 때문이다. 그러나 이들이 할 수 있는 말은 이것뿐. 자신의 발명품은 대체적으로 흔해 빠진 편의품이라고, 그러나 이것이 오히려 흔해 빠진 민폐거리가 될 때가 많다고 말이다.[7]

이 인용문에서 체스터턴은 이교 신화에 스테로이드 주사를 한 방 놓는다. 이 인용문을 내 식으로 짧게 해석한다면, 체스터턴은 지금의 세속 유물론자보다는 전근대의 이교가 테크놀로지 시대에 더 잘 어울린다고 말하고 있는 것 같다. 체스터턴은 마법에서 풀려나 테크놀로지에 의해 움직이는 기계적 세상이 동터오는 것을 본 예언자였다. 또한 그는 감정 따위는 전혀 없이 로봇 비슷하게 반응하는 인간도 예견했다. 그래서 이 칼럼에서 체스터턴은 항변하듯 두 손을 치켜들어 흔들면서 우리 쪽으로 달려온다. 그가 하는 말이 비록 귀에 거슬리기는 하지만 이 말은 오늘날에 적절하게 들어맞는다. "현대의 시스템은 기계를 기계적으로 대하는 사람들을 전제로 하지 기계를 신비한 것으로 대하는 사람들을 전제로 하지 않는다."[8] 체스터턴은 그 점을 두려워했다. 체스터턴은 물질주의가 두 개념 모두의 이면에 자리 잡고 있다고 믿었다. 전화가 우리를 저주한다고 여기든지, 전화가 우리를 구원한다고 여기든지 그 이면에는 모두 물질주의가 있다는 것이다. 전화를 불경스럽게 대하는 것도 전화를 경배하는 것 못지않은 우상숭배다. 해법은 우리가 스마트폰을 지혜롭게 향유하는 것이다. 상상력을 갖고, 초월적으로, 우리의 경이감을 더 깊게 해주는 어떤 것으로 말이다.

그러므로 현대의 어떤 사회학자가 "테크놀로지에서 신성을 제거할 수 있는 사람만이 그 외 영역에서도 의미와 소망을 탐구하기 시작할 수 있다"고 말한다면, 어떤 의미에서는 옳은 말이다.[9] 구속에 대한 우리의 궁극적 소망은 테크놀로지에 있지 않다. 우리는 구체적 목적을 위해 테크놀로지를 활용한다. 하지만 체스터턴은 우리를 건전한 방향으로 밀고 나가기도 한다. 그 자체가 하나의 목표인 테크노페티시즘 technofetishism*이 절대 우리의 목표일 수 없지만, 그렇다고 해서 스마트폰을 버리는 것도 해법은 아니다. 체스터턴은 폰의 대단한 능력에 무관심해지라고 말하지는 않는다. 그 능력을 거슬러 올라가면 하나님의 영광에서 기원을 찾을 수도 있기 때문이다. 문자 메시지 수신음이 울릴 때 귀찮다고 짜증을 내며 쯧 혀를 찰 게 아니라 건강한 경이를 경

● 테크놀로지와 페티시즘의 합성어로, 현대 테크놀로지에 병적으로 집착하는 것을 말한다. -옮긴이

험할 수 있는 새로운 자극으로 여겨야 할 것이다.

감사해서 눈물이 나오다

내 삶은 다음 두 가지 관점 중 하나가 지배할 것이다. 하나님의 영광이 흠뻑 배어 있고 하나님이 주권적으로 다스리시는 세상에서 하나님 중심의 경외감으로 살든지, 아니면 정확한 기술로 제어만 잘 하면 기계에 의해 주도되는 세상을 잘 다스릴 수 있다는 믿음으로 하나님과 거리가 먼 테크놀로지 중심의 무신론적 삶을 살든지 둘 중 하나다.[10] 이 결정을 우리는 폰을 집어들 때마다 해야 한다.

이 책 집필을 위한 연구를 끝마칠 무렵 존 파이퍼에게 물었다. 삶의 목적과 소명을 이루는 일에 테크놀로지를 어떻게 활용하고 있느냐고. 그랬더니 그는 갖가지 앱과 성경 소프트웨어가 오랜 세월 동안 어떤 식으로 자기 영혼을 살찌웠는지 하나하나 거침없이 털어 놓았다. 그리고 마지막에, 탁자에 놓여 있던 랩탑 컴퓨터와 아이폰을 내려다보며 이렇게 말했다. "이 물건들이 나에게 얼마나 소중한지를 생각하면 눈물이 나올 것 같습니다." 맞다. 이 물건들은 대부분 하나님을 따르지 않는 사람들이 만들어 낸 반짝이는 도구들이라고 그는 부연해서 말했다. 그리고 이 물건들은 수많은 편리한 유혹에 눈뜨게 만든 도구들이기도 하다고. 그러나 조심스럽게, 절제하며 사용할 경우 디지털 도구는 "하나님의 영광이 담긴 보물 상자"일 수 있다고 존 파이퍼는 말했다.[11]

나도 존 파이퍼 같은 절제력을 가질 수 있기를 나는 간절히 바란다. 폰을 쓰되 하나님을 진정하게 만나는 수단으로 쓰고 싶고, 감사하는 태도로 폰의 부단한 가치를 최대한 끌어다 쓰고 싶다. 하지만 이런 성숙함이 결여되어 있는 많은 이들에게 테크놀로지는 허영심만 키워 주고 경이감이 사라지게 만든다. 최악의 경우, 폰은 우리의 죄 된 고립 상태를 지켜 주겠다 약속하고, 과장된 우리 자신의 모습을 전시하고, 자기 찬양이라는 디지털 탑의 버팀목이 되고, 우리의 물질중심주의를 조장하고, 이른바 '익명의' 악덕으로 우리를 유혹하며, 피조물 신분에서 '빠져나오라'고 말하는 손 안의 마법 지팡이가 된다. 테크놀로지를 오용해서는 테크놀로지에 경이를 느낄 수 없다. 참된 경이감에는 겸손이 요구된다. 경이감은 어린아이처럼 되어서 거룩하신 아버지 하나님께 대한 경외감 아래 자기를 낮추는 사람들만이 느낄 수 있도록 하나님께서 특별히 마련하신 기쁨이다. 겸손으로 우리는 '경이로워 하는 자들'이 된다. 이들은 세속적 환멸에서 자유롭고, 이뤄주지도 못할 거면서 물질주의가 상업적 계산으로 약속하는 것들에서도 자유로우며, 사람을 옭아매는 뜬세상의 함정에서도 자유롭다. 그래서 이들은 테크놀로지에서, 그리고 테크놀로지를 통해 하나님의 영광을 더욱 선명히 보게 된다.

스마트폰을 올바로 사용하면, 그 반짝이는 화면이 그리스도 안에 있는 하나님의 영광의 보화로 빛이 나며, 그 반짝이는 영광 가운데서 다가올 더 큰 영광을 살짝 엿보게 된다.

다가오는 광경

그리스도께서 모든 테크놀로지를 주권적으로 다스리시지만, 모든 테크놀로지가 다 그리스도의 도덕적 뜻에 복종하는 것은 아직 아니다.¹²⁾ 그날이 오면, 하나님께서 우리 눈앞에서 거룩한 도성의 휘장을 벗기실 것이다. 이 도성은 모든 죄에서 자유로울 것이며, 지금으로서는 거의 상상 불가능해 보이는 혁신으로 가득할 것이다. 사도 요한이 이 광경을 우리에게 미리 보여 주었다.

"그 성곽은 벽옥으로 쌓였고 그 성은 정금인데 맑은 유리 같더라 그 성의 성곽의 기초석은 각색 보석으로 꾸몄는데 첫째 기초석은 벽옥이요 둘째는 남보석이요 셋째는 옥수요 넷째는 녹보석이요 다섯째는 홍마노요 여섯째는 홍보석이요 일곱째는 황옥이요 여덟째는 녹옥이요 아홉째는 담황옥이요 열째는 비취옥이요 열한째는 청옥이요 열두째는 자수정이라 그 열두 문은 열두 진주니 각 문마다 한 개의 진주로 되어 있고 성의 길은 맑은 유리 같은 정금이더라"(계 21:18-21).

이 찬란한 새 도성은 땅의 최고 원재료를 떼어내 빚은 것으로, 그 귀금속과 재료는 새 창조의 화려한 빛—영화롭게 되신 그리스도—을 발할 것이며, 그 빛은 눈이 부실 것이다!¹³⁾ 하늘의 태양은 다가올 영광의 자리표시자일 뿐이며, 그 영광은 태양보다 일곱 배는 더 밝을 것이다. 이 새 창조에 속한 만물은 참 예술품으로서 성자의 광휘를 더 찬란하고 근사하게 만드는 역할을 한다.

주변 풍경은 흙먼지에 덮여 있고, 집들은 돌로 지어졌고, 거리는 진흙탕이고, 밤은 칠흑 같은 어둠뿐이었을 요한 당시 이스라엘에서 이는 얼마나 장엄한 환상이었겠는가!

우리의 상상력 속에 어쩌면 이 광경에 이르는 도약대가 있지 않을까? 수 세기에 걸친 테크놀로지 혁신 덕분에 요한의 환상은 우리에게 더욱 현실적으로 보인다. 밤이 없는 세상이 어떠할지 우리는 충분히 상상할 수 있다. 일 년 열두 달 이십사 시간 내내 빛을 내는, 심지어 옥외 스포츠 경기를 밝혀주기까지 하는 전기가 있으니 말이다. 유리로 치장된 도심의 초고층건물은 황금빛 스카이라인을 이루며 장엄한 일몰을 반사한다. 이 광경을 보면서 우리는 빛을 품어 영광으로 빛나는 견고한 도성의 풍경을 상상할 수 있다.

하지만 우리의 세상은 아직 희미한 거울에 비치는 풍경일 뿐이다. 가장 튼튼한 벽과 가장 견고한 도로도 강철과 콘크리트와 아스팔트로 이뤄졌지, 정금은 아니다. 유리는 도시의 무게를 감당하지 못하며, 그때가 되기까지 영광은 우리가 요한계시록에서 보는 새 세상처럼 우리의 세상을 꿰뚫지 못한다. 지금은 깜박이는 화면의 직사각형 장치가 쉴 새 없이 우리를 밝혀 줄 뿐 그리스도의 실제 임재의 영광이 우리를 계속 비춰 주지는 않는다.

성경의 요점은, 악한 도성 바벨론과 그 성의 모든 불경한 기계 장치가 다 뿌리 뽑혀 멀리 던져지고 그 자리에 하나님의 도성 새 예루살렘이 들어설 것이며, 그 성은 지금으로서는 상상불가능하고 인간의 모든 창의력과 기대를 넘어서는 풍경과 테크놀로지로 빛나리라는 것이다.[14]

디지털 시대에 우리에게 가장 필요한 것은, 성경 앱의 희미하고 푸른 빛 가운데서 보이지 않는 그리스도의 영광을 목도하는 것이다. 믿음으로써 말이다.[15] 그러나 새 창조, 곧 하나님께서 완성하신 도성에서 우리는 그리스도의 불타는 듯한 영광을 (믿음으로써가 아니라) 직접 눈으로 향유하게 될 것이다. 이 순간이 우리 삶의 정점이 될 것이며, 그때 우리는 완벽하게 하나님의 형상을 지닌 자들로 변화할 것이다.[16] 이 영광스러운 순간에 우리 영혼은 황홀해질 것이며, 밤이 없는 영원 세상에서 우리 마음에서는 기쁨이 넘쳐흐를 것이다. 새 창조는 우리가 예수와 함께 거하되 화려한 한 순간만이 아니라[17] 퇴색하지 않는 영광의 빛 가운데서 영구히 함께 거할 수 있기를 바라는 예수의 갈망과 기도를 성취할 것이다.[18]

미래로 돌아가다

그러므로 촛대 모양의 구형 전화기 이야기로 우리의 여정을 마친다 해도 전혀 이상할 게 없다. 우리의 테크놀로지는 눈 깜짝할 사이에 유행이 되기도 하고 유행에 뒤지기도 하며, 그래서 오늘날 우리가 소중하게 손에 쥐고 다니는 스마트폰도 더 새롭고 더 발전된 혁신의 빛 아래서 곧 신용을 잃고 말 것이다. 테크놀로지가 줄곧 어디를 향해 인도되고 있었는지에 대해 하나님께서 마스터플랜을 드리내시면, 우리가 현재 사용하는 모든 장치들은 결국 다 내던져질 것이다.

테크놀로지가 무가치하다는 말은 아니다. 또한 모든 테크놀로지가 영원까지 존속하리라는 말도 분명 아니다. 진심으로 바라기는, 이 책을 집필할 때 유행하던 테크놀로지와 소셜 플랫폼이 구식이 되어, 우리 손가락 끝에 새롭고 더 나은 것들을 위한 공간이 생겼으면 한다. 미래의 우리는 지금의 우리를 돌아보면서 이 반짝이는 직사각형 물건, 줄 달린 이어폰, 뒤엉키기 일쑤인 충전기 전선, 오래 쓰면 방전되는 배터리 등에 대해 웃음을 터뜨릴 것이다. 우리가 지금 획기적 혁신이라면서 들고 다니는 투박한 장치들을 우리 손자 세대가 보면, 우리 자녀 세대가 카세트테이프를 볼 때와 마찬가지로 그게 무슨 물건인지 거의 알아보지 못할 것이다. 우리는 시간과 공간 안에서만 살 수 있는 유한한 피조물로서 스마트폰을 가지고 빈둥거리며 시간을 허비하고 있다. 우리는 체스터턴이 촛대 모양 전화기를 보며 경외감을 느낀다는 말에 말도 안 된다며 얼굴을 찌푸릴지 모르지만, 그때나 지금이나 사실은 여전하다. 스마트폰은 우리 시대 테크놀로지의 경이라는 것이다. 스마트폰은 인간 역사에서 가장 영향력 있는 기계 장치로 기념된다. 그럼에도 스마트폰은 우리에게서 멀어지고 있다. 시대에 뒤진 고물이 되어 가고 있다. 그리고 우리는 그리스도 안에서 슬기로운 스마트폰 생활을 하면서, 스마트폰을 희미한 기억 속에 묻어 버릴 영광과 혁신으로 충만한 눈부신 도성을 향해 나아가라고 부름 받았다.

감사의 말

스마트폰 시대를 지혜롭게 살려면 엄청나게 복잡한 이슈들로 뒤엉킨 매듭을 풀어야 합니다. 그러기 위해 나에게는 도움이 필요했습니다. 한 시가 바쁜 과제였기에 많은 그리스도인 지성들이 머리를 맞대고 겸손히 사려 깊은 해법을 향해 나가야 했지요. 이 책은 일단의 벗들이 공헌을 해준 덕분에 세상에 나오게 되었습니다. 친구들 이름은 하나하나 다 언급될 자격이 있습니다(시간이 지남에 따라 책의 오류와 단견이 드러나기도 하겠지만 그것은 다 필자가 감당해야 할 몫입니다).

필자와의 인터뷰를 통해 테크놀로지에 관한 질문들에 흔쾌히 답변해 준 신학자들에게 특별히 감사드립니다. 누구보다도, 존 파이퍼는 〈존 목사에게 물어 보세요〉라는 팟캐스트를 통해 내가 날마다 던진 수백여 가지 실문에 기꺼이 답변해 주었습니다. 존 목사님, 팟캐스트를 위해(그리고 궁극적으로는 이 책 독자들을 위해) 테크놀로지에 관한 많은 질문과 기꺼이 씨름해 주신 수고에 크게 감사드립니다. 목사님께서 모범을 보여 주시는 게 저는 참 좋습니다. 목사님의 우정에도 감사를 드리며, 주해와 신학과 윤리에 관한 일들을 목사님께서 그에 합당한 성실함으로 본을 보여 주신 것에 대해 하나님께 감사합니다.

테크놀로지의 다양한 논제들에 관해 필자와 기꺼이 인터뷰를 해주신 다른 여러 신학자·역사가·철학자·윤리학자·목회자·예술가 분들께도 특별한 감사를 드립니다. 프랜시스 챈, 맷 챈들러, 싱클레어 퍼거슨, 크레이그 게이, 더글러스 그로타이스, 브루스 하인드마쉬, 팀 켈러, 트립 리, 피터 라잇하르트, 리처드 린츠, 올리버 오도너번, 레이 오틀런드, 데이비드 폴리슨, 알레스테어 로버츠, 케빈 벤후저, 데이비드 웰스 등이 바로 그분들입니다(중요 인터뷰를 해주신 모든 분들의 발언을 다 인용하지는 않았지만, 인터뷰 내용은 tonyreinke.com에 다 모아 놓았습니다).

스마트폰과 소셜 미디어는 앞으로도 계속 변화를 멈추지 않을 것이며, 이는 디지털 시대를 사는 그리스도인을 위한 지혜가 기독교 지도자와 자녀를 키우는 부모와 친구들과 지역 교회 간의 지속적 대화를 통해 계속 산출되어야 한다는 의미입니다. 이 책이 여러 새로운 대화에 불꽃을 일으켜 주면 좋겠습니다. 이 책을 두고 나와 의견을 나눠 준 친구들로 조와 실비 오스본은 엄청난 양의 통찰과 비판적 대화를 쏟아 부어 주었고, 존 다이어, 재니스 에번스, 트레이시 프뤼아우프, 글로리아 퍼먼, 재스민 홈스, 브레드 리틀존, 데이비드 머리, 킴 캐시 테이트, 리즈 원도 마찬가지였습니다. 모두에게 감사드립니다.

주 편집자 네 분 알레스테어 로버츠, 폴 맥스웰, 존 비커리, 브라이언 드와이어에게도 감사를 드립니다. 특히 드와이어는 연구자에게는 최고의 친구로서, 테크놀로지 관련 논문들을 능수능란하게 다룰 줄 아는 그에게 값을 따질 수 없는 도움을 받았습니다.

책이 나오기까지 각 단계마다 연이어 탁월한 능력을 발휘해 주신 크로스웨이 출판사 담당 팀원 모두에게도 두루 감사를 드리며, 이 프로젝트가 빛을 볼 수 있게 해준 조언자이자 친구인 저스틴 테일러에게 특히 고마움을 전합니다. 원고를 지혜롭게 편집해 주고 전략적으로 교열해 주어 책의 모든 페이지 하나하나를 풍성하게 만들어 준 그

레그 베일리에게 감사를 드립니다. 당신과 함께 일할 수 있어서 영광이었고 탁월한 편집 능력에서 많은 유익을 누렸습니다.

소중한 나의 세 아이, 존과 크리스타벨, 버니언에게도 감사한다. 조용히 책을 쓸 때면 너희들에게 말을 걸고 있는 상상을 자주 했단다. 아니, 좀 더 정확히 말해 미래의 너희 자신에게 이야기를 하는 상상을 했지. 그래서 책을 쓰는 동안 아빠를 지지해 주고 사랑해 준 데 대해 너희에게(현재의 너희 자신에게) 감사하고 싶고, 이 책을 읽어 준 것에 대해 너희에게(미래의 너희에게) 인사를 전하며 감사하고 싶다. 사랑한다, 얘들아.

누구보다도, 내게 주신 은혜에 대해 내 구주와 내 하나님께 감사를 드립니다. 그리고 다음 순서로, 캐럴리 당신에게도 감사합니다. 어쩌면 나는 헌정이란 게 어떤 효과를 내는지 잘 모르는 것일 수도 있습니다. 이 책이 벌써 당신에게 헌정하는 세 번째 책인데, 당신보다 더 자격 있는 다른 사람이 도무지 떠오르지 않으니 말입니다. 당신은 나를 믿어 주고, 헤아릴 수 없이 여러 가지 방식으로 내 수고를 지지해 주고, 모든 문장 하나하나를 대단한 솜씨로 손 봐 주어서 내가 하려고 하는 말에 의미가 통할 수 있게 해주었습니다. 내가 책을 쓸 수 있는 것은 오직 당신이 내 옆에 있어 주는 덕분입니다.

미주

책머리에

1) Mic Wright, "The Original iPhone Announcement Annotated: Steve Jobs' Genius Meets Genius," The Next Web, thenextweb.com (Sept. 6, 2015).
2) Jacob Weisberg, "We Are Hopelessly Hooked," *The New York Review of Books* (Feb. 25, 2016).
3) 이 책은 스마트폰의 매혹적 역사를 상세히 설명하기에는 너무 짧다. 이 역사에 대해서는 Majeed Ahmad, *Smartphone: Mobile Revolution at the Crossroads of Communications, Computing and Consumer Electronics* (North Charleston, SC: CreateSpace, 2011)을 보라.
4) Lisa Eadicicco et al., "The 50 Most Influential Gadgets of All Time," *Time magazine* (May 3, 2016).
5) David Pierce, "iPhone Killer: The Secret History of the Apple Watch," Wired (April 2015).
6) 2010년, 애플이 그 혁신적 태블릿(아이패드)을 발매한 직후, 한 기자가 잡스에게 물었다. "그러면, 자녀분들도 아이패드를 분명 좋아하겠네요?" 그러자 잡스는 대답했다. "우리 아이들은 아이패드를 쓰지 않습니다. 우리는 아이들이 집에서 테크놀로지를 활용하는 시간에 대해 제한을 둡니다." Nick Bilton, "Steve Jobs Was a Low-Tech Parent," *The New York Times* (Sept. 10, 2014). 나중에 애플의 디자인 담당 부사장 조너선 아이브도 열 살 된 쌍둥이 아들들에게 "폰 사용 시간과 관련해 엄격한 규칙"을 정해 두었다고 시인했다. Ian Parker, "The Shape of Things to Come," *The New Yorker* (March 2, 2015).
7) David Wells, *God in the Whirlwind: How the Holy-love of God Reorients Our World* (Wheaton, IL: Crossway, 2014).
8) David Wells, 필자와의 전화 인터뷰에서(July 9, 2014).
9) Jacques Ellul, *The Technological Bluff* (Grand Rapids, MI: Eerdmans, 1990), 60.
10) Oliver O'Donovan, 필자와의 e-메일 인터뷰에서(Feb. 10, 2016).
11) Clive Thompson, *Smarter Than You Think: How Technology Is Changing Our Minds for the Better* (New York: Penguin, 2013), Steven Johnson, *Everything Bad Is Good for You: How Today's Popular Culture Is Actually Making Us Smarter* (New York: Riverhead Books, 2006).
12) Nicholas Carr, *The Shallows: What the Internet Is Doing to Our Brains* (New York: W. W. Norton, 2011), Mark Bauerlein, *The Dumbest Generation: How the Digital Age Stupefies Young Americans and Jeopardizes Our Future (Or, Don't Trust Anyone Under 30)* (New

York: TarcherPerigee, 2009).
13) Andy Crouch, *Strong and Weak: Embracing a Life of Love, Risk & True Flourishing* (Downers Grove, IL: InterVarsity Press, 2016), 87.
14) Seneca, *Letters from a Stoic: Epistulae Morales ad Lucilium*, trans. Robin Campbell(New York: Penguin, 2015), 67.
15) 잠언 3:5-8; 12:15; 26:12.
16) 야고보서 5:12.
17) Tony Reinke, "Walk the Worldwide Garden: Protecting Your Home in the Digital Age," Desiring God, desiringGod.org (May 14, 2016).
18) 나는 565주 동안 블로그를 운영했고, 트위터와 페이스북에 각각 441주 동안 글을 올렸으며, 인스타그램은 248주 동안 이용했다.
19) "바퀴가 발의 확장이고, 도구는 손과 등과 팔의 확장이라면, 전자기학electromagnetism은 인간의 신경 조직 확장이 과학기술로 표현된 것이라 볼 수 있으며, 주로 정보처리 시스템 역할을 한다." Marshall McLuhan, 영상 인터뷰, "The Future of Man in the Electric Age," marshallmcluhanspeaks.com (BBC, 1965). 이 책 전체를 통해 나는 몸으로 실체화된 embodied 삶과 몸으로 실체화되지 않은disembodied 삶으로 우리 삶을 구별할 텐데, 이 표현은 엄밀한 조건이 아니라 유용한 대조 용어로 쓰일 것이다. 물론, 폰에 관한 한 우리는 늘 몸을, 즉 눈과 엄지손가락과 귀와 뇌와 심지어 신경조직을 이용해 실체가 없는 전파를 감지한다. 위 용어들의 유용함은 나중에 폰이 우리 몸의 건강에 끼치는 영향을 설명하는 부분에서 더욱 명쾌하게 드러날 텐데, 우리는 흔히 이를 간과한다. 이 용어들은 몸으로 실체화된 삶을 대조적으로 돋보이게 하는 역할도 할 것이며, 몸으로 실체화된 삶이란 우리의 인격을 구성하는 모든 요소들, 즉 마음·몸·영혼·감정 등이 나타나고 활용되는(대면하여 나누는 대화에서처럼) 시나리오와 관련해 내가 쓰는 용어다.
20) N. D. Wilson's address, "Words Made Flesh: Stories Telling Stories and the Russian Dolls of Divine Creativity," Vimeo, vimeo.com (April 25, 2015)에서 인용한 비유.
21) J. K. Rowling, *Harry Potter and the Sorcerer's Stone* (New York: Scholastic, 1998). 207-8.
22) James K. A. Smith, *You Are What You Love: The Spiriutal Power of Habit* (Grand Rapids: Brazos, 2016). 27-38에 생생하게 묘사된 우리 마음의 이 현실이 뇌리를 떠나지 않는다.
23) 로마서 8:32

서론

1) 창세기 2:10-14.
2) 요한계시록 21:18-21.
3) 이 불가피성은 역사가들이 말하는 '복수의 발견multiple discovery' 혹은 '동시 발명simultaneous inventions' 개념을 설명해 준다. Clive Thompson, *Smarter Than You Think: How Technology Is Changing Our Minds for the Better* (New York: Penguin, 2013), 58-66을 보라.
4) 창세기 3:1-24.
5) 창세기 49:5; 사사기 1:19; 4:3.
6) 역대상 15:16; 23:5.

7) 베드로전서 3:3-4; 디모데전서 2:9; 요한계시록 17:4-5.
8) 창세기 11:1-9.
9) 창세기 11:5.
10) 사도행전 2:1-13.
11) Martin Hengle, *Crucifixion* (Minneapolis: Fortress Press, 1977).
12) 사도행전 3:15; 2:23.
13) 골로새서 2:15.
14) Martin M. Olmos, "God, the Hacker: Technology, Mockery, and the Cross," Second Nature, secondnaturejournal.com (July 29, 2013).
15) 이사야 1:22-25; 예레미야 6:27-30; 시편 119:119. Paula McNutt, *The Forging of Israel: Iron Technology, Symbolism and Tradition in Ancient Society* (Sheffield, England: Bloomsbury T&T Clark: 2009)도 보라. 우리는 성경이 마무리될 때까지 하나님께서 새로운 테크놀로지 은유를 만들어 내셨다고 말해야 할 것이다.
16) 요한복음 14:1-7; 사도행전 7:49-50; 히브리서 9:11-28.
17) Monica Anderson, "Technology Device Ownership: 2015," Pew Research Center, pew internet.org (Oct. 29, 2015).
18) Jacques Ellul, *The Technological Bluff* (Grand Rapids, MI: Eerdmans, 1990), 384-400.
19) Andrew Perrin, "One-Fifth of Americans Report Going Online 'Almost Constantly,'" Pew Research Center, pewinternet.org (Dec. 8, 2015).

1장

1) Jacob Weisberg, "We Are Hopelessly Hooked," *The New York Review of Books* (Feb. 25, 2016).
2) 이는 desiringGod.org 독자들을 대상으로 소셜 미디어 채널을 통해 온라인으로 시행한 비과학적 조사였다(2015년 4월). 조사 결과에 대해서는 이 책 후반에서 다시 이야기하겠다.
3) James Stewart, "Facebook Has 50 Minutes of Your Time Each Day. It Wants More," *The New York Times* (May 5, 2016).
4) Rebecca Strong, "Brain Scans Show How Facebook and Cocaine Addictions Are the Same," BostInno, bostinno.streetwise.co (Feb. 3, 2015).
5) Leslie Reed, "Digital Distraction in Class Is on the Rise," Nebraska Today, news.unl.edu (Jan. 15, 2016).
6) Oliver O'Donovan, *Ethics as Theology, vol. 2, Finding and Seeking* (Grand Rapids, MI: Eerdmans, 2014), 45.
7) 로마서 12:16.
8) Blaise Pascal, *Thoughts, Letters, and Minor Works*, ed. Charles W. Eliot, trans. W. F. Trotter, M. L. Booth, and O. W. Wight (New York: P. F. Collier & Son, 1910), 63.
9) Ibid., 52.
10) Ibid., 53.
11) Ibid., 55.

12) Peter Kreeft, *Christianity for Modern Pagans: Pascal's Pensées Edited, Outlined, and Explained* (San Francisco: Ignatius, 1993), 168-69.
13) Andrew Sullivan, "I Used to Be a Human Being," *New York magazine* (Sept. 18, 2016).
14) Derek Rishmawy, "Forget Me Not (Twitter and the Fear of Death)," *Reformedish*, derek zrishmawy.com (April 6, 2016).
15) René Descartes, *The Philosophical Works of Descarte*, trans. E. S. Haldane and G. R. T. Ross (New York: Cambridge University Press, 1970), 101.
16) Kevin Vanhoozer, 필자와의 이메일 인터뷰에서(Feb. 26, 2016).
17) Donna Freitas, *The Happiness Effect: How Social Media Is Driving a Generation to Appear Perfect at Any Cost* (New York: Oxford University Press, 2017), 33.
18) 시편 39:4-5.
19) 시편 90:12.
20) Douglas Groothuis, 필자와의 전화 인터뷰에서(July 3, 2014).
21) Bruce Hindmarsh, 필자와의 전화 인터뷰에서(March 12, 2015).
22) Horst Robert Balz and Gerhard Schneider, *Exegetical Dictionary of the New Testament* (Grand Rapids, MI: Eerdmans, 1990), 2:409.
23) 마태복음 13:22; 마가복음 4:19; 누가복음 8:14.
24) 누가복음 10:38-42.
25) 누가복음 21:34-36.
26) 고린도전서 7:32-35.
27) 고린도전서 7:1-5.
28) 마태복음 19:4-6; 디모데전서 4:1-5.
29) 에베소서 5:22-33.
30) 요한계시록 19:6-10.
31) 마가복음12:25; 고린도전서 7:29. 고린도전서 7장의 결혼· 이혼· 독신에 관한 복합적 질문에서, 대답은 반드시 "복음의 우선순위 및 종말론 시대의 여명이 밝아오고 종말이 예견됨으로써 생겨난 변화된 시각의 맥락에서 빚어져" 나와야 한다. D. A. Carson, sermon, "The Gospel of Jesus Christ; 1 Cor. 15:1-19," The Gospel Coalition, thegospelcoalition.org (May 23, 2007).
32) 마태복음 24:36-25:13; 데살로니가전서 5:1-11.
33) 고린도전서 7:29.
34) 마태복음 24:42; 고린도전서 16:13; 골로새서 4:2.
35) 로마서 13:11-14.
36) John Owen, *Meditations and Discourses on the Glory of Christ*, in *The Works of John Owen*, ed. William H. Goold (Edinburgh: Banner of Truth Trust, 1965), 1:277-79, 402-3을 보라. 이생은 흔히 우리가 자기 사랑· 세속성· 끝없는 염려와 불안, 그리고 "관계를 지나치게 중시하는 태도"(소셜 미디어를 생각해 보라)와 싸우는 곳으로서, 이곳에서 우리 영혼은 이와 대조적으로 "그리스도와 그분의 영광에 대한 잠잠한 묵상"으로 먹임 받아야 한다(1:403).
37) Tracy Fruehauf, "Airing My Dirty Laundry," *One Frue Over the Cuckoo's Nest*, onefrueoverthecuckoosnest.com (Aug. 18, 2015).
38) 마태복음 12:43-45; 누가복음 11:24-26.

39) Trip Lee, 스카이프를 통한 필자와의 인터뷰에서 자신의 곡 "iLove"를 설명하면서(March 25, 2015). 동일한 은유가 Freitas, *The Happiness Effect*, 224에도 등장한다.
40) Tim Keller (@timkellernyc), Twitter, twitter.com (Dec. 31, 2013).

2장

1) Johnathon P. Ehsani, C. Raymond Bingham, Edward Ionides, and David Childers, "The Impact of Michigan's Text Messaging Restriction on Motor Vehicle Crashes," *Journal of Adolescent Health* (Jan. 3, 2014).
2) Matt Richtel, *A Deadly Wandering: A Mystery, a Landmark Investigation, and the Astonishing Science of Attention in the Digital Age* (New York: William Morrow, 2015).
3) itcanwait.com.을 보라.
4) 신명기 19:4-10.
5) 마태복음 22:37-40을 보라.
6) 누가복음 10:29-37.
7) 요한일서 4:20.
8) Alastair Roberts, "Twitter Is Like Elizabeth Bennet's Meryton," *Mere Orthodoxy*, mereorthodoxy.com (Aug. 18, 2015).
9) Nick English, "Anger Is the Internet's Most Powerful Emotion," Greatist, greatist.com(Sept. 18, 2013).
10) Matthew Shaer, "What Emotion Goes Viral the Fastest?" *Smithsonian* (April 2014).
11) 로마서15:32; 디모데후서 1:4. 이는 데살로니가전서 2:19-20의 종말론적 소망에 뿌리를 두고 있다.
12) Douglas Groothuis, 필자와의 전화 인터뷰에서(July 3, 2014).
13) 요한일서 3:18.
14) 고린도전서 12:12-31.
15) 로마서 16:16; 고린도전서 16:20; 고린도후서 13:12; 데살로니가전서 5:26; 베드로전서 5:14.
16) 히브리서 10:24-25.
17) 로마서 6:1-11.
18) 고린도전서 11:17-34.
19) 고린도후서 4:10-11; 요한일서 3:16.
20) 고린도전서 15:14.
21) Medri Kinnon Productions, "N. T. Wright on Blogging and Social Media," Vimeo, vimeo.com(July 20, 2009).

3장

1) 흠잡기 좋아하는 이들은 이것이 대중의 관심을 끌러는 홍보 전략이라고 말한다. 하지만 이 경우 나는 에세나의 말을 그대로 믿는다.

2) Megan McCluskey, "Instagram Star Essena O'Neill Breaks Her Silence on Quitting Social Media," *Time magazine* (Jan. 5, 2016).
3) Essena O'Neill, "Dear 12 Year Old Self (re-upload)," YouTube, youtube.com (Nov. 8, 2015).
4) Ibid.
5) Essena O'Neill, "Social Media Addiction and Celebrity Culture," letsbegamechangers.com (Oct. 30, 2015). 이하의 발언은 이 책 집필 당시 에세나의 웹사이트 letsbegamechangers.com에서 인용했다. 이 사이트는 책 발간 직전 폐쇄됐다. 관심 있는 독자들은 web.archive.org를 통해 letsbegamechangers.com을 검색해서 인용문을 찾아볼 수 있다.
6) Essena O'Neill, "Liked," letsbegamechangers.com (날짜 미상).
7) "내가 인터뷰한 학생들 중 불안감으로 고통당하는 아이들, 자신의 사회적 지위에 대해 불안해하고, 남들에게 어떻게 보일까 초조해 하는 아이들은 소셜 미디어에 깊이 빠져들고 있는 아이들이다." Donna Freitas, *The Happiness Effect: How Social Media Is Driving a Generation to Appear Perfect at Any Cost* (New York: Oxford University Press, 2017), 20.
8) Jasmine, "The Financial Confessions: 'My "Perfect" Life on Social Media Is Putting Me in Debt,'" The Financial Diet, thefinancialdiet.com (April 12, 2015). 그런데 여기 숨은 문제점이 있다. 온라인에서 명성이 높아지면 문제가 줄어드는 게 아니라 오히려 재정적으로 더 힘들어진다는 것이다. 어떤 이는 이렇게 말한다. "소셜 미디어의 유명 스타들 중에는 너무 눈에 잘 띄어서 '실질적' 직업을 갖지 못하지만, 파산 상태가 너무 심해 직업을 안 가질 수 없는 이들이 많다." Gaby Dunn, "Get Rich or Die Vlogging: The Sad Economics of Internet Fame," *Fusion*, fusion.net (Dec. 14, 2015).
9) Daniel J. Boorstin, *The Image: A Guide to Pseudo-Events in America* (1961; repr., New York: Vintage, 1992), 45–76.
10) Ibid.
11) Olivia Laing, *The Lonely City: Adventures in the Art of Being Alone* (New York: Picador, 2016), 245.
12) Tony Reinke, "Selfies and Polaroids of Intimacy: Andy Warhol and My Smartphone," Desiring God, desiringGod.org (April 7, 2016)을 보라.
13) Laing, *The Lonely City*, 243–44.
14) Alastair Roberts, 필자와의 이메일 인터뷰에서 (Jan. 23, 2016).
15) Alastair Roberts (@zugzwanged), Twitter, twitter.com (Jan. 18, 2016).
16) Roberts, 필자와의 이메일 인터뷰에서 (Jan. 23, 2016).
17) Alastair Roberts, "Twitter Is Like Elizabeth Bennet's Meryton," *Mere Orthodoxy*, mereorthodoxy.com(Aug. 18, 2015).
18) Roberts, 필자와의 이메일 인터뷰에서 (Jan. 23, 2016).
19) NFL의 수석 코치 션 페이튼은 코치 생활을 하면서 가장 힘든 문제가 무엇이냐는 질문에 소셜 미디어와 온라인 축구fantasy football를 가리켰다. 소셜 미디어 때문에 개별 선수들의 성적이 팀의 성적과 별개의 것이 되고, 온라인 축구 때문에 성적이 뛰어난 선수와 성적이 저조한 선수가 끊임없이 과대 포장된다. 팀 미팅 때 선수들은 얼른 폰을 확인하고 싶어 안달을 한다. "Sean Payton: That's the Biggest Challenge as a Coach in Today's Game . . . ," Coaching Search, coachingsearch.com (Feb. 21, 2016)을 보라.

20) Suzanne Franks, "Life Before and After Facebook," *The Guardian* (Jan. 3, 2015)을 보라.
21) 히브리서 10:24-25.
22) Oliver O'Donovan, 필자와의 이메일 인터뷰에서(Feb. 10, 2016).
23) 히브리서 1:2; 9:26.
24) 요한복음 5:41-45.
25) John Piper, 스카이프를 통한 필자와의 인터뷰에서, "Gospel Wisdom for Approval Junkies"라는 제목으로 Desiring God, desiringGod.org (March 15, 2016)에 게시됨.
26) 로마서 2:29.
27) 고린도후서 10:18.
28) 데살로니가전서 2:3-5.
29) Roberts, 필자와의 이메일 인터뷰에서(Jan. 23, 2016).
30) John Piper, 스카이프를 통한 필자와의 인터뷰에서, "Incentives to Kill My Love of Human Praise,"라는 제목으로 Desiring God, desiringGod.org (Aug. 25, 2014)에 게시됨.
31) Alastair Roberts, 필자와의 이메일 인터뷰에 (Feb. 22, 2016). 허락 아래 게재.
32) 로마서 2:28-29.
33) 로마서 2:6-11.

4장

1) 이 장에서 나는 그리스도인의 삶에서 독서의 가치를 주장하려 하며, 다소 간략하게 다룰 생각이다. 책 사랑에 대해 좀 더 깊이 있는 논의를 보려면 필자의 저서 *Lit! A Christian Guide to Reading Books* (Wheaton, IL: Crossway, 2011)을 보라.
2) desiringGod.org 독자들을 대상으로 소셜 미디어 채널을 통해 온라인에서 시행한 비과학적 조사(April 2015).
3) David Brooks, "Building Attention Span," *The New York Times* (July 10, 2015), 강조는 필자.
4) Matthew Crawford, *The World beyond Your Head: On Becoming an Individual in an Age of Distraction* (New York: Farrar, Straus and Giroux, 2015), 16-17.
5) Maria Konnikova, "Being a Better Online Reader," *The New Yorker* (July 16, 2014), Rakefet Ackerman and Morris Goldsmith, "Metacognitive Regulation of Text Learning: On Screen versus on Paper," *Journal of Experimental Psychology: Applied* (March 17, 2011), 18-32를 요약.
6) Clive Thompson, *Smarter Than You Think: How Technology Is Changing Our Minds for the Better* (New York: Penguin, 2013), 135.
7) Oliver O'Donovan, 필자와의 이메일 인터뷰에서 (Feb. 10, 2016).
8) Nicholas Carr, *The Shallows: What the Internet Is Doing to Our Brains* (New York: W. W. Norton, 2011), 7.
9) Trip Lee, 스카이프를 통한 필자와의 인터뷰에서 (March 25, 2015).
10) John Dyer, "Print Bibles Vs. Digital Bibles: Comparing Engagement, Comprehension, and Behavior," 미간행 원고 (March 2016). 그의 연구는 애커먼과 골드스미스의 발견을 확인

해 주기도 한다.
11) Scott R. Swain, *Trinity, Revelation, and Reading: A Theological Introduction to the Bible and Its Interpretation* (London; New York: T&T Clark, 2011), 95.
12) Brad Littlejohn, "The Seven Deadly Sins in a Digital Age: 4. Sloth," Reformation 21, reformation21.org (November 2014).
13) Ibid.
14) John Piper, 개인적인 대화에서 (March 18, 2016). 허가 받고 게재.
15) 베드로후서 3:15-16과 "읽지 못하였느냐"는 예수의 말씀(마 12:3-7; 19:4; 19:4-5; 22:31)이 사례에 포함된다.
16) Daniel M. Doriani, "Take, Read," in *The Enduring Authority of the Christian Scriptures*, ed. D. A. Carson (Grand Rapids, MI: Eerdmans, 2016), 1123-24.
17) Oliver O'Donovan, *Ethics as Theology*, vol. 2, *Finding and Seeking* (Grand Rapids, MI: Eerdmans, 2014), 133.
18) C. S. Lewis, *God in the Dock* (New York: HarperOne, 1994), 220.
19) C. Christopher Smith, *Reading for the Common Good: How Books Help Our Churches and Neighborhoods Flourish* (Downers Grove, IL: InterVarsity Press, 2016), 27-28.
20) 시편 119편은 순종에 관한 길고도 풍성한 시로, 마음의 충만함, 즐거움, 기쁨, 경외, 찬양, 노래의 언어가 실려 있다. 순종의 열쇠는 단순히 하나님의 율법을 읽는 게 아니라 율법을 주신 분과 그분께서 우리에게 주신 말씀 안에서 마음이 기쁨으로 충만해지는 것이다. 우리 마음이 하나님 중심의 애정으로 충만해지는 것이 죄에 대한 방어막이다.

5장

1) 『보스턴 글로브』지의 사진부 차장 존 블랜딩John Blanding이 2015년 9월 16일에 이 사진을 찍었다. 사진을 보려면 Emily Anderson, "This Boston Globe photo is perfect," BDCwire, bdcwire.com (Sept. 28, 2015)을 보라. 조니 뎁이 이 영화 《블랙 매스Black Mass》 (2015, 청소년 관람불가)의 주연 배우였으며, 이 영화는 사우스 보스턴의 악명 높은 조직폭력단 두목이자 살인범으로 후에 자신의 죄를 깨닫게 된 휘트니 벌저Whitey Bulger(1929-)를 그린 영화다.
2) 창세기 1:1-31; 히브리서 11:3.
3) 요한계시록 22:5.
4) 창세기 1:1-31; 히브리서 11:3.
5) 창세기 3:14-19; 로마서 8:18-25.
6) 로마서 1:18-23.
7) 요한복음 1:1-18; 고린도후서 4:4-6; 골로새서 1:15-20; 2:1-8; 히브리서 1:1-3.
8) 로마서 1:18-23; 디모데전서 4:1-5.
9) 더글라스 윌슨Douglas Wilson: "창조 세계는 원래 창조주에게 영광을 돌리라는 의미의 선물입니다. 그리스도인이라면 누구나 이 점에 동의하지요. 다만 여러 세대에 걸쳐 그리스도인들은 각각 다른 부분에 의구심을 품어 왔습니다. C. S. 루이스와 아우구스티누스의 예를 들어 보지요. 나는 두 사람을 다 좋아합니다. 하지만 맥주 한 잔을 함께 마실 사람으로는 루이스를 택하겠습니다. 루이스라면 정말 맛있는 맥주를 주문해 줄 것입니다. 왜냐하면 만사에 가득히 스며들어 있는 자

신의 하나님 이해로 볼 때 그 맥주가 정말 맛있는 맥주임을 알기 때문이지요. 루이스가 보기에, 깊고 짙은맛 맥주처럼 피조물이 우리에게 주는 농밀한 기쁨은 하나의 우상, 하나님의 라이벌이 될 수도 있는 한편, 이 기쁨은 원래 하나님에 관한 하나님의 설교로서 우리에게 주어진 것입니다. 설교를 소홀히 하고는 설교자를 존중할 수 없지요. 반면 아우구스티누스라면 아마 맥주가 묽어야 취기가 덜해서 예수님 생각을 더 많이 하는 데 도움이 될 거라 여길 테지요. 우리가 진짜로 은혜 안에서 진보하면 물을 마셔도 아마 맥주 마셨을 때와 동일한 효과에 이를지 모른다고 하면서 말입니다. 내가 아우구스티누스의 구두 닦는 소년이 될 만한 자격도 없다는 것을 충분히 인식하고 하는 말입니다. 그러므로, 농밀한 기쁨을 주는 창조세계에 올바로 접근하는 게 창조주를 더 온전히 높이는 태도입니다. 우리는 하나님의 영광에 대한 그릇된 열심으로 하나님의 작품에 물을 타서 희석시키려 하지 말고 하나님께서 주신 그대로 하나님의 작품을 높여야 합니다." 필자에게 온 이메일(July 1, 2016). 허가받고 게재. 의도했든 안 했든, 알콜 농도에 관한 윌슨의 예화는 예수님의 첫 번째 기적에서 볼 수 있는 신적 영광의 현시顯示와 일치한다(요 2:1–11). 예수께서는 잔치용 포도주를 물로 변화시킴으로써가 아니라 정결례에 쓰는 물을 변화시켜 희석하지 않은 진한 잔치용 포도주를 만드심으로써 자신의 주권적 능력을 펼쳐 보이셨고, 이 "좋은 포도주"는 사람들의 관심을 끌었다. 물이 포도주로 변화하는 피조물의 농밀화는 그리스도의 영광을 가리지 않았을 뿐만 아니라 오히려 그 영광을 드러냈다. Douglas Wilson, "Creation Is Thick, I Tell You," *Blog & Mablog*, dougwils.com (May 16, 2010); and Joe Rigney, *The Things of Earth: Treasuring God by Enjoying His Gifts* (Wheaton, IL: Crossway, 2014), 74, 95–115도 보라.

10) 시편 16편; 잠언 5:18–19; 전도서 9:9.
11) 헤르만 바빙크: "은혜의 역사를 통해 하나님께서 우리에게 말씀하시는 소리를 듣지 못한다면, 그리하여 자연의 일들 가운데서 우리에게 말씀하시는 하나님의 음성을 분별하지 못한다면, 우리는 다 이방인과 같다 할 것이니, 자연이 이방인들에게는 혼잡한 언어의 불협화음으로 말하기 때문이다." *Reformed Dogmatics, vol. 2, God and Creation* (Grand Rapids, MI: Baker Academic, 2008), 75.
12) 로마서 8:32.
13) 고린도전서 2장.
14) 요한복음 1:3, 10; 고린도전서 8:6; 골로새서 1:16; 히브리서 1:2.
15) 요한일서 3:2; 시편 16편 16.
16) 로마서 11:36; 고린도전서 8:4–6; 갈라디아서 6:14.
17) 로마서 1:18–32.
18) Donna Freitas, *The Happiness Effect: How Social Media Is Driving a Generation to Appear Perfect at Any Cost* (New York: Oxford University Press, 2017), 4.
19) Jeff Jacoby, "Free Your Eyes from the Shackles of the Shutter," *The Boston Globe* (Oct. 4, 2015).
20) 창세기 3:4–5.
21) 시편 37:11; 마태복음 5:5; 25:21; 고린도전서 3:21–23; 디모데후서 2:12; 야고보서 2:5; 요한계시록 2:26; 5:10.
22) 로마서 8:18; 베드로전서 5:1.
23) 빌립보서 3:19.
24) 사업가 셋 고딘Seth Godin: "소셜 미디어는 당신을 더 훌륭한 사람으로 만들어 주려고 발명된 게

아니라, 당신을 이용해 회사가 돈을 벌려고 발명되었다. 소셜 미디어 때문에 당신은 그 회사의 고용인이 된다. 당신은 그 회사가 판매하는 제품이다. 회사는 당신을 햄스터처럼 쳇바퀴에 가둬 놓고 특별한 기쁨을 이따금 한 번씩 던져 준다... 대형 소셜 미디어 회사는 엄청난 가치를 창출하는 아주 중요하고 유익한 공공재였다가 이제는 주가를 계속 올려야 한다는 압박을 받고 있는 주식회사가 되어 가고 있다." Tim Ferriss, *The Tim Ferriss Show* podcast, "How Seth Godin Manages His Life—Rules, Principles, and Obsessions," The 4-Hour Workweek, fourhourworkweek.com (Feb. 10, 2016). 유비를 좀 더 전개해 보자면, 햄스터 쳇바퀴는 톱니바퀴이기도 해서, 다른 햄스터 쳇바퀴의 톱니와 맞물려 돌아간다. 햄스터 한 마리가 달리면 다른 모든 쳇바퀴도 다 돌아가기 시작하고 다른 햄스터들도 다 달리지 않을 수 없다. 소셜 미디어의 위력(그 상호관계성)은 맞물린 기계 하나를 회전시키는 힘을 발생시키고, 이 기계는 한번 돌아가기 시작하면 속도의 변화는 있을지 몰라도 점점 인정사정없어진다. 기계는 멈추지 않을 것이다. 햄스터들은 다 달려야 한다.

25) 빌립보서 4:8.
26) Oliver O'Donovan, *Ethics as Theology, vol. 2, Finding and Seeking* (Grand Rapids, MI: Eerdmans, 2014), 83, 87
27) Andy Crouch, "Small Screens, Big World," *Andy Crouch*, andy-crouch.com (April 8, 2015).
28) 존 밀턴의 서사시 『실낙원』에서 사탄을 움직이는 동인動因을 C. S. 루이스가 요약한 말. 천국과 지옥, 그리고 전 우주를 두루 다녀본 사탄은 마침내 자기 자신에게만 집중하게 된다. 그리고 그것은 빠져나올 수 없는 무한한 권태였다. 작은 동산에 태어난 아담은 곧 창조 세계에 대한 외경과 경이에 휩싸여, 그 모든 것의 장엄함 가운데서 자기 자신은 거의 잊어버린 것처럼 보인다. C. S. Lewis, *A Preface to Paradise Lost* (London: Oxford University Press, 1961), 101-3을 보라.
29) Joshua Rogers, "Five Questions with Author Andy Crouch," *Boundless*, boundless.org (June 15, 2015).
30) 히브리서 4:12-13.
31) 마가복음 4:1-20.
32) Langdon Winner, *Autonomous Technology: Technics-out-of-Control as a Theme in Political Thought* (Cambridge, MA: MIT Press, 1977)을 보라.
33) 고린도전서 6:12-13; 10:23.
34) 마태복음 12:36.
35) 야고보서 3:1-12.
36) C. S. Lewis, *The Weight of Glory: And Other Addresses* (New York: HarperOne, 2001), 45.
37) Ibid., 46, 강조는 원문.
38) 모방 욕구가 지니는 힘에 관하여, René Girard, *Deceit, Desire, and the Novel: Self and Other in Literary Structure* (Baltimore: Johns Hopkins Press, 1965), and *Theater of Envy: William Shakespeare* (New York: Oxford University Press, 1991)을 보라.
39) David Platt, 설교, "The Urgency of Eternity," Radical, radical.net (March 10, 2013).
40) 시편 64:8; 140:9; 잠언 10:14; 12:13; 13:3; 14:3; 18:6-7, 20-21; 전도서 10:12-14.
41) 고린도전서 15:9; 디모데전서 1:15.

42) 잠언 10:19; 11:12; 12:23; 13:3; 15:28; 17:27-28; 18:13; 21:23; 29:20.
43) 디도서 3:1-11.
44) 에베소서 4:29를 보라.

6장

1) Sherry Turkle, *The Second Self: Computers and the Human Spirit* (Cambridge, MA: MIT Press, 2005).
2) Timothy Keller, 설교, "Built Together; Redeemer's Organization Service," Gospel in Life, \ (June 2, 1991).
3) Richard Lints, 필자와의 인터뷰에서, "Why We Never Find Our Identity Inside of Ourselves," Desiring God, desiringGod.org (Aug. 31, 2015).
4) 로마서 1:18-27.
5) 시편 115:4-8; 135:15-18.
6) Jacques Ellul, *The Technological Bluff* (Grand Rapids, MI: Eerdmans, 1990), 382.
7) 로마서 12:1-2; 고린도후서 3:18; 골로새서 3:10.
8) 고린도후서 4:4.
9) 로마서 5:8.
10) 고린도후서 3:18; 요한일서 3:2-3; 고린도전서 15:42-49.
11) 케이티 쿠릭: "내가 생각하기에 요즘 우리는 인스타그램을 신경 써서 꾸미고, 재기 넘치는 게시물을 올리고, 완벽한 사진을 찍어 올리고, '좋아요'와 즐겨찾기와 팔로워와 친구 숫자 등을 헤아리면서 외부의 인정을 받는 일에 너무 많은 시간을 쓰는 나머지 나는 누구인가, 나는 옳은 일을 하고 있는가, 나는 어떤 부류의 사람이 되고 싶으며 지금 그런 사람이 되어 있는가, 등과 같은 중요한 질문을 쉽게 회피하고 만다." "Katie Couric to Grads: Get Yourself Noticed," *Time magazine* (May 18, 2015).
12) 창세기 1:26-27; 5:1; 9:6; 야고보서 3:9.
13) John Piper, 스카이프를 통한 필자와의 인터뷰에서, "What Does It Mean to Be Made in God's Image?"라는 제목으로 Desiring God, desiringGod.org (Aug. 19, 2013)에 게시됨.
14) John Piper, 설교, "The Story of His Glory," Desiring God, desiringGod.org (Sept. 10, 2008), 강조 추가.
15) 로마서 12:2.
16) Peter J. Leithart, "Techno-god," *First Things*, firstthings.com (Sept. 27, 2012). "우리는 테크놀로지를 계속 포용함으로써 서보 메커니즘servo-mechanisms으로서의 테크놀로지와 스스로 관계를 맺는다. 그것이 바로 우리가 테크놀로지를 활용할 때 이 물건들, 우리 자신의 확장인 이 물건들을 신이나 소수 종교로 섬겨야 하는 이유다." Marshall McLuhan, *Understanding Media: The Extensions of Man* (Cambridge, MA: The MIT Press, 1994), 46.
17) Langdon Winner, *Autonomous Technology: Technics-out-of-Control as a Theme in Political Thought* (Cambridge, MA: MIT Press: 1977), 229.
18) Douglas Groothuis, 필자와의 전화 인터뷰에서 (July 3, 2014).
19) Alan Jacobs, "My Year in Tech," *Snakes and Ladders*, blog.ayjay.org (Dec. 23, 2015).

20) Alan Jacobs, "I'm Thinking It Over," *The American Conservative*, theamericanconservative.com (Jan. 4, 2016).
21) Andrew Sherwood, "The Sweet Freedom of Ditching My Smartphone," *All Things for Good*, garrettkell.com (Jan. 21, 2016).

7장

1) Karim Metwaly, video, "Lonely Homeless Man," YouTube, youtube.com (June 19, 2015).
2) Peter J. Leithart, *Traces of the Trinity: Signs of God in Creation and Human Experience* (Grand Rapids, MI: Brazos, 2015), 17에 인용됨.
3) Ibid.
4) Katie Couric: "소셜 미디어는 아주 멋진 것일 수 있다. 목소리를 내지 못하는 이들에게 목소리를 주고, 전 세계 사람들을 공통의 대의로 묶어 준다. 그런데 이 과정에서 주의할 점이 있다. 쉼 없는 연결성은 고립감과 단절감을 줄 수 있다. 소셜 미디어의 거짓 친밀감에 유혹되지 말라." "Katie Couric to Grads: Get Yourself Noticed," *Time magazine* (May 18, 2015).
5) Stephen Marche, "Is Facebook Making Us Lonely?" *The Atlantic magazine* (May 2012).
6) Ibid.
7) Giles Slade, *The Big Disconnect: The Story of Technology and Loneliness* (Amherst, NY: Prometheus, 2012).
8) Jacques Ellul, *The Technological Bluff* (Grand Rapids, MI: Eerdmans, 1990), 378.
9) Slade, *The Big Disconnect*, 160.
10) Ibid., 10.
11) Egbert Schuurman, *Faith and Hope in Technology* (Toronto: Clements, 2003), 101.
12) Kevin Vanhoozer, 필자와의 이메일 인터뷰에서 (Feb. 26, 2016).
13) 잠언 27:17.
14) Jonathan Franzen, "Sherry Turkle's 'Reclaiming Conversation,'" *The New York Times* (Sept. 28, 2015).
15) Olivia Laing, *The Lonely City: Adventures in the Art of Being Alone* (New York: Picador, 2016), 224.
16) 데살로니가전서 1:2-10.
17) Francis Chan, 필자와의 인터뷰에서 "Dads and Family Leadership," Desiring God, desiringGod.org (Jan. 13, 2015).
18) Sherry Turkle, "Stop Googling. Let's Talk," *The New York Times* (Sept. 26, 2015).
19) Alastair Roberts, 필자와의 이메일 인터뷰에서 (Jan. 23, 2016).
20) desiringGod.org 독자들을 대상으로 소셜 미디어 채널을 통해 온라인으로 시행한 한 비과학적 연구 조사 (April 2015).
21) 이 말은 어떤 메시지에서 발췌되어 표현이 바뀐 뒤 온라인으로 확산된 것이 분명하다. 원 설교가 무엇인지는 알 수 없다. 여기서 내 표현은 이메일을 통해 존 파이퍼에게 확인과 승인을 받았다 (June 2, 2015).
22) 시편 기자에게도 마찬가지였듯이. 시편 5:3; 88:13; 90:14; 119:147-48; 130:6; 143:8.

23) John Flavel, *The Whole Works of the Reverend John Flavel* (London: W. Baynes and Son, 1820), 4:253.
24) 존 파이퍼의 요약, 스카이프를 통한 필자와의 인터뷰에서. "Six Wrong Reasons to Check Your Phone in the Morning: And a Better Way Forward"라는 제목으로 Desiring God, desiringGod.org (June 6, 2015)에 게시됨.
25) Marche, "Is Facebook Making Us Lonely?"
26) C. H. Spurgeon, *The Sword and Trowel: 1878* (London: Passmore & Alabaster, 1878), 136.

8장

1) Andy Crouch, *Strong and Weak: Embracing a Life of Love, Risk and True Flourishing* (Downers Grove, IL: InterVarsity Press, 2016), 86.
2) Kristen Brown, "I Found My Husband in the Ashley Madison Leak," *Fusion*, fusion.net (Aug. 21, 2015).
3) Annalee Newitz, "Almost None of the Women in the Ashley Madison Database Ever Used the Site," *Gizmodo*, gizmodo.com (Aug. 26, 2015).
4) 손쉬운 섹스를 원하는 사용자와 새로운 연인을 찾는 사용자가 자연스럽게 앱을 통해 만나되, 서로 매우 다른 기대를 가지고 만난다. 더 자세한 내용은 Tony Reinke, "Tough and Tinder: Does Easy Sex Make Rude Men?" Desiring God, desiringGod.org (March 12, 2016)을 보라.
5) desiringGod.org 독자들을 대상으로 소셜 미디어 채널을 통해 온라인에서 실시한 비과학적 연구조사 (April 2015).
6) 랍비 슈멀리 보텍과 전직 포르노 스타 파멜라 앤더슨, "Take the Pledge: No More Indulging Porn," *The Wall Street Journal* (Aug. 31, 2016).
7) John Bingham, "How Teenage Pregnancy Collapsed After Birth of Social Media," *The Telegraph* (March 9, 2016).
8) Abigail Haworth, "Why Have Young People in Japan Stopped Having Sex?" *The Guardian* (Oct. 20, 2013).
9) W. Bradford Littlejohn, 강의안, "The Vice of Curiosity in a Digital Age," The Society of Christian Ethics, scethics.org (Jan. 9, 2016).
10) 데살로니가전서 4:3-5.
11) 마태복음 5:27-30.
12) Sinclair Ferguson, 필자와의 전화 인터뷰에서 (Sept. 15, 2016).
13) 고린도전서 4:5.
14) 골로새서 2:13-15.
15) 히브리서 11장.
16) 이는 이사야에서 자주 등장하는 테마로서, 여기서 '바라보다'라는 동사는 우상/하나님, 시각적인 것/믿음, 즉각적인 것/기대되는 것의 범주를 대조하면서 몸으로 보는 것과 영적으로 보는 것(충성)에 동시에 적용된다.

17) 이 원리가 로마서 1:18-32에서 반전되고 있는 점에 주목하라.
18) Alastair Roberts, 필자와의 이메일 인터뷰에서 (Jan. 23, 2016).
19) 믿음·소망·사랑이라는 그리스도인의 우선순위는 어떤 의미에서 보이는 것과 보이지 않는 것을 하나로 묶는다. 사랑으로 우리는 보이는 대상, 이를테면 우리의 이웃에게 가까이 다가간다. 그런데 믿음과 소망으로 우리의 그 사랑은 우리의 이웃이 마지막에 하나님에게서 멀어지거나 혹은 하나님과 화해할 것이며 그것도 영원히 그러할 것이라는 현실에 기초를 두는 게 맞다. 그래서 우리의 사랑이(가시적인) 특별한 색조를 띠는 것은 우리가 이웃에게서 그들은 아마 상상조차 하지 못할 영원성을(비가시적인) 보기 때문이다. 실체가 있는 것/실체가 없는 것, 보이는 것/보이지 않는 것, 만져서 알 수 있는 것/만져서 알 수 없는 것이 하나님의 전체 생태계에서 그 자녀들의 번영을 위해 다 협력한다. 성령, 물, 피가 다 함께 이에 대한 증거가 된다(요일 5:8).
20) 이사야서 55:1-2; 요한복음 6:25-59; 베드로후서 1:3-4; 요한계시록 22:17.
21) 고린도후서 4:17.
22) Kevin Vanhoozer, *Pictures at a Theological Exhibition: Scenes of the Church's Worship, Witness and Wisdom* (Downers Grove, IL: IVP Academic, 2016), 237, 강조는 원문에서.
23) Kevin Vanhoozer, 필자와의 이메일 인터뷰에서 (Feb. 26, 2016).
24) Ibid.
25) 텔레비전과 비디오는 생방송 시청(전통적 텔레비전)에서 주문형 스트리밍(파일 저장형 영화·쇼·스포츠 경기·유튜브 영상)으로, 반半 생방송형 스트리밍(최근 프로그램이나 스냅챗 영상 같은 비디오가 시한이 지나면 삭제되는 것)으로, 이어서 실시간 스트리밍(폰을 통해 스포츠 경기나 텔레비전 프로그램, 개인 라이브 영상을 보는 것)으로 빠르게 변화해 왔다.
26) Clive Thompson, *Smarter Than You Think: How Technology Is Changing Our Minds for the Better* (New York: Penguin, 2013), 83-113을 보라.
27) 베드로전서 1:8-9; 유다서 24-25.
28) James K. A. Smith, *Imagining the Kingdom: How Worship Works* (Grand Rapids, MI: Baker Academic, 2013), 143, 강조는 원문에서.
29) John Piper, 스카이프를 통한 필자와의 인터뷰에서, "When Should I Get Rid of My Smartphone?"라는 제목으로 Desiring God, desiringGod.org (Aug. 25, 2015)에 게시됨. 강조는 필자가.
30) 시편 119:18, 36-37.

9장

1) Clive Thompson, *Smarter Than You Think: How Technology Is Changing Our Minds for the Better* (New York: Penguin, 2013), 47.
2) Neil Postman, *Amusing Ourselves to Death: Public Discourse in the Age of Show Business* (New York: Penguin, 1985), vii-viii.
3) Pope Francis, "Encyclical Letter, Laudato Si' of the Holy Father Francis on Care for Our Common Home," The Holy See, w2.vatican.va (May 24, 2015).
4) Oliver O'Donovan, 필자와의 이메일 인터뷰에서 (Feb. 10, 2016).
5) Cal Newport, *Deep Work: Rules for Focused Success in a Distracted World* (New York:

Grand Central, 2016), 208.
6) Alastair Roberts, 필자와의 이메일 인터뷰에서 (Jan. 23, 2016).
7) Michael Barthel et al., "The Evolving Role of News on Twitter and Facebook," Pew Research Center, journalism.org (July 14, 2015).
8) Oliver O'Donovan, *Ethics as Theology, vol. 2, Finding and Seeking* (Grand Rapids, MI: Eerdmans, 2014), 234. 잠언 25:13, 25과 함께 13:17을 보라.
9) Ibid., 235.
10) Ibid., 237.
11) 전도서 12:12.
12) O'Donovan, 필자와의 이메일 인터뷰에서 (Feb. 10, 2016).
13) 전도서 9:7-9. 디트리히 본회퍼: "확신컨대, 인간관계를 지나치게 장려하면…현실에 어울리지 않는 인간 숭배교에 이르고 만다. 이에 비하여, 여기서 내 말 뜻은 그저 삶에서는 다른 무엇보다도 사람이 우리에게 더 중요하다는 것이다. 이는 물질적인 것과 실제적 성취로 이뤄지는 세상은 가치가 덜하다는 말이 아니다. 하지만 내 아내, 내 부모, 내 친구와 비교해 볼 때 가장 아름다운 책이나 그림이나 집이나 재산이란 게 무엇인가? 하지만 이런 식으로 말할 수 있는 사람은 인생에서 정말로 동반자를 찾은 사람뿐이다. 오늘날 많은 이들에게 사람은 물질세계의 한 부분에 지나지 않는다." Dietrich Bonhoeffer, *Letters and Papers from Prison*, ed. Christian Gremmels, trans. Isabel Best, vol. 8, *Dietrich Bonhoeffer Works* (Minneapolis: Fortress, 2010), 509.
14) 창세기 3:21, 24.
15) 골로새서 2:3.

10장

1) "FOMO," *Oxford English Dictionary*, oed.com (June 2015).
2) Olga Khazan, "Escaping the Amish for a Connected World," *The Atlantic magazine* (Feb. 17, 2016).
3) Kate Hakala, "There's a Special Kind of 'FOMO' Stressing Us Out—And We're Doing It to Ourselves," *Mic*, mic.com (May 21, 2015).
4) Paul Tripp, 필자와의 전화 인터뷰에서. Paul Tripp, "God's Glory Must Enchant Us," Desiring God, desiringGod.org (Feb. 1, 2016)에 게시됨.
5) Kevin Vanhoozer, 필자와의 이메일 인터뷰에서 (Feb. 26, 2016).
6) Joshua Rogers, "Five Questions With Author Andy Crouch," *Boundless*, boundless.org (June 15, 2015)에 인용됨.
7) Donna Freitas, *The Happiness Effect: How Social Media Is Driving a Generation to Appear Perfect at Any Cost* (New York: Oxford University Press, 2017), Ariane Ollier-Malaterre, Nancy P. Rothbard, and Justin M. Berg, "When Worlds Collide in Cyberspace: How Boundary Work in Online Social Networks Impacts Professional Relationships," *Academy of Management Review* (Jan. 2, 2013)를 보라.
8) Matt Chandler, sermon, "James: Trials/Temptations," The Village Church, thevillagechurch.

net (Feb. 15, 2015).
9) Brad Littlejohn, "The Seven Deadly Sins in a Digital Age: V. Envy," *Reformation 21*, reformation21.org (Dec. 2014).
10) Freitas, *The Happiness Effect*, 39.
11) 창세기 3:5을 보라.
12) Jonathan Safran Foer, *Extremely Loud and Incredibly Close* (Boston: Mariner Books, 2005), 113.
13) 사도행전 3:21.
14) 빌립보서 3:8을 보라.

11장

1) Essena O'Neill, "Social Media Addiction and Celebrity Culture," letsbegamechangers.com (Oct. 30, 2015). 에세나 오닐에게서 인용한 이 문장은 이 책을 쓸 당시 오닐의 웹사이트 자료에 등장했으나 이 책이 발간되기 전 사이트는 폐쇄되었다. 관심 있는 독자들은 web.archive.org.를 통해 letsbegamechangers.com를 검색하면 인용문을 볼 수 있다.
2) Caitlin Dewey, "Everyone You Know Will Be Able to Rate You on the Terrifying 'Yelp for People'—Whether You Want Them to or Not," *The Washington Post* (Sept. 30, 2015).
3) 디모데전서 5:19-21.
4) 부름Calling은 청교도인 리처드 백스터의 지혜로운 권고로 한층 강화된 중요 항목으로, 백스터의 글 상당 부분이 이 장에 생기를 불어 넣고 있으며, 특히 *The Practical Works of the Rev. Richard Baxter* (London: James Duncan, 1830), 6:386-413에서 많은 부분이 인용되었다.
5) 잠언 10:12; 11:12-13; 17:9.
6) Heidi A. Campbell and Stephen Garner, *Networked Theology: Negotiating Faith in Digital Culture* (Grand Rapids, MI: Baker Academic, 2016)을 보라. 해시태그 운동hashtag advocacy은 강력한 도구일 수 있으나, 한계가 없지 않다. Malcolm Gladwell, "Small Change: Why the Revolution Will Not Be Tweeted," *The New Yorker* (Oct. 4, 2010)을 보라. 더 중요한 것은 헌혈·자원봉사·이웃돕기·고통 중에 있는 고아와 과부 돌보기다(약 1:27). 소셜 미디어에서 벌이는 운동의 가치가 뭐든, 우리 자신은 그리스도의 더 높은 대언advocacy 기준을 붙들어야 한다(마 25:31-46).
7) 고린도후서 12:20; 베드로전서 2:1 (καταλαλιά, "비방" 혹은 "비방하는 말"); 로마서 1:30 (κατάλαλος, "비방하는 자들"); 야고보서 4:11; 베드로전서 2:12; 3:16 (καταλαλέω, "비방하다" or "~를 비방하다")을 보라.
8) "λαλέω"에 대해서는 Gerhard Kittel, Geoffrey W. Bromiley, and Gerhard Friedrich, eds., *Theological Dictionary of the New Testament* (Grand Rapids, MI: Eerdmans, 1964), 4:4를 보라.
9) Tim Keller and David Powlison, "Should You Pass on Bad Reports?" The Gospel Coalition, blogs.thegospelcoalition.org (August 4, 2008).
10) 겸손한 논쟁에 관한 더 많은 논의에 대해서는 Tony Reinke, *Newton on the Christian Life: To Live Is Christ* (Wheaton, IL: Crossway, 2015), 256-59에 실린 존 뉴튼의 원리를 보라.

11) Keller and Powlison, "Should You Pass on Bad Reports?"
12) R. Kent Hughes, *James: Faith That Works, Preaching the Word* (Wheaton, IL: Crossway, 1991), 194.
13) 출애굽기 20:16; 신명기 5:20. 전체를 다룬 글로는 John M. Frame, *The Doctrine of the Christian Life* (A Theology of Lordship) (Phillipsburg, NJ: P&R, 2008), 830-43을 보라.
14) Michael Horton, *Calvin on the Christian Life: Glorifying and Enjoying God Forever* (Wheaton, IL: Crossway, 2014), 178.
15) 144문.
16) Thomas Boston, *The Whole Works of Thomas Boston, vol. 2, An Illustration of the Doctrines of the Christian Religion, Part 2* (Aberdeen: George and Robert King, 1848), 323을 보라.
17) 잠언 10:12; 11:12-13; 17:9; 베드로전서 4:8.
18) 잠언 28:13; 요한일서 1:8-10.
19) C. H. Spurgeon, *The Metropolitan Tabernacle Pulpit Sermons* (London: Passmore & Alabaster, 1910), 56:408.
20) Ray Ortlund, 필자와의 이메일 인터뷰에서 (March 1, 2012).
21) Sammy Rhodes, *This Is Awkward: How Life's Uncomfortable Moments Open the Door to Intimacy and Connection* (Nashville: Thomas Nelson, 2016), 196. 잠언 18:8을 보라.
22) Baxter, *The Practical Works of the Rev. Richard Baxter*, 6:408.
23) Ibid., 6:393.
24) 디모데전서 5:17-21.
25) 복잡한 내용을 잘 요약한 글로는 Baxter, *The Practical Works of the Rev. Richard Baxter*, 6:389-90을 보라.
26) 에베소서 5:8-13.
27) 고린도전서 1:18-31.
28) 야고보서 3:17.
29) 고린도전서 6:1-8.
30) 디모데전서 5:17-21.
31) Karl Barth, *Geoffrey William Bromiley, and Thomas F. Torrance, Church Dogmatics, vol. 4, part 3.2, The Doctrine of Reconciliation* (London; New York: T&T Clark, 2004), 779-80.
32) Tim Kreider, "Isn't It Outrageous?" *The New York Times* (July 14, 2009). "까발려서 망신 주기outrage porn"라는 표현은 여기서 만들어졌다.
33) 디모데전서 5:21.
34) 고린도전서 4:12-13.
35) 화해하지 못하는 것(ἄσπονδος, aspondos)은 말세에 특히 고조될 죄라고 바울은 말한다(딤후 3:3). 이 죄는 화해하지 않으려 하고, 타인과 화평하려 하지 않으며, 당사자가 연관된 문제를 타협하려 하지 않는 사람에게서 나타난다. 이 사람은 마음속에 응어리가 있다. 이 사람은 "진정시킬 수 없고"(ESV), "화해 불가능하며"(NASB), "용서가 없다"(NIV). 바울은 어근상 어떤 협상에 돌입하기를 거부하고 당사자 간에 휴전 깃발을 허용하는 자세를 보이지 않으며 그 어떤 화해 조건에도 귀 기울이지 않는다는 의미의 고대 헬라어 전쟁 용어를 채택한다. 회해하지 않으

려 하는 측은 전쟁 상태를 공정하게 끝맺기를 거절한다. 그 어떤 수도 둘 수 없는 상태에서도 이 사람은 무기를 내려놓지 않으려 한다. 바울이 디모데 목사에게 분명히 말하고 있다시피, 이 사람은 싸움을 계속할 뿐만 아니라 화해하지 않으려는 자신의 태도가 성경에 따라 징당화될 수 있다고 주장하면서 자신이 그리스도인다운 신앙에 일치하게 행동하고 있음을 옹호할 것이다. 그러나 사실은 그렇지 않으며, 따라서 우리는 이 사람을 피하든지, 그게 아니면 이 사람을 저지하든가 침묵시키든가 해야 하며 온라인에서 이 사람을 피하기 위해 필요한 일은 뭐든 해야 한다(5절).

36) 사도행전 16:16-25.
37) Matt Chandler, 설교, "Who Was Conceived by the Holy Spirit, Born of the Virgin Mary," The Village Church, thevillagechurch.net (Sept. 13, 2015).

12장

1) 고린도후서 6:10.
2) Pope Francis, "Encyclical Letter, Laudato Si' of the Holy Father Francis on Care for Our Common Home," The Holy See, w2.vatican.va (May 24, 2015).
3) Olivia Laing, *The Lonely City: Adventures in the Art of Being Alone* (New York: Picador, 2016), 247.
4) 고린도전서 6:19-20.
5) Trip Lee, 스카이프를 통한 필자와의 인터뷰에서 (March 25, 2015).
6) Craig M. Gay, *The Way of the (Modern) World: Or, Why It's Tempting to Live as If God Doesn't Exist* (Grand Rapids, MI: Eerdmans, 1998), 92, 강조는 원문에서.
7) 출애굽기 20:22-24; 시편 135:13-15; 이사야 44:19-22; 46:6-9; 57:11-13; 예레미야 14:21-22; 에스겔 16:20-22; 요나 2:7-8; 베드로전서 4:1-6.
8) Carl R. Trueman, "Sex Trumps History," *First Things* (March 15, 2016).
9) 갈라디아서 2:20.
10) 히브리서 12:1-2.
11) 에베소서 3:7-4:16.
12) 스냅챗 CEO 이번 스피겔Evan Spiegel이 "What Is Snapchat?" YouTube, youtube.com (June 16, 2015)에서 설명하는 것처럼.
13) Alastair Roberts, "Twitter Is Like Elizabeth Bennet's Meryton," *Mere Orthodoxy*, mereorthodoxy.com (Aug. 18, 2015), 강조는 원문에서.
14) Leon Morris, *The Gospel according to Matthew*, The Pillar New Testament Commentary (Grand Rapids, MI: Eerdmans, 1992), 322.
15) C. S. Lewis, *The Weight of Glory: And Other Addresses* (New York: HarperOne, 2001), 46.
16) David Powlison, 필자에게 보낸 이메일에서 (May 13, 2016). 허락하에 게재.
17) 시편 119:16.
18) 시편 143:5-6.
19) 전도서 12:1-8.

20) 히브리서 6:10.
21) 히브리서 8:12; 10:17.
22) 에베소서 2:11-13.
23) 요한계시록 4:11.
24) 히브리서 1:3.
25) 요한계시록 5-6장.
26) 유다서 24-25절.

결론

1) 마태복음 22:34-40.
2) C. S. Lewis, *The Screwtape Letters* (New York: HarperOne, 2001), 60.
3) Ibid.
4) 데살로니가전서 4:11; 데살로니가후서 3:11; 디모데전서 5:13; 베드로전서 4:15.
5) 동일한 원리를 청교도 리처드 백스터가 *The Practical Works of the Rev. Richard Baxter* (London: James Duncan, 1830), 3:535-36에서 잘 설명하고 있다.
6) C. S. Lewis, *The Abolition of Man or Reflections on Education with Special Reference to the Teaching of English in the Upper Forms of Schools* (New York: HarperOne, 2001), 76-77.
7) Alan Jacobs, *A Visit to Vanity Fair: Moral Essays on the Present Age* (Grand Rapids, MI: Brazos, 2001), 147-48.
8) Craig M. Gay, *The Way of the (Modern) World: Or, Why It's Tempting to Live as If God Doesn't Exist* (Grand Rapids, MI: Eerdmans, 1998)를 보라.
9) Timothy Keller, 설교, "Be Filled with the Spirit—Part 1," Gospel in Life, gospelinlife.com (June 16, 1991).
10) Jacques Ellul, *The Technological Bluff* (Grand Rapids, MI: Eerdmans, 1990), 411.
11) Paul Miller, "I'm Still Here: Back Online after a Year without the Internet," *The Verge*, theverge.com (May 1, 2013).
12) Andrew Sherwood, "The Sweet Freedom of Ditching My Smartphone," *All Things for Good*, garrettkell.com (Jan. 21, 2016).
13) Bruce Hindmarsh, 필자와의 전화 인터뷰에서 (March 12, 2015).
14) Alan Levinovitz, "I Don't Have a Cellphone. You Probably Don't Need One, Either," Vox, vox.com (March 15, 2016).
15) Francis A. Schaeffer, *The Complete Works of Francis A. Schaeffer: A Christian Worldview, vol. 1, A Christian View of Philosophy and Culture* (Westchester, IL: Crossway, 1982), 369, 강조는 원문에서.
16) Donna Freitas, *The Happiness Effect: How Social Media Is Driving a Generation to Appear Perfect at Any Cost* (New York: Oxford University Press, 2017), 218.
17) 유익한 앱 관리 팁으로는 Tristan Harris, "Distracted in 2016? Reboot Your Phone with Mindfulness," tristanharris.com (Jan. 27, 2016)을 보라.

18) Tony Reinke, "Know When to Walk Away: A Twelve-Step Digital Detox," Desiring God, desiringGod.org (May 30, 2016)를 보라.
19) 전도서 12:12.
20) John Dickerson, "Left to Our Own Devices," *Slate*, slate.com (June 24, 2015).
21) David M. Levy, *Mindful Tech: How to Bring Balance to Our Digital Lives* (New Haven, CT: Yale University Press, 2016)를 보라.

맺는 말

1) 우리 가족이 어떻게 폰 사용 시간을 조절했는지에 대해서는 Tony Reinke, "Walk the Worldwide Garden: Protecting Your Home in the Digital Age," Desiring God, desiringGod.org (May 14, 2016)을 보라.
2) Oliver O'Donovan, 필자와의 이메일 인터뷰에서 (Feb. 10, 2016).
3) G. K. Chesterton, *The Collected Works of G. K. Chesterton, vol. 35, The Illustrated London News: 1929-1931* (San Francisco: Ignatius, 1991), 252.
4) 한 현대 소설가의 발언을 빌리자면, "우리 시대의 하이테크 제품이 섹시해지면 섹시해질수록 나는 그 제품에 대해 점점 아무 느낌이 없어진다." Charles Yu, "Happiness Is a Warm iPhone," *The New York Times*, nytimes.com (Feb. 22, 2014).
5) G. K. Chesterton, *The Collected Works of G. K. Chesterton, vol. 37, The Illustrated London News: 1935-1936* (San Francisco: Ignatius, 2012), 22-23.
6) Ibid., 21-24.
7) Ibid., 23-24, 강조는 원문에서.
8) G. K. Chesterton, *The Collected Works of G. K. Chesterton, vol. 5, The Outline of Sanity; The End of the Armistice; Utopia of Usurers—and Others* (San Francisco: Ignatius, 1987), 152.
9) Richard Stivers, *Shades of Loneliness: Pathologies of a Technological Society* (Lanham, MD: Rowman & Littlefield, 2004), 121.
10) Tony Reinke, "The Rise of the Modern Control Freak," tonyreinke.com (March 16, 2016)을 보라.
11) John Piper, 스카이프를 통한 필자와의 인터뷰에서. "How Do You Use Your iPhone and iPad in Christian Growth?"로 Desiring God, desiringGod.org (April 1, 2016)에 게시됨.
12) 히브리서 2:8.
13) 이사야 60:19; 요한계시록 21:11, 23; 22:5.
14) 이사야 60:17-22. 요한계시록의 이 환상은 새 창조에서 테크놀로지 진보가 대체적으로 더 고조될 것을 암시하는가? 그렇기도 하고 아니기도 하다. 내가 생각하기에 요한이 본 혁신의 광경은 그가 말로 제대로 표현하기 힘든 광경이었다. 그렇다고 해서 성곽에 박힌 보석들이 사실은 터치스크린이나 LED 전구라거나 그밖에 오늘날 우리에게 낯익은 테크놀로지 진보와 유사한 무언가가 그저 요한의 환상에 투사된 것일 뿐이라는 말은 아니다. 우리는 인간이 일으킨 혁신과 전혀 무관한, 테크놀로지 없는 영원 세상을 상상해서도 안 되고, 천국을 천국으로 만드는 것은 테크노 문화라고 생각해서도 안 된다. 어린양의 편재하는 영광이 영원 세상의 중심일 것이

며, 미래의 모든 테크놀로지는 다 어린양을 섬길 것이다. 그와 동시에 나는 구속 역사로 볼 때 인간 역사상의 테크놀로지 진보와 영원 세상에 등장할 테크놀로지, 이를 테면 대기권 여행 같은 것 사이에는 연속성이 있을 것으로 예상해야 한다고 생각한다. 천국에도 인간의 지배권과 노동이 존재한다면, 분명 그럴 것이다(마 25:14-30). 그래서 또 나는 영원 세상에서도 우리에게 무대가 주어져, 이 세상에서 알던 것보다 훨씬 우월한 방식으로, 그러나 지금 목도하는 테크놀로지 발전의 궤적에서 완전히 어긋나지는 않는 방식으로 우리가 무한한 테크놀로지 진보의 휘장을 벗기게 될 것이라고 믿는다. 테크놀로지를 대하는 우리의 의지는 은혜로써 정결케 되고 완전하게 될 것이다. 비록 우리의 예측에서 많은 부분을 여전히 불명료한 상태로 남겨 두어야 하기는 해도 말이다.

15) 고린도후서 3:12-4:6.
16) 요한일서 3:2.
17) 마태복음 17:1-8; 마가복음 9:2-8; 누가복음 9:28-36.
18) 요한복음 17:24. 이 구절에 관한 가장 아름다운 일련의 묵상은 존 오웬의 *Meditations and Discourses on the Glory of Christ*, in *The Works of John Owen*, ed. William H. Goold (Edinburgh: Banner of Truth, 1965), 1:273-461에서 볼 수 있다.

● **독자 여러분들께 알립니다!**
'CH북스'는 기존 '**크리스천다이제스트**'의 영문명 앞 2글자와
도서를 의미하는 '**북스**'를 결합한 출판사의 새로운 이름입니다.

스마트폰, 일상이 예배가 되다

1판 1쇄 발행 2020년 2월 24일
1판 3쇄 발행 2024년 3월 29일

지은이 토니 레인키
옮긴이 오현미
발행인 박명곤 **CEO** 박지성 **CFO** 김영은
기획편집1팀 채대광, 김준원, 이승미, 이상지
기획편집2팀 박일귀, 이은빈, 강민형, 이지은
디사인팀 구경표, 구혜민, 임지신
마케팅팀 임우열, 김은지, 이호, 최고은

펴낸곳 CH북스
출판등록 제406-1999-000038호
전화 070-4917-2074 **팩스** 0303-3444-2136
주소 서울시 강서구 마곡중앙6로 40, 장흥빌딩 10층
홈페이지 www.hdjisung.com **이메일** support@hdjisung.com
제작처 영신사

ⓒ CH북스 2020

※ 이 책은 저작권법에 따라 보호받는 저작물이므로 무단 전재와 복제를 금합니다.
※ 잘못 만들어진 책은 구입하신 서점에서 교환해드립니다.
※ CH북스는 (주)현대지성의 기독교 출판 브랜드입니다.

이 책을 만든 사람들
편집 이은빈 **표지 디자인** 구경표 **본문 디자인** 김효성

"크리스천의 영적 성장을 돕는 고전"
세계기독교고전 목록

1. 데이비드 브레이너드 생애와 일기 | 조나단 에드워즈 편집
2. 그리스도를 본받아 | 토마스 아 켐피스
3. 존 웨슬리의 일기 | 존 웨슬리
4. 존 뉴턴 서한집 - 영적 도움을 위하여 | 존 뉴턴
5. 성 프란체스코의 작은 꽃들
6. 경건한 삶을 위한 부르심 | 윌리엄 로
7. 기도의 삶 | 성 테레사
8. 고백록 | 성 아우구스티누스
9. 하나님의 사랑 | 성 버나드
10. 회개하지 않은 자에게 보내는 경고 | 조셉 얼라인
11. 하이델베르크 요리문답 해설 | 우르시누스
12. 죄인의 괴수에게 넘치는 은혜 | 존 번연
13. 하나님께 가까이 | 아브라함 카이퍼
14. 기독교 강요(초판) | 존 칼빈
15. 천로역정 | 존 번연
16. 거룩한 전쟁 | 존 번연
17. 하나님의 임재 연습 | 로렌스 형제
18. 악인 씨의 삶과 죽음 | 존 번연
19. 참된 목자(참 목자상) | 리처드 백스터
20. 예수님이라면 어떻게 하실까 | 찰스 쉘던
21. 거룩한 죽음 | 제레미 테일러
22. 웨스트민스터 소교리문답 강해 | 알렉산더 화이트
23. 그리스도인의 완전 | 프랑소아 페넬롱
24. 경건한 열망 | 필립 슈페너
25. 그리스도인의 행복한 삶의 비결 | 한나 스미스
26. 하나님의 도성(신국론) | 성 아우구스티누스
27. 겸손 | 앤드류 머레이
28. 예수님처럼 | 앤드류 머레이
29. 예수의 보혈의 능력 | 앤드류 머레이
30. 그리스도의 영 | 앤드류 머레이
31. 신학의 정수 | 윌리엄 에임스
32. 실낙원 | 존 밀턴
33. 기독교 교양 | 성 아우구스티누스
34. 삼위일체론 | 성 아우구스티누스
35. 루터 선집 | 마르틴 루터
36. 성령, 위로부터 오는 능력 | 앨버트 심프슨
37. 성도의 영원한 안식 | 리처드 백스터
38. 웨스트민스터 소요리문답 해설 | 토마스 왓슨
39. 신학총론(최종판) | 필립 멜란히톤
40. 믿음의 확신 | 헤르만 바빙크
41. 루터의 로마서 주석 | 마르틴 루터
42. 놀라운 회심의 이야기 | 조나단 에드워즈
43. 새뮤얼 러더퍼드의 편지 | 새뮤얼 러더퍼드
44-46. 기독교 강요(최종판) 상·중·하 | 존 칼빈
47. 인간의 영혼 안에 있는 하나님의 생명 | 헨리 스쿠걸
48. 완전의 계단 | 월터 힐턴
49. 루터의 탁상담화 | 마르틴 루터
50-51. 그리스도인의 전신갑주 I, II | 윌리엄 거널
52. 섭리의 신비 | 존 플라벨
53. 회심으로의 초대 | 리처드 백스터
54. 무릎으로 사는 그리스도인 | 무명의 그리스도인
55. 할레스비의 기도 | 오 할레스비
56. 스펄전의 전도 | 찰스 H. 스펄전
57. 개혁교의학 개요(하나님의 큰 일) | 헤르만 바빙크
58. 순종의 학교 | 앤드류 머레이
59. 완전한 순종 | 앤드류 머레이
60. 그리스도의 기도학교 | 앤드류 머레이
61. 기도의 능력 | E. M. 바운즈
62. 스펄전 구약설교노트 | 찰스 스펄전
63. 스펄전 신약설교노트 | 찰스 스펄전
64. 죄 죽이기 | 존 오웬